JN063172

2025年度版

山梨県の
論作文・面接

過 去 問

協同教育研究会 編

協同出版

はじめに～「過去問」シリーズ利用に際して～

　教育を取り巻く環境は変化しつつあり，日本の公教育そのものも，教員免許更新制の廃止やGIGAスクール構想の実現などの改革が進められています。また，現行の学習指導要領では「主体的・対話的で深い学び」を実現するため，指導方法や指導体制の工夫改善により，「個に応じた指導」の充実を図るとともに，コンピュータや情報通信ネットワーク等の情報手段を活用するために必要な環境を整えることが示されています。

　一方で，いじめや体罰，不登校，暴力行為など，教育現場の問題もあいかわらず取り沙汰されており，教員に求められるスキルは，今後さらに高いものになっていくことが予想されます。

　本書の基本構成としては，論作文・面接試験の概要，過去数年間の論作文の過去問題及びテーマと分析と論点，面接試験の内容を掲載しています。各自治体や教科によって掲載年数をはじめ，論作文の書き方や面接試験対策を掲載するなど，内容が異なります。

　また原則的には一般受験を対象としております。特別選考等については対応していない場合があります。なお，実際に出題された順番や構成を，編集の都合上，変更している場合があります。あらかじめご了承ください。

　みなさまが，この書籍を徹底的に活用し，教員採用試験の合格を勝ち取って，教壇に立っていただければ，それはわたくしたちにとって最上の喜びです。

協同教育研究会

C O N T E N T S

第1部

論作文・面接試験 の概要

論作文試験の概要

■■論作文試験の意義

　近年の論作文では，受験者の知識や技術はもちろんのこと，より人物重視の傾向が強くなってきている。それを見る上で，各教育委員会で論作文と面接型の試験を重視しているのである。論作文では，受験者の教職への熱意や教育問題に対する理解や思考力，そして教育実践力や国語力など，教員として必要な様々な資質を見ることができる。あなたの書いた論作文には，あなたという人物が反映されるのである。その意味で論作文は，記述式の面接試験とは言え，合否を左右する重みを持つことが理解できるだろう。

　論作文には，教職教養や専門教養の試験と違い，完全な正答というものは存在しない。読み手は，表現された内容を通して，受験者の教職の知識・指導力・適性などを判定すると同時に，人間性や人柄を推しはかる。論作文の文章表現から，教師という専門職にふさわしい熱意と資質を有しているかを判断しているのである。

　論作文を書き手，つまり受験者の側から見れば，論作文は自己アピールの場となる。そのように位置付ければ，書くべき方向が見えてくるはずである。自己アピール文に，教育評論や批判，ましてやエッセイを書かないであろう。論作文は，読み手に自分の教育観や教育への熱意を伝え，自分を知ってもらうチャンスに他ならないのである

　以上のように論作文試験は，読み手(採用側)と書き手(受験者)の双方を直接的につなぐ役割を持っているのである。まずはこのことを肝に銘じておこう。

■■論作文試験とは

　文章を書くということが少なくなった現在でも，小中学校では作文，

大学では論文が活用されている。また社会人になっても，企業では企画書が業務の基礎になっている。では，論作文の論作文とは具体的にはどのようなものなのだろうか。簡単に表現してしまえば，作文と論文と企画書の要素を足したものと言える。

　小学校時代から慣れ親しんだ作文は，自分の経験や思い出などを，自由な表現で綴ったものである。例としては，遠足の作文や読書感想文などがあげられる。遠足はクラス全員が同じ行動をするが，作文となると同じではない。異なる視点から題材を構成し，各々が自分らしさを表現したいはずである。作文には，自分が感じたことや体験したことを自由に率直に表現でき，書き手の人柄や個性がにじみ出るという特質がある。

　一方，作文に対して論文は，与えられた条件や現状を把握し，論理的な思考や実証的なデータなどを駆使して結論を導くものである。この際に求められるのは，正確な知識と分析力，そして総合的な判断力と言える。そのため，教育に関する論文を書くには，現在の教育課題や教育動向を注視し，絶えず教育関連の流れを意識しておくことが条件になる。勉強不足の領域での論文は，十分な根拠を示すことができずに，説得力を持たないものになってしまうからである。

　企画書は，現状の分析や把握を踏まえ，実現可能な分野での実務や計画を提案する文書である。新しい物事を提案し認めてもらうには，他人を納得させるだけの裏付けや意義を説明し，企画に対する段取りや影響も予測する必要がある。何事においても，当事者の熱意や積極性が欠けていては，構想すら不可能である。このように企画書からは，書き手の物事への取り組む姿勢や，将来性が見えてくると言える。

　論作文には，作文の経験を加味した独自の部分と，論文の知識と思考による説得力を持つ部分と，企画書の将来性と熱意を表現する部分を加味させる。実際の論作文試験では，自分が過去にどのような経験をしたのか，現在の教育課題をどのように把握しているのか，どんな理念を持ち実践を試みようと思っているのか，などが問われる。このことを念頭に置いた上で，論作文対策に取り組みたい。

面接試験の概要

■ 面接試験の意義

　論作文における筆記試験では，教員として必要とされる一般教養，教職教養，専門教養などの知識やその理解の程度を評価している。また，論作文では，教師としての資質や表現力，実践力，意欲や教育観などをその内容から判断し評価している。それに対し，面接試験は，教師としての適性や使命感，実践的指導能力や職務遂行能力などを総合し，個人の人格とともに人物評価を行おうとするものである。

　教員という職業は，児童・生徒の前に立ち，模範となったり，指導したりする立場にある。そのため，教師自身の人間性は，児童・生徒の人間形成に大きな影響を与えるものである。そのため，特に教員採用においては，面接における人物評価は重視されるべき内容であり，最近ではより面接が重視されるようになってきている。

■ 面接試験とは

　面接試験は，すべての自治体の教員採用選考試験において実施されている。最近では，教育の在り方や教師の役割が厳しく見直され，教員採用の選考においても教育者としての資質や人柄，実践的指導力や社会的能力などを見るため，面接を重視するようになってきている。特に近年では，1次選考で面接試験を実施したり，1次，2次選考の両方で実施するところも多くなっている。

　面接の内容も，個人面接，集団面接，集団討議(グループ・ディスカッション)，模擬授業，場面指導といったように多様な方法で複数の面接試験を行い，受験者の能力，適性，人柄などを多面的に判断するようになってきている。

　最近では，全国的に集団討議(グループ・ディスカッション)や模擬授

業を実施するところが多くなり，人柄や態度だけでなく，教員としての社会的な能力の側面や実践的な指導能力についての評価を選考基準として重視するようになっている。内容も各自治体でそれぞれに工夫されていて，板書をさせたり，号令をかけさせたりと様々である。

このように面接が重視されてきているにもかかわらず，筆記試験への対策には，十分な時間をかけていても，面接試験の準備となると数回の模擬面接を受ける程度の場合がまだ多いようである。

面接で必要とされる知識は，十分な理解とともに，あらゆる現実場面において，その知識を活用できるようになっていることが要求される。知っているだけでなく，その知っていることを学校教育の現実場面において，どのようにして実践していけるのか，また，実際に言葉や行動で表現することができるのか，といったことが問われている。つまり，知識だけではなく，智恵と実践力が求められていると言える。

なぜそのような傾向へと移ってきているのだろうか。それは，いまだ改善されない知識偏重の受験競争をはじめとして，不登校，校内暴力だけでなく，大麻，MDMA，覚醒剤等のドラッグや援助交際などの青少年非行の増加・悪質化に伴って，教育の重要性，教員の指導力・資質の向上が重大な関心となっているからである。

今，教育現場には，頭でっかちのひ弱な教員は必要ない。このような複雑・多様化した困難な教育状況の中でも，情熱と信念を持ち，人間的な触れ合いと実践的な指導力によって，改善へと積極的に努力する教員が特に必要とされているのである。

■■ 面接試験のねらい

面接試験のねらいは，筆記試験ではわかりにくい人格的な側面を評価することにある。面接試験を実施する上で，特に重視される視点としては次のような項目が挙げられる。

① 人物の総合的評価　面接官が実際に受験者と対面することで，容姿，態度，言葉遣いなどをまとめて観察し，人物を総合的に評価することができる。これは面接官の直感や印象によるところが大きい

　が，教師は児童・生徒や保護者と全人的に接することから，相手に好印象を与えることは好ましい人間関係を築くために必要な能力と言える。

② 　性格・適性の判断　面接官は，受験者の表情や応答態度などの観察から性格や教師としての適性を判断しようとする。実際には，短時間での面接のため，社会的に，また，人生の上でも豊かな経験を持った学校長や教育委員会の担当者などが面接官となっている。

③ 　志望動機・教職への意欲などの確認　志望動機や教職への意欲などについては，論作文でも判断することもできるが，面接では質問による応答経過の観察によって，より明確に動機や熱意を知ろうとしている。

④ 　コミュニケーション能力の観察　応答の中で，相手の意思の理解と自分の意思の伝達といったコミュニケーション能力の程度を観察する。中でも，質問への理解力，判断力，言語表現能力などは，教師として教育活動に不可欠な特性と言える。

⑤ 　協調性・指導性などの社会的能力(ソーシャル・スキル)の観察　ソーシャル・スキルは，教師集団や地域社会との関わりや個別・集団の生徒指導において，教員として必要とされる特性の一つである。これらは，面接試験の中でも特に集団討議(グループ・ディスカッション)などによって観察・評価されている。

⑥ 　知識・教養の程度や教職レディネスを知る　筆記試験において基本的な知識・教養については評価されているが，面接試験においては，さらに質問を加えることによって受験者の知識・教養の程度を正確に知ろうとしている。また，具体的な教育課題への対策などから，教職への準備の程度としての教職レディネス(準備性)を知る。

第2部

山梨県の
論作文・面接
実施問題

2024年度 | 論作文実施問題

【中学校・高等学校・特別支援学校】　二次試験

●テーマ

　　山梨県では，求める教師像の一つに「児童生徒と保護者に信頼される教員」を掲げています。児童生徒と保護者に信頼される教員とはどのような教員か，児童生徒を取り巻く社会の実態を踏まえながら，あなたの考えを800字以内で述べなさい。その際，あなたが教員として，児童生徒や保護者との信頼関係を構築するために取り組みたいことについても記述すること。

●方針と分析

(方針)

　「児童生徒と保護者に信頼される教員」を踏まえて，児童生徒と保護者に信頼される教員とはどのような教員か，児童生徒を取り巻く社会の実態を踏まえながら，受験者の考えを800字以内で述べなければならない。その際，教員として児童生徒や保護者との信頼関係を構築するために取り組みたいことについても記述する。

(分析)

　設問条件より，山梨県「やまなし子供・若者育成指針」「信頼される教職員であるために遵守すべき事柄〈改訂〉」および山梨県総合教育センター「令和5年度　初任者の皆さんへ」などの公開資料を参照するとよい。

　現代の子供を取り巻く状況は，新型コロナウイルスの感染拡大による社会生活への甚大な影響，新しい生活様式の定着，オンライン授業などデジタル化が急速に進展し，社会スタイルが変わった。また，保

10

護者が外国にルーツを持つ児童生徒の増加や，性的マイノリティへの理解が進むなど，個人の価値観などが大きく変わる中に生きている。こうした変化の中にあっても，「教育的愛情と教職に対する使命感・責任感」が教員の原点であることには変わりはない。教育の目的は，児童生徒一人一人のよさや個性と能力を十分に伸ばし，「生きる力」を育むことである。教員は児童生徒への深い教育的愛情をもって，その重責を果たす使命を持っている。そのため，平素の言動，さらには存在の全てを，子供たちや保護者の手本となるように心がける必要がある。

　また，教員は「謙虚に自ら学び続ける意欲を持つ者」として，豊かな素養と高い専門性を追求する必要がある。教員は謙虚に自身を振り返り，不断の教育実践と自己啓発に努め，教育専門職にふさわしい資質能力を持つよう努めなければならない。児童生徒を指導しながらも児童生徒から学び，自ら成長し続ける教員であってほしい。さらには，スクール・セクハラ防止，飲酒運転をしない，情報セキュリティを守るなど，教育公務員としてのコンプライアンス遵守を徹底し，実践することなどを書くとよいだろう。

●作成のポイント

　800字以内という字数制限があるので，全体を三つのパートに整理し，構成するとよいだろう。

　最初に，児童生徒を取り巻く社会の実態について説明する。ここは，150〜180字程度でおさめたい。

　次に，児童生徒と保護者に信頼される教員とはどのようなものかを説明する。ここでは「教育的愛情と教職に対する使命感・責任感」，「謙虚に自ら学び続ける意欲を持つ者」，「教育公務員として遵守すべきこと」にかかわる内容を，受験者なりの言葉で説明するとよいだろう。ここは，350〜400字程度で述べる。

　最後に，教員として児童生徒や保護者との信頼関係を構築するために取り組みたいことについて記述する。ここでは，教員としての使命

11

感や責任感，自身の学びに対する謙虚さを忘れないための自己研鑽を積むこと，さらには，各種のコンプライアンス研修を定期的に受講することなどを200〜250字程度で書いて論文をまとめる。

【小学校・養護教諭・栄養教諭】　二次試験

●テーマ

　山梨県では，令和5年度山梨県学校教育指導重点において，主な取組の一つとして「安全教育の推進」を掲げています。あなたは教員として，希望する校種において，「安全教育の推進」を図るためにどのような取り組みを行いますか。児童生徒を取り巻く社会の実態を踏まえながら，800字以内で述べなさい。

●方針と分析

（方針）

　受験者は，教員として，希望する校種において，「安全教育の推進」を図るためにどのような取り組みを行うか。児童生徒を取り巻く社会の実態を踏まえながら，800字以内で論じる。

（分析）

　設問で提示されている県の資料に加え，文部科学省の公開資料である「子供たちの命を守るために　学校の危機管理マニュアル作成の手引」を参照するとよいだろう。

　安全教育の基本は，学校の立地する環境や学校規模，児童生徒等の年齢や通学の状況を踏まえることである。同時に，現代の子供を取り巻く状況は，新型コロナウイルスの感染拡大による社会生活への甚大な影響，自然災害リスクの増大，過去に例を見ない犯罪類型などがある。こうした変化の中で，各学校の実情に応じて想定される危険を明確にしたうえで，子供たちに未然に危険を回避することを分かりやす

く教え，危険等発生時にどう対処し，いかに児童生徒等の生命や身体を守るかについて検討する必要がある。日常的な学校管理下における事故等(体育などでの事故，熱中症など死亡や障害を伴う重篤な事故等)，犯罪被害(不審者侵入や略取誘拐など通学中を含め，児童生徒等の安全を脅かす犯罪被害)，交通事故(通学中，校外活動中)，災害(地震や風水害などによる被害)，その他の危機事象(学校に対する犯罪予告，弾道ミサイルの発射等)などの事故等の発生時は，行動中にマニュアルを見る時間的余裕はない。このため，教員同士の役割分担や対応の優先順位を考え，単純で分かりやすいマニュアル作成をしておくことが重要である。事故の危機管理においては，発生原因の究明や従来の安全対策の検証に加えて，児童生徒等に対する心のケアや保護者への十分な説明，未然防止・再発防止等の取組が求められる。ただ，新任教員となる受験者は，直ちにマニュアル作成に携わるよりも，その内容や校内の役割分担を正しく理解する必要が先にある。その後で，家庭・地域・関係機関と連携して児童生徒等の安全を確保する体制を整備するとともに，協働して危機管理マニュアルの作成や避難訓練等を行っていくことなどを書くとよい。

●作成のポイント

　800字以内という字数制限があるので，全体を三つのパートに整理する。

　最初に，児童生徒を取り巻く社会の実態について説明する。分析では触れられなかったが，インターネットやSNSの普及などを追記してもよい。ここは，150〜180字程度でまとめる。

　次に，安全教育の目的や想定される危険・リスクなどについての事例を，一つか二つ程度挙げて説明する。分析では主に子供たちが被害に遭うケースを想定したが，インターネットの不適切利用や自転車事故などの場面などで，加害者側に立ってしまうケースを想定してもよい。その上で，危険の未然防止のための指導や避難訓練，事故など発生時の対応や事後的な対応，子供たちや保護者，外部の関係者への対

応につき，まずは危機管理マニュアルを正確に理解し，行動できるように努力することなどを書く。ここは，350〜400字程度で，必要に応じて，段落を二つに分けて述べるようにするとよい。

　最後に，自身の安全教育にかんするスキルアップのために，学校や県で開講される講習に積極的に出席すること，また，校内での危機管理マニュアル作成や見直しの役割を積極的に担うことなどを書いていこう。そうして，子供たちを危険から守っていく決意を200〜250字程度で書いて論文をまとめる。

2023年度　　論作文実施問題

【中学校・高等学校・特別支援学校】二次試験

●テーマ

> 　「『令和の日本型学校教育』の構築を目指して～全ての子供たちの可能性を引き出す，個別最適な学びと，協働的な学びの実現～(答申)」(令和3年1月16日　中央教育審議会)では，「個別最適な学び」と「協働的な学び」を一体的に充実し，「主体的・対話的で深い学び」の実現に向けた授業改善につなげていくことが必要であると，述べています。
>
> 　あなたは，希望する校種，教科・科目において「個別最適な学び」にどのように取り組みますか。それを進める際に留意することを明らかにした上で，800字以内で述べなさい。

●方針と分析

(方針)

　「主体的・対話的で深い学び」の実現に向けた授業改善のために「個別最適な学び」が求められているが，これにどのように取り組んでいくのか，自身の希望する校種，教科・科目を踏まえ，実践例を挙げて具体的に論じる。

(分析)

　令和3年の上記答申では，「個別最適な学び」について「指導の個別化」と「学習の個性化」に整理されており，児童生徒が自己調整しながら学習を進めていくことができるよう，指導することの重要性が指摘されている。

　全ての子供に基礎的・基本的な知識・技能を確実に習得させ，思考

15

力・判断力・表現力や，粘り強く学習に取り組む態度等を育成するためには，教師が支援の必要な子供に対してより重点的な指導を行い，子供一人一人の特性や学習進度，到達度に応じ，指導方法・教材や学習時間等の柔軟な提供を行うことなどの「指導の個別化」が必要である。

また，基礎的・基本的な知識・技能等や，言語能力，情報活用能力，問題解決能力等を土台として，幼児期からの体験から得た興味・関心の方向性等に応じ，課題設定，情報収集，整理・分析，表現を行うなど，教師が子供一人一人に応じた機会を提供することで，学習が最適となるよう調整する「学習の個性化」も必要である。

学習指導要領総則では，「児童(生徒)の発達の支援」の項目において「個に応じた指導」の充実を図ることについて示している。「個に応じた指導」に当たっては，ICTの活用も含め，児童生徒が主体的に学習を進め，自分にふさわしい学習方法を見つけられるようにすることが期待されている。

●作成のポイント

序論・本論・結論の三部構成で論述をする。

序論では，「令和の日本型学校教育」とはどのような教育なのか，中教審答申などを基に整理し，その重要性を論じる。特に，「個別最適な学び」に対する認識がポイントとなるだろう。序論には，250字程度を充てるとよい。

本論では，「個別最適な学び」を進めるための方策について，具体的に述べる。例えば，「指導の個別化」と「学習の個性化」を2本柱のタイトルとして論じることが考えられる。この場合は，上記分析の内容などを参考にして述べるとよい。また，「生徒の問題意識を大切にし，自由に追究・表現する学習の重視」「学校での学びと実生活との関わりを考えさせる学習の展開」などを柱として論述するのも一法である。いずれを取り上げるにしても，ICTの効果的な活用に触れることが大切である。希望する校種，教科・科目に即して，その取組を進

める際の留意事項を明らかにしながら，具体例を挙げて論述していきたい。本論には，400字程度を充てる。

　結論では，山梨県の教師として，子供のために自己研鑽を続けていく決意，教職への熱意を150字程度で示したい。

　論文を書くにあたっては，まず構想の時間をしっかり確保し，有効なキーワードや全体構成について，十分に考えてから着手するようにしよう。制限字数，制限時間を精一杯，有効に使うことが肝要である。

【小学校・養護教諭・栄養教諭】二次試験

●テーマ

　山梨県教育委員会では，「やまなし教員等育成指標　～学び続ける教員のために～」(令和2年3月改訂)を作成し，キャリアステージに応じて必要となる教員の資質・能力を示しています。本指標の中では，教育課題の一つとして「人権教育」を挙げ，「多様な価値観や考え方等を互いに尊重し合い，その個性と能力を十分に発揮できる児童生徒を育成する力が必要である」と述べています。

　あなたは，児童生徒が多様な価値観や考え方等を尊重し合うために，具体的にどのような取り組みが必要だと考えますか。「人権教育」が注目されている社会的背景を含め，800字以内で述べなさい。

●方針と分析

（方針）

　「やまなし教員等育成指標　～学び続ける教員のために～」の改訂の趣旨を受けて，児童生徒が多様な価値観や考え方等を尊重し合うための具体的方策を論じる。その際，「人権教育」が注目されている社会的背景にも触れて論述をする。

(分析)

　「やまなし教員等育成指標　～学び続ける教員のために～」が改訂され，「第3章(2)教員に求める資質能力 (2)具体的な資質能力 (カ)新たな教育課題」に追加された項目に「c 人権教育」がある。この中で，「児童生徒に人権尊重の精神を培うことは『いじめ』の根絶につながる。多様な価値観や考え方等を互いに尊重し合い，その個性と能力を十分に発揮できる児童生徒を育成する力が必要である」と明記されている。これを踏まえ本論文では，新学習指導要領の理念にも触れながら，未来の創り手となるために必要な力の一つでもある「多様な価値観や考え方等を尊重できる」という要素と，それを醸成する取り組みについて述べることが求められている。

　また，新学習指導要領では，前文として「これからの学校には，一人一人の児童生徒が自分のよさや可能性を認識するとともに，あらゆる他者を価値ある存在として尊重し，多様な人々と協働しながら様々な社会変化を乗り越え，豊かな人生を切り拓き，持続可能な社会の創り手となることができるようにすることが求められる」としている。これが，今回の改訂の基本方針である「未来の創り手となるために必要な力の育成」という考え方につながっているということを踏まえて，論述するようにしたい。

●作成のポイント

　ここでは，序論・本論・結論の三部構成で論述する。

　序論では，「人権教育」が注目されている社会的背景を述べる。その際，「いじめ」の問題や「道徳教育」の重要性に触れておくことが不可欠と言えるだろう。序論は，上記分析を参考に200字程度で述べるようにしたい。

　本論では，児童生徒が多様な価値観や考え方等を尊重し合うために，具体的にどのような取組が必要かを論じる。2本柱の方策で述べ，それぞれタイトルを付けて整理していくと，まとまりのある文章となるだろう。具体的内容は校種・職種によるが，例えば小学校であれば，

学級活動で互いの良い点を述べ合う活動や,「ふわふわ言葉」「チクチ
ク言葉」について考えさせる活動,中学校であれば,道徳教育の充実
に向けた教材の工夫,情報モラルを含む情報活用能力の育成などにつ
いて触れるのも一法である。本論は,500字程度を充てて述べるとよ
いだろう。

　結論では,児童生徒に必要な力を育むための研究・研修に励み,山
梨県の教師として自己研鑽に努め,情熱をもって教育にあたる旨の強
い決意を100字程度で示して結びとする。

　論文を書くにあたっては,まず構想の時間をしっかり確保し,有効
なキーワードや全体構成について,十分に考えてから着手するように
しよう。制限字数,制限時間を精一杯,有効に使うことが肝要である。

2022年度　論作文実施問題

【中学校・高等学校・特別支援学校】二次試験

●テーマ

> 　山梨県では，令和3年度山梨県学校教育指導重点において，「情報活用能力の育成及び『主体的・対話的で深い学び』の視点からの授業改善に向けて，児童生徒用端末等のICTを効果的に活用していきましょう」とし，指導の重点に掲げています。
> 　あなたはICTを効果的に活用するために，志願する校種において，教員としてどのような取り組みを行いますか。情報活用能力の育成が求められる背景を踏まえながら，800字以内で述べなさい。

●方針と分析

(方針)

　山梨県学校教育指導重点を受け，ICTを効果的に活用した取組について具体的に論じる。その際，「情報活用能力の育成」及び「主体的・対話的で深い学び」の観点から，授業改善というポイントをはずさないように留意する。

(分析)

　文部科学省の「GIGAスクール構想」を踏まえ，1人1台端末を日常的に活用した教育活動を実施するための体制が整備されている。ノートパソコンやタブレット等の1人1台端末を日常的に活用することが大切である。ここでは，情報活用能力の重要性について述べ，教科学習等の実例を挙げて，ICTを活用した取り組みについて述べる。なるべく自身の経験に触れて述べるようにしたい。ここで重要なことは，ICT環境の整備は手段であって目的ではないという点である。子供た

ちが社会の変化を前向きに受け止め，持続可能な社会の創り手として成長するために必要な力を育成することが重要である。その際，子供たちがICTを適切，安全に使いこなすことができるよう，ネットリテラシーなどの情報活用能力を育成していくことが期待されている。ICTの「C」がコミュニケーションを意味する点にも着目したい。情報活用能力の具体的内容は多岐に亘るが，情報モラルや情報セキュリティを含む概念である点にも留意しておく必要がある。

　山梨県教育委員会の考え方においても，児童生徒のICT活用能力の向上には教師の研修が重要であるとされている。「多くの場面で誰もが活かすこと」「教科の学びの本質に迫り，学びを深める」「教科の学びをつなぎ，社会課題等を解決する」という一連の流れを意識して研修し，指導力を向上させることが肝要と言える。「教員としてどのような取り組みを行いますか。」という，課題の問いに回答する上でのポイントはここにある。

　PC端末は筆記具と並ぶマストアイテムであり，仕事でも家庭でもICTの活用が必要不可欠となっている。情報活用能力が，新学習指導要領で重視する「問題を発見・解決したり，自分の考えを形成したりしていくために必要な資質・能力」であることに触れ，1人1台端末を日常的に活用することに関しても，自身の考えを述べよう。

●作成のポイント

　序論・本論・結論の3部構成で論述する。序論では，情報活用能力の育成と，主体的・対話的で深い学びの重要性について認識を述べる。それらが求められる社会背景にも触れよう。この部分に300字程度を充て，末尾部分は，「こうした課題の解決のため，私は次の2つの取り組みを行う」などとしておくとよい。

　本論では，ICTの効果的活用方法について具体的に述べ，400字程度を充てる。例えば「1．ICTを活用した問題解決能力の育成」「2．ICTを効果的に活用したアクティブ・ラーニング」といった方策の柱を立てるとよい。タイトルは，読み手に対して親切なだけでなく，書き手

21

にとっても的を絞った論述にしやすく有効である。具体的には専門とする教科等において情報機器を使わせ，情報収集からまとめ，発表を通して問題解決的に取り組む中で，主体性や対話性を養うことが考えられる。アクティブ・ラーニングというキーワードに触れることが有効であり，情報活用能力を高める視点も重要である。

　結論は，山梨県の教師として研鑽に努め，情熱をもって教育にあたる旨の決意を述べる。これに100字程度を充てる。800字以内とあるが，可能な限り制限字数を活かし，自らの見識をアピールしよう。

【小学校・養護教諭・栄養教諭】二次試験

●テーマ

> 　山梨県では，求められる教師像の一つに「生涯にわたって主体的に学び続ける教師」を掲げています。その理由にはどのようなことが考えられますか。
> 　また，「生涯にわたって主体的に学び続ける教師」であるために，あなたは教員としてどのような取り組みを行いますか。児童，生徒を取り巻く社会の実態を踏まえながら800字以内で述べなさい。

●方針と分析

(方針)

　県の求める教師像の1つである「主体的に学び続ける教師」という要素をどのように受け止めるか，自身の解釈を述べるとともに，そうあるために必要な努力と実践的取り組みについて見解を述べる。

(分析)

　児童，生徒を取り巻く社会の実態を踏まえるとき，持続可能な社会の創り手となる人，激変する社会の中で逞しく生きていく人を育成するためには，教師自身の絶えざる自己研鑽が不可欠である。山梨県が

求める教師像には，「豊かな人間性と幅広い視野を持った教師」「教育に対する情熱と使命感がある教師」「幅広い教養と専門的な知識・技能を持った教師」「生涯にわたって主体的に学び続ける教師」の4点が示されている。とりわけ，4点目の主体的に学び続ける教師という点が重要であるが，そう考える理由について，今日的教育課題や，新学習指導要領の趣旨をふまえて論述することが肝要と言える。

　一度教員免許を獲得すれば一生通用するというものではなく，激しく変化する社会に対応して教師にも変化，進化が求められる。子どもたちや保護者の多様化・複雑化する期待と願いに応えるためには，教師としての資質・能力も変容していかなければならない。教師としての専門性を磨く努力は当然であるが，児童生徒の範となる人間性を磨くためにも，絶えざる自己研鑽により，学び続ける姿勢をもつことが期待されている。理想とされる教師を目指し，学校の使命を果たすためには，高度な教育力，洞察力やコミュニケーション能力が必要である。児童生徒や保護者との信頼関係構築のためにも，教師の優れた人間性はその基盤であると言えよう。

●作成のポイント

　全体を三部構成とする。序論では，県の求める教師像の1つである「生涯にわたって主体的に学び続ける教師」が何故，重要と言われるのか，自分なりの解釈を述べる。自身の目指す教師の理想像と重ね合わせながら述べるとよい。

　本論では，こうした姿勢を身に付けるための方策と努力目標について具体的に述べる。教師として期待される人間性の涵養，主体的な研究・研修の姿勢などについて論じるとよい。OJTやOFF－JT，教育委員会主催の研修や自主研修への参加意欲について触れても効果的である。何を学ぶのか，指導法や児童生徒理解など，具体的なテーマを挙げて述べると説得力が増す。子どもの前で常に明るく振る舞うためには，心身の健康保持も大切である。ストレス・コーピングやアンガー・コントロールなどの学びに触れてもよい。カウンセリングやコー

チングの技法に係る研修について述べるのも一法と言える。2本の柱を立てて，本論を構成したい。

　結論では，山梨県の求める教師像の他の3点についても，その重要性に対して理解を示し，児童生徒の育成のため学び続ける教師として自己研鑽に努める旨の強い決意を述べる。

　書き始める前に，構想の時間をしっかりとり，効果的なキーワードや構成について十分考えた上で着手したい。誤字も確実に減点されるので，点検の時間を確保しよう。

2021年度	論作文実施問題

【中学校・高等学校・養護教諭・栄養教諭】　二次試験

●テーマ

　「山梨県教育振興基本計画」（令和元年度～令和5年度）では，「学び続け　共に生き　未来を拓く　やまなしの人づくり」を基本理念とし，目指す姿として「学び続ける人」「共に生きる人」「未来を拓く人」の実現を掲げています。このうち「未来を拓く人」に着目し，あなたは教員として，どのような児童・生徒を育成したいと考えますか。また，そのために，どのような取り組みを行いますか。800字以内で述べなさい。

●方針と分析

（方針）

　「山梨県教育振興基本計画」が，目指す姿のひとつとして「未来を拓く人」の実現を掲げているところ，これに着目してどのような児童・生徒を育成したいかにつき説明し，そのためにどのような取り組みを行うのかにつき論述する。

（分析）

　「山梨県教育振興基本計画」は，「教育を取り巻く社会の状況」と「山梨県教育のこれまでの取組」を詳細に検討している。後者については，「世界に通じ，社会を生き抜く力の育成」など10の項目につき「これからの教育に求められること」を指摘している。

　その上で，基本理念として「学び続け 共に生き 未来を拓くやまなしの人づくり」を掲げ，「目指す姿」として「学び続ける人」「共に生きる人」「未来を拓く人」の実現を掲げている。本問のテーマである

25

「未来を拓く人」については，「夢と志を持ち，やりがいや生きがいを持ちながら学び，新しい価値の『創造』に向けて，たくましくしなやかに未来を拓く姿を目指します」と説明する。その上で，「個人の学びの成果を，教室や地域の仲間との学び(協働場面)で活用し，そこで得られた新たな学びの成果を，さらに個人の学ぶ場面で活用する学びの好循環を創出し，『学び続け 共に生き 未来を拓く』やまなしの人づくりを推進します」旨を示している。

　こうした記述や，実際に「山梨県教育振興基本計画」にあたり，「未来拓く人」につき，どのような児童生徒を自らが育成したいかにつき考察した上で，そのためにどのような取り組みを行うかを論述したい。

●作成のポイント

　ここでは，序論・本論・まとめの構成で論述する例を挙げる。

　序論は，「未来を拓く人」と関連させて，どのような児童生徒を育成したいかにつき，200字程度で論述する。

　本論は，そうした児童生徒を育成するために，どのような取り組みを行うかを，500字程度で論述する。この論述は具体的なものでなければならず，抽象論に終わってはいけない。

　まとめは，教職についたならば論述したことを必ず実践する旨を記述し，教職への熱意を100字程度で示したい。

【小学校・特別支援】　二次試験

●テーマ

　新学習指導要領では，これからの学校において，子どもたちに「多様な他者と協働する力」を育むことが求められています。その理由には，どのようなことが考えられますか。また，「多様な他者と協働する力」を育むために，勤務を希望する学校種において，あなたは教員としてどのような取り組みを行いますか。800字以内で述べなさい。

●方針と分析

（方針）

　「多様な他者と協働する力」を育まなければならない理由を記述し，その力を育むためにどのような取り組みを行うかを希望の学校種に沿って具体的に論述する。

（分析）

　本問で参考になる資料として，中央教育審議会答申「幼稚園，小学校，中学校，高等学校及び特別支援学校の学習指導要領等の改善及び必要な方策等について」（平成28年12月21日）がある。この答申は，「多様な他者と協働する力」に関連して次のように説明する。人工知能がいかに進化しようとも，それが行っているのは与えられた目的の中での処理であるのに対し，一方で人間は，感性を豊かに働かせながら，どのような未来を創っていくのか，どのように社会や人生をよりよいものにしていくのかという目的を自ら考え出すことができる。その人間の強みのひとつとして，答えのない課題に対して多様な他者と協働しながら目的に応じた納得解を見いだしたりすることができることを，まず示している。その上で，「このために必要な力を成長の中で育んでいるのが，人間の学習である。（略）直面する様々な変化を柔軟に受け止め，感性を豊かに働かせながら，どのような未来を創っ

27

ていくのか，どのように社会や人生をよりよいものにしていくのかを考え，主体的に学び続けて自ら能力を引き出し，自分なりに試行錯誤したり，多様な他者と協働したりして，新たな価値を生み出していくために必要な力を身に付け，子供たち一人一人が，予測できない変化に受け身で対処するのではなく，主体的に向き合って関わり合い，その過程を通して，自らの可能性を発揮し，よりよい社会と幸福な人生の創り手となっていけるようにすることが重要である」と説明する。こうしたことから，「学校教育を通じて子供たちに育てたい姿」のひとつとして，「対話や議論を通じて，自分の考えを根拠とともに伝えるとともに，他者の考えを理解し，自分の考えを広げ深めたり，集団としての考えを発展させたり，他者への思いやりを持って多様な人々と協働したりしていくことができること」をあげるのである。これが子どもたちに「多様な他者と協働する力」を育むことが求められる理由のひとつである。

上記の記述をふまえ，各自，勤務を希望する学校種において，子どもたちの「多様な他者と協働する力」を育むために，どのような取り組みを行うかを具体的に考察したい。

●作成のポイント

ここでは，序論・本論・まとめの構成で論述する例を挙げる。

序論は，「多様な他者と協働する力」の育成が求められる理由を200字程度で論述する。

本論は，その力を育成するために，どのような取り組みを行うかを，500字程度で論述する。この論述は具体的なものでなければならず，抽象論に終わってはいけない。

まとめは，教職についたならば論述したことを必ず実践する旨を記述し，教職への熱意を100字程度で示したい。

2020年度　論作文実施問題

●テーマ

> 　日本の子どもたちの自己肯定感は諸外国と比べて低い，ということが言われています。自己肯定感が低い理由にはどのようなことが考えられますか。また，自己肯定感を高めるために，あなたは教員としてどのような取り組みを行いますか。800字以内で述べなさい。

●方針と分析

(方針)

　日本の子どもたちの自己肯定感が諸外国より低い理由を指摘した上で，自己肯定感を高めるために，教員としてどのような取り組みを行うかにつき論述する。

(分析)

　日本の子どもたちの自己肯定感が諸外国よりも低い理由につき，参考になる文献として国立青少年教育振興機構「子供の頃の体験がはぐくむ力とその成果に関する調査研究」がある。この研究の報告書は，子どもの頃，家族との愛情・絆が強く，家庭での体験(基本的生活習慣，お手伝い，家族行事)が多かった人や，遊びの熱中度が高く，外遊び(集団での外遊び，自然の中での遊び等)が多かった人は，自己肯定感が高い人の割合が多いことを指摘している。

　また，子どもの頃，親や先生，近所の人に褒められた経験が多かった人も，褒められた経験が少なかった人に比べ，自己肯定感が高い人の割合が多くなる傾向がみられることも指摘している。この調査結果から，日本の子どもたちの自己肯定感が低い理由を考察したい。

　自己肯定感を高めるための取り組みについては東京都教職員研修センター紀要第11号「自尊感情や自己肯定感に関する研究(第4年次)」が

参考になる。この中には，学習内容を習得することで自尊感情や自己肯定感を高める実践が紹介されている。たとえば，自己の成長を振り返る学習，学期末や学年末などにそれまでの生活や学習を振り返り，作文等に書くことで自己の成長を実感できるようにするなどの取組が示されている。また，指導方法を工夫することで自尊感情や自己肯定感を高める実践，具体的には，班学習やペア学習，ディベートなどで「自分が周りの人に役立っている」ということを気づかせることなども示されている。

　また「生活指導」の場面で，自己肯定感を高めるための取り組みについて記述することも考えられる。自分の得意なことを発揮する場面や努力したことを他者から認めてもらう機会をできるだけ増やすことが考えられる。たとえば，そうした機会のない児童生徒に対して学級での係活動などの役割を与え，その役割を果たしたならばそれを褒めるなどの働きかけが考えられる。

●作成のポイント

　一般的な小論文の構成である序論・本論・まとめの3段落構成でまとめるのがよいであろう。

　序論は，日本の子どもたちの自己肯定感が低い理由を200字程度で示したい。

　本論は，自己肯定感を高めるために教員としてどのようなことに取り組むかにつき，500字程度で論述する。

　まとめは，教職についたならば記述したことをかならず実践する旨を記述し，教職への熱意を採点者に示したい。字数は100字程度となる。

　なお，山梨県教育委員会が公表している採点基準によれば，「国語的視点」と「人物的視点」の2点が採点の基準となっている。「国語的視点」では，「内容，構成，表記，分量」が，「人物的視点」では，「柔軟性，積極性，適格性」が問われているので，これらの点に留意して答案を作成したい。

2019年度　論作文実施問題

●テーマ

平成29年11月に山梨県教育委員会が策定した「やまなし教員等育成指標」では，採用時における教員としての素養，及びステージのあるべき姿の指標において，「使命感」ということばが用いられています。あなたは教員としての使命は何であると考えますか。また，その実現に向けて，具体的にどのように取り組んでいきますか。800字以内で述べなさい。

●方針と分析

(方針)

「やまなし教員等育成指標」の内容を踏まえながら，教員の使命感とは何かを説明する。次に，その実現に向けて，具体的にどのように取り組んでいきたいかを述べる。

(分析)

「やまなし教員等育成指標」の副題は，「学び続ける教員のために」である。設問のキーワードである「使命感」は具体的な資質能力の1つである。教職としての素養の中で「教員の資質能力は，全てのステージにわたって必要不可欠なものである。～使命感・責任感，教育的愛情，意欲，研究能力といった教員としての素養が必要である。」と示されている。すなわち，教員は，学習指導と生徒指導(学級経営，生徒理解)に尽力しなくてはならない。前者の学習指導であれば，主体的な学び，キャリア教育，プログラミング教育などにも携わらなくてはならず，より専門的かつ実践的な内容理解が要求される。後者の生徒指導であれば，一人一人に目を配りながら集団の力を高め，協働してより良いものを創り上げようとする意欲を持った学級集団の育成を目

31

指していかなくてはならない。また，児童生徒の気持ちに寄り添い，共感することを基本に，カウンセリング等の技法を身につけ，それを使うことによって児童生徒に生き方を考えさせる指導も要求される。こうした内容に触れながら，自身の使命感をどこに向けるのかを明らかにしていく。

●作成のポイント

序論・本論・結論の三段構成で述べたい。

序論では，「やまなし教員等育成指標」の副題のキーセンテンスになっている，学び続ける教員であることを示し，それを使命感の中心に据えるとよい。

本論では，一案として次のような展開にしてみよう。学習指導と生徒指導の内容に触れながら，自身の専門性を高めていくことで，児童生徒や保護者の信頼を得ることを使命とすることを述べる。

結論では，情報化が進むことにより，複雑化が一層顕著になる現代社会に適応できるような児童生徒を育てていきたいという内容を述べまとめる。

2018年度　論作文実施問題

【全校種・2次試験】 800字以内・50分

●テーマ

> これからの子どもたちには，主体的に学び続けていくことが求められていますが，その理由にはどのようなことが考えられますか。また，主体的に学び続けていく子どもたちを育成するために，あなたは教員としてどのような取り組みを行いますか。800字以内で述べなさい。

●方針と分析

(方針)

　子どもたちが主体的に学び続けることが求められる理由を論述する。それをふまえて，主体的に学び続けていく子どもたちを育成するために，教員としてどのような取り組みを行うかにつき論述する。

(分析)

　出題の背景として，山梨県の教育振興基本計画にあたる「新やまなしの教育振興プラン(平成26年度〜平成30年度)」が基本目標として「夢と希望に向かって自ら学び，考え，行動する『たくましい力』を育てる」旨を掲げ，また「平成27年山梨県学校教育指導重点」は小中高の重点としていずれも「主体的に学習に取り組む意欲・態度を養う」旨を示している点を指摘することができる。

　では，主体的に学び続けることが求められる理由は何か。この理由の考察で参考になる資料が中教審答申「幼稚園，小学校，中学校，高等学校及び特別支援学校の学習指導要領等の改善について」(平成20年1月17日)である。現代社会は新しい知識・情報・技術が政治・経済・

文化をはじめ社会のあらゆる領域での活動の基盤として飛躍的に重要性を増す，いわゆる「知識基盤社会」(knowledge-based society)の時代であり，このような社会においては学んだことがすぐに陳腐化してしまうので時代に適応するためには学び続けなければならない旨が説明されている。

　では，どのように取り組むか。主体的に学び続ける力を身に付けさせるには，まず学ぶ意欲の喚起が求められるが，その方法として参考になるのは，山梨県教育総合センターが作成した「若い教師のためのQ＆A」である。その中で，「児童生徒にやる気をおこさせるには，どうしたらよいでしょうか」という問いに，「学習意欲を起こし，意欲を持続させる方策」として「子供に喜びや楽しみを多く実感させる」「教材の選択や構成を工夫し，問いを見出し，探究的な学習活動にする」「協働的な学習を進めるようにする」「学習の見通しを持たせたり，自己決定の場を与えたりする」といったことが指摘され，それぞれ解説がなされている。

●作成のポイント

　本問は800字という字数制限がある。「序論」「本論」「まとめ」の三段階構成によるのが妥当であろう。

　「序論」は主体的に学び続けることが求められる理由を論述する。字数は200字程度でよいであろう。

　「本論」は，その育成のための取り組みである。この論述は具体的に論述することで，説得力を高めたい。字数は500字程度でよいであろう。

　最後に，記述したことに熱心に取り組む旨を論述し，教職への熱意を採点官にアピールしたい。字数は100字程度でよいであろう。

　なお，山梨県教育委員会は採点基準を公表している。「内容」「構成」「表記」「分量」を国語的視点として，「柔軟性」「積極性」「適格性」を人物的視点として示されおり，この諸点に留意して答案を作成したい。

2017年度 　論作文実施問題

【全校種・2次試験】800字以内・50分

●テーマ

> 求める教師像の一つに『豊かな人間性と幅広い視野を持った教師』
> が掲げられている理由

●方針と分析

(方針)

　まず,『豊かな人間性と幅広い視野を持った教師』が求める教師像
に掲げられている理由について,自身の考えを述べる。その後,それ
を踏まえて実際に取り組んでいきたいことを論述する。課題文には
「理由」と書かれているが,それだけを書けば十分というわけではな
い。小論文であるので,具体的な取り組みまで書くことを忘れてはな
らない。

(分析)

　文部科学省パンフレット「魅力ある教員を求めて」では,「これか
らの社会と国民の求める学校像」を「これからの学校は,子どもたち
がよく学びよく遊び,心身ともに健やかに育つことを目指し,高い資
質能力を備えた教員が自信を持って指導に当たり,そして保護者や地
域も加わって,学校が生き生きと活気ある活動を展開することが求め
られています。こうした学校づくりを進めていくためには,子どもた
ちの教育に直接携わる教員の資質能力の向上を図ることが大切です」
としている。また,そのために教員に求められる資質能力が「教師の
仕事に対する強い情熱(教師の仕事に対する使命感や誇り,子どもに対
する愛情や責任感など)」,「教育の専門家としての確かな力量(子ども

理解力，児童・生徒指導力，集団指導の力，学級づくりの力など)」，「総合的な人間力(豊かな人間性や社会性，常識と教養，礼儀作法をはじめ対人間関係能力など)」である。これを山梨県の現状や教育振興基本計画と照らし合わせて落とし込んだのが，山梨県の求める教師像『豊かな人間性と幅広い視野を持った教師』，『教育に対する情熱と使命感がある教師』，『幅広い教養と専門的な知識・技能を持った教師』といえる。これらを踏まえた論述とする。

●作成のポイント

　序論・本論・結論の3段落構成で論じるとよい。それぞれの段落は関連性がなければならない。段落相互の関係に矛盾がないかを確認しながら書く必要がある。

　序論では，課題に対する理由を明らかにする。本問では「理由」と「取り組み」をセットで書いたほうが説得力が増すと思われるので，序論であまり字数を使わないように心掛けたい。

　本論では具体的な取り組みを述べるところである。理由は一つとは考えにくい。序論では概論的なものを書いておき，具体的な取り組みの中で，理由を細かく説明していくとよいだろう。自分が特に伝えたい取り組みを2点程度に絞るとよい。

　結論では，今までの内容を簡潔にまとめ，最後に教師としての決意を書いて仕上げたい。

　なお，公式の判定基準として，「国語的視点(内容，構成，表記，分量)」および「人物的視点(柔軟性，積極性，適格性)」があげられているので，参照されたい。

2016年度 | 論作文実施問題

【全校種・2次試験】 800字以内・50分

●テーマ

> 我慢

●方針と分析

(方針)

『我慢』という言葉に対する自分の考えを述べた上で，その考えに沿って，教員として取り組んでいきたいことを述べる。教員採用試験の論文であるので，教育や学校に関する『我慢』について論述を求められているということに注意する。

(分析)

生きていく中で，『我慢』をしなければならない場面というのは，数多く存在する。我慢をして難局を乗り越えられれば，人間として大きなものを得られることは間違いない。これは教師だけではなく，児童生徒にも同じことがいえる。では，山梨県の教員としてどのように『我慢』を捉え，児童生徒への指導にあたるか。山梨県教育委員会の「新やまなしの教育振興プラン(平成26年度〜平成30年度)」では，県の教育の基本理念に「未来を拓く「やまなし」人づくり」を掲げ，基本目標に「夢と希望に向かって自ら学び，考え，行動する「たくましい力」を育てる」，「他者を思いやり，社会の絆を深める「しなやかな心」を育む」の2つをあげている。基本理念の実現と2つの基本目標を達成するため，教師に，あるいは児童生徒に『我慢』が必要となる場面を想定しながら，論を組み立てていきたい。具体的な方向性としては，同プランで示している10の「基本方針」や施策項目を参照すればよい

37

だろう。

●作成のポイント

　3段落構成で書くと分かりやすい。初めの段落では『我慢』という言葉についての自分の考えを述べる。忘れてはならないのは，教員採用試験のテーマであるということである。学校教育に関する『我慢』を論じるということを意識すること。教師が『我慢』するところも多く考えられるが，児童生徒に『我慢』というものの重要性を教えることも忘れてはならない。

　第2段落では，第1段落で述べた『我慢』に対する自分の考えを土台にして，教師としてどのようなことに取り組んでいきたいかを具体的に述べる。もちろん『我慢』に関するものでなければならない。児童生徒に『我慢』を教えるためには，教師自身が『我慢』しなければならないこともあるだろう。人によって，そして状況によって様々な『我慢』が存在する。最も力を入れて書きたい部分であるが，書いているうちに内容に矛盾が生じたり，脱線したりしてしまわないよう，一貫性のある記述になるよう注意する。

　第3段落は今までの内容を簡潔にまとめ，最後に教員としての決意を述べて終わらせるとよい。『我慢』は様々な局面で必要とされる。教師になるにあたり，『我慢』をどのように生かしていくかを考えてみるとよい。

2015年度　論作文実施問題

【全校種・2次試験】　800字以内

●テーマ

情報

●方針と分析

(方針)

「情報」の何について述べるのか主題を明確にした上で，自分の考えを論述する。

(分析)

教育の情報化について，文部科学省より「教育の情報化に関する手引」(平成22年10月)が出ている他，第2期教育振興基本計画(平成25年6月)において，基本施策1「確かな学力を身に付けるための教育内容・方法の充実」の中に「ICTの活用等による新たな学びの推進」が重点項目としてあげられている。山梨県としても，平成26年度からの5か年における教育振興基本計画である「新やまなしの教育振興プラン」(平成26年2月)において，知識基盤社会の到来という社会の状況を背景に，情報活用能力の育成，ICTを活用したわかりやすい授業の充実，教員のICT活用能力及びICT活用指導力の向上，情報教育機器の整備に取り組んでいる。よって，「情報教育の充実」や「ICT環境の整備」といった主題を据えるとよいだろう。

情報教育の側面としては，インターネットの発達と情報端末機器の流通により，我々は大量の情報に囲まれて生活していること，その中で教育に求められるのは，情報の取捨選択能力などの情報を受け取る力の育成と，SNSなどでの情報発信能力の育成であることがポイント

となる。また，ICT環境の整備の側面として，多様な情報端末やデジタル教科書・教材の活用により，協働型・双方向型の授業革新(教育内容・方法の革新・改善)が求められている。

　自ら主題を設定しなければならない設問なので，国語的視点(内容，構成，表記，分量)，人物的視点(柔軟性，積極性，適格性)を十分に満たす答案とするには，どの側面について述べるのかポイントを絞り，筋の通った論の展開を心がけよう。

●作成のポイント

　まず，情報のどういう側面について述べるのかを明らかにする。50〜100字程度を目安に端的に示す。次に，なぜその側面を選択したのかについて300字程度を目安に述べる。「新やまなしの教育振興プラン」で示されている教育を取り巻く社会の状況や，これからの教育に求められる課題に触れながら呈示できることが望ましい。そして，自分が教員としてどのような取り組みをしたいかを述べる。子どもにどういう情報・ICT活用能力をつけたいか，また，自らを含めた教員の情報・ICT活用能力をどのように向上させていくか，300〜400字程度を目安として具体的に提案していく。最後に，山梨県の教員を志すにあたっての抱負なり決意を述べてまとめとすることができればよいだろう。

2014年度　論作文実施問題

【全校種・2次試験】

●テーマ

伝える

●方針と分析

(方針)

『伝える』という言葉から教育に関して考えたことを述べ，そこから，自分が教員としてどのようなことに取り組んでいくかを述べる。

(分析)

『伝える』という言葉から，さまざまなことがイメージできるが，教員試験であることを念頭に書くように気をつけたい。教師は児童生徒に「生きる力」を育ませるために指導しているが，今，何が大切なのか，何をしなければならないのかを明確に『伝える』ことが必要になると思われる。当然，保護者や地域の人々，他の教員にも『伝える』こともあるだろう。適切なことを明確に伝えるためには，日々自身の専門性を高め，児童生徒や保護者，地域の人々の規範となるような教師を目指さなければならない。

なお，「新やまなし教育振興プラン」(平成26年2月)策定委員会の中で，「これからの教員に求められる資質能力」として，「子ども達のためにしっかりと叱ってくれる，それが本来のありがたい先生の理想である」「小さな子どもたちにきちんと人生観を伝える，そういうことに自信を持ってやっていただきたい」といった意見が出されているので，参考にするのもよいだろう。

●作成のポイント

　以下で作成例を示すが，本問は作文なので，論文のように内容について裏付けを示すといった必要はない。考えを採点者に伝えることを第一に心がけて，書くことが必要であろう。

　序論では，『伝える』というテーマに関しての自分の考えを述べる。抽象的なテーマであるが，教員採用試験であるから，教育に関連する考えを書かなければならないことに留意すること。

　本論では，序論で述べた考えを踏まえて，教員として実際にどのようなことに取り組んでいくかを書く。『伝える』ことについての具体的な取り組みを書くが，伝える相手は児童生徒をはじめ，保護者，地域の人々，同僚などが考えられる。しかし，対象が誰であれ，事務的な「伝達」は今回の『伝える』に該当しない。今，何をしなければならないか等，相手が求めていることを的確に判断し，正確に伝えられるということが大切である。そのためには，日々の鍛錬が必要不可欠であろう。

　結論では，今までの内容を簡潔にまとめ，最後に教員としての決意を述べて仕上げるとよい。まとめの段落であるから，自分の意見を強調するように心がけることが大切である。

2013年度　論作文実施問題

【全校種・2次試験】

●テーマ

> いのち

●方針と分析

(方針)

テーマである「いのち」について自分が持っている意見を書くのであるが，教員採用試験の小論文であることを忘れてはならない。つまり，教育に関することを書く必要がある。そして，意見を書いたら，なぜそのような意見になったのか理由を示す。具体例や体験談を書くことも大切である。その後，今までの内容を簡潔にまとめ，教師としての決意を書いて文章を仕上げるとよい。

(分析)

「いのち」という抽象的なテーマである。まず，具体的な意見を示す必要がある。教員採用試験の作文であるから，「いのちの大切さ・尊さ」や「いのちの大切さを児童生徒に伝えること」など，教育に関係がある内容を書く必要がある。そして，自分の意見に関連する具体的な出来事を示すとよいだろう。自分が「いのち」に対して真剣に考えた出来事などを書き，そこから，どのような教師になりたいのかを書くことが大切である。「いのち」というテーマであっても，一般論で終わらせるのではなく，具体的な内容を書くように心がけたい。

●作成のポイント

　序論では，テーマである「いのち」に関しての自分の考えを述べる。ただ「大切である」といった一般論で終わらせるのではなく，いのちの大切さを考えることが，人を思いやることにつながり，また，自分自身を大切にすることにつながるといった，具体的な主張を書くことを忘れないでほしい。150字前後でまとめるとよい。

　本論では，序論で書いた自分の意見を強調するために，具体的な出来事やそこから自分は「いのち」についてどのような考えを持ったか，さらに，その考えを踏まえて，自分がなりたい教師像についても論じていくとよい。具体的な出来事は，自分の体験の他にも，「いのち」に関する話題を取り上げるということも考えられる。自分の意見との関連性を考えながらまとめていくとよい。400字程度でまとめる。

　結論では，今までの内容を簡潔にまとめる。ここでは「いのち」についての自分の考えを改めてまとめる。そして，最後に教師として決意を述べて，文章を仕上げる。150字程度で書くこと。

2012年度　論作文実施問題

【全校種・2次試験】

●テーマ

決断

●方針と分析

(方針)

　自分が今までに行ってきた「決断」の中で，「教育」「教員」にふさわしいものを取り上げ，そこから何を得たかを明確にする。そして，その内容を踏まえて，自分が「教育」分野で取り組みたいことを具体的に述べる。

(分析)

　抽象的かつ短いテーマであるが，前提は教員採用試験の論作文である。そして「自ら考え，判断し…」と「生きる力」の内容にあるように，新学習指導要領においては判断力の育成が重視されている。したがって，「教育」あるいは「教員」に関連できるような「決断した経験」を最初に書きたいものだ。

　重要なのは，自分が決断した経験を，教師としてどのように活かしていくプランを明確に示すこと。経験と感想ばかりを書いて，その活用法を曖昧にしないように気を付けなければならない。もちろん「決断」の具体的な内容が，本論で触れるべき「教育現場で取り組みたいこと」と，論理的につながっている必要があることも気を付けなければならない点だろう。

●作成のポイント

　序論では，テーマである「決断」について自分が経験したことを書

45

く。書き手が学校教育に携わろうとしているのであるから，学問に対する「決断」について書くと，本論も書きやすくなるだろう。そして，決断経験からどのようなことを得たか，何を感じたかも書く必要がある。

　本論では，実際に教育現場で取り組みたいプランを具体的に示す。もちろん，序論で示した，自身の「決断」の具体例に関連するものであることを意識する。抽象的なテーマの場合，自身の具体例を思い浮かべるだけで精一杯になってしまう場合もあるので，論理立ては落ちついて取り組みたいところだ。

　結論では，序論と本論の内容を簡潔にまとめたうえで，決意とともに歯切れよい文体で文章を締める。可能ならば，序論で書いた言葉を用いず，違う言葉で(ただし，意味は同じでなければならない)表現したい。語彙力の強化に努めよう。

●論文執筆のプロセス例

序論
・「決断」についての経験を書く ・その経験から得たものや，考えたことを書く

本論
・取り組みたいことを具体的に書く ・序論との関連を意識する ・「決断」に関する具体的なことを示すこと

結論
・序論と本論の内容を簡潔にまとめる ・教員としての自分の決意を含めて書く

| 2011 年度 | 論作文実施問題 |

【全校種】

●テーマ

> 経験

●テーマの分析

　教員採用試験の論文は，基本的に「近未来に教師として何ができるか」を問うている。この回答で，受験者の教師としての資質能力を評価するのが目的である。

　さらに中央教育審議会答申に「優れた教師の条件」がある。それは，
①　教職に対する強い情熱(使命感)
②　教育の専門家としての確かな力量(教師力)
③　総合的な人間力(人間性)
の3点である。これらのいずれかに関わるように執筆するとよいだろう。

　さて，今回のテーマは「経験」だ。過去20数年にわたる人生経験で，あなたは様々なことを見聞きしたはずである。そこで得たものは何であって，近未来に教師としてどのように活かすかを述べる。絶対的な経験が年長者より不足しているのはやむを得ないのであり，評価されるのは限られた経験で何を感じ，どう活かすかという見識なのである。

●論点

　「経験」という短いテーマだが，これをどのように解釈するかをまず述べたい。自分の経験のなかでふさわしいものを選択し，その経験で何を得たかをここで明らかにする。これが前文である。もちろんだが，

教員採用試験の論文であることを忘れてはならない。

　本文では，前文で述べた経験で得たことを教育の現場にどのように活かすかを，2つの観点から具体的に記していく。「個人指導」と「集団指導」という観点でもよいだろうし，「教科科目の授業」と「特別活動の授業」でもよい。主語・述語・目的語を明確にさせながら，論点がぶれないようにする。ただ書き進めるにあたっては，子どもの発達段階を踏まえることに注意したい。この本文の文字数は，全体の3分の2程度をあてるのが適当だ。

　最終段落は，このテーマに対する筆者(あなた)自身の課題を取り上げ，その課題の解決対しての取り組み方を簡潔に述べる。「自分の経験にとらわれすぎて，子どもの視点を忘れるということがないようにする」などがその例だ。

2010年度　　論作文実施問題

【全校種】

●テーマ

> 選択

●テーマの分析

　このような漠然とした設問は，筆者の書きやすい領域に，解釈を引き込むとよい。次のような領域が考えられるであろう。
　① 中学校や高校の選択科目のこと
　② 進路選択のこと
　③ 夢やあこがれを描かせること
　④ 部活動選択へのアドバイス
　⑤ 主体的に学習に取り組ませる，確かな学力への指導

　学校教育には，これ以外にも様々なところで児童生徒に「選択」をさせる。そこに教師として筆者はどのように関わるかである。ここで問われているのは，「あなたならどうするか」である。教員採用試験論文であるから，評論であってはならない。

●論点

　前文では，「選択」を筆者がどのように解したかを述べる。さらに，その指導にどのような姿勢で臨むかを明らかにする。

　本文では，前文で述べた基本的な考えを，異なる2つの視点から具体的に述べる。学級などの集団指導と個人に対する指導などである。この本文の字数は，全体の3分の2を当てる。

　最終段落は，テーマに関する筆者の研修課題を挙げ，課題解明にど

のように努力するかを簡潔に述べるとよい。選択能力は「生きる力」そのものである。今日的教育課題との受け止め方ができるかどうかでもある。

| 2009年度 | 論作文実施問題 |

【全校種】

●テーマ

環境

●テーマの分析

　このような抽象題(出題意図がはっきりしない設問をいう)は，まず教師として具体的に取り組みやすい自分の土俵に引き込むことを考えるとよい。今回の設問では，地球温暖化として地球規模でとらえるのもよいし，また地域の環境保全としてとらえるえるのもよい。さらには自分たちの生活として，ごみの分別や再利用にもっていくのもよい。教師としての取り組みが論述しやすいようにする。あまり大風呂敷を広げると，論点が絞れなくなるなどの問題も起こるので注意が必要である。

　教員採用試験の論文であるから，「私はこのようにする」という具体的な論述を求められている。志望校種の子どもの発達段階をふまえた取り組み方を述べる。小学校なら教室でごみを出さない工夫をさせたり，使用ずみ用紙の裏面を使って，紙の節約をさせるなどがある。それらを具体的に述べる。

●論点

　前文ではこの「環境」をどのように読み取ったかを述べる。この「環境」を地球とするか，教室とするかなどである。そして，設定での問いを定める。環境を教室としたなら，そこで何を学習させるかである。その問いに対する結論を前文で示す。

　次の本文は，結論の具現化である。発達段階をふまえた具体策でなければならない。志望校種の子ども，小学生なり中学生なり，また高校生に何をどのように学習させるのかを示す。具体的な取り組ませ方を2点述べる。

　最終段落は，この設問に関するあなたの研修課題を挙げるとよい。高校生は環境問題の認識は高いが，問題解決の実行力は乏しい。指導法の解明などもあるだろう。どう努力するかを簡潔に述べるとよい。

2008年度　論作文実施問題

【全校種】

●テーマ

> 言葉

●テーマの分析

　現在の日本語を当てはめて論じると，「言葉」のルーツは大和言葉に始まり，永い年月の変遷を経過し，今日に至っており，これからも新たな言葉が生まれてくるであろう。そもそも，我々のルーツである大和民族は現在の日本民族へと変遷の道をたどってきていることにポイントを絞って考えてみる。民族の概念(定義)は，それぞれ共通の，①習慣　②文化　③宗教(多数派)　④言葉『言語』をもって，民族を形成しているのであり，言葉は，もっとも重要な要素を含んでいる。他国についてもそうであるが，民族の定義から，外れて考えられている国もある。アメリカ合衆国のように，開拓者により米語たる言葉を定着させ，我々はアメリカ民族であると唱えたものがいたが，世界からその歴史の浅い事や，人種の混乱闘争(人種差別化問題)でそれは否定された。言葉の持つ目的は，主に意思伝達手段の一つであり，歴史の積み重ねにより今日まで至った民族の概念に当てはまってこそ，言葉と言えるのである。韓国・北朝鮮の民族の統一が南北間で言われるが，思想(イデオロギー)により分断されているのであり近い将来統一は時間の問題であろう。そこには共に共通の言葉という，民族の概念が存在している以上，旧ドイツのように，東西の分裂が解除(ベルリンの壁の崩壊)されたことにより，1国として統一民族が再現された事実が証明されている。

●論点

　　ここでの論点は言葉「言葉」の定義を理解していなければ，論説的に記述発表するには比較的困難な課題である。言葉そのものは，先に述べた意思伝達手段の効率の良い表現方法であり，同じ民族の中でも，発音の違いや，そのものの方言により，理解が困難な場合があるが，その説明方法により，最後に理解が図れ，意思の疎通がとれたときの満足感は格別なものである。受験者の言葉の概念の認識の状況により，発表方法は大きく異なるが，テーマの分析で民族の概念(定義)について，共通の言葉の概念を理解しておけば，このテーマにおいて，簡単に論じることは可能である。多角的に論じることも可能であるが，国語的に「言葉」というテーマになると専門的に以上のような展開になる。序論で言葉の定義を論じ，本論において，定義の混乱や矛盾点を例に挙げ論じ，結論で民族の定義と切っても切れない関係にある，意思伝達の一手段であることでまとめる。

2007年度 論作文実施問題

【全校種】

●テーマ

季節

●テーマの分析

　この県は毎年このように抽象題である。中には，何を問われているのかがとらえにくいテーマもある。ただ教員採用試験の論文であるから，この論文を通して書き手(受験者)が教師として適任者であるかどうかを評価することは確かである。ということは，この「季節」というテーマを学校教育と結びつけて考えることである。いくつか挙げてみる。
①四季の変化のように，学校にも楽しみ，苦しみ，喜び等がある。
②「冬来たりなば，春遠からじ」
③「秋霜烈日」「一陽来復」「春風駘蕩」などの四字熟語は多くある。

●論点

　前文(字数は全体の6分の1程度)で，「季節」に関する言葉と学校教育との関係を表現する。結びつけるだけではなく，その理由も述べる。
　本文(字数は全体の3分の2)では，関係づけられる事例を2つ述べる。定期考査前の学習の苦しみ，考査結果が不振での落胆，学校行事等での楽しみ，友だちとのトラブルでの悩み等に，書き手はとしてどう対応するかである。それらは志望校種を明らかにし，子どもの発達段階をおさえてのことである。
　結文(字数は全体の6分の1程度)では，書き手自身のこのテーマに関

する研修課題をどう解明するかである。青年心理やカウンセリング・マインドの心得が十分であるかなどで，課題解明の努力を簡潔に述べる。

2006年度　論作文実施問題

【全校種】

●テーマ

> 許す

●テーマの分析

　教員採用試験の論文は教師としての資質能力を見極めるために課しているのである。ということは「あなたは教師としてどうするかを述べよ」と問われていると解することである。

　教育は相互信頼の上に構築される。教師はまずすべての子を信頼することである。例え「だまされるのではないか」と思えてもである。問題行動を起こした児童生徒に対して，厳しくいさめる指導をすることは当然である。しかし，その後は，その問題行動に関するすべてを忘れ，いつまでも尾を引いてはならない。もし問題行動を繰り返すようなことがあれば，前回の指導方法に誤りがあるからといえる。それを，前科者として再犯を繰り返さぬよう，事前に手を打つという接し方をしてはならない。再犯防止という名目で，子どもを白い目で見るようなことがあってはならないのである。それが「許す」ではなかろうか。

●論点

　「許す」をどのように解釈するか。自分の取り組みやすい土俵に引き込むのである。教員採用試験の論文であるから，教師としてどうするかを述べるのである。例えば，教師なら児童に対して「あなたを信頼している」という姿勢を示すのは当然である。それをまず述べその理

由も続ける。さらに次の本文で述べる具体策の基本的な考えもここで示す。先の例なら，子どもを叱ることもあるが叱った後は「許す」ととするなどである。

　本文は，具体的にどうするかである。それにはまず志望校種を明らかにし，発達段階をふまえていることを明確にする。起承転結の承と転が本文になる。承が叱り方を示せば，転はその後の接し方を述べる。あるいは「許す」を個人対応と学級などの集団対応にするのもよいであろう。

　最終段落は己の抱えた多くの研修課題のうちからこのテーマに関するものを一つ取り上げ，どのように研修に取り組むかを簡潔に述べる。叱ったときの，子どもの心の動きが正確に読み取れるかなどである。

2005年度　論作文実施問題

［全校種］

●テーマ

叱る

●テーマの分析

　「若者をダメにしたのは，叱らない教師に叱れない親である」という人もいる。最近の教師は褒めることをしても叱ることを忘れているという。また親は，わが子が何をしようと叱る勇気を持っていないというのである。このテーマは「あなたならどのように叱りますか」と問われているのである。

●論点

　前文(全体の6分の1程度の字数)で，叱ることの重要さを述べる。その理由もである。倫理観は上手な叱り方によって育成されるのである。またここで「私の叱り方」の基本的な考えを明らかにする。例えば，「子どもの納得いく叱り方をする」などである。

　本文(全体の3分の2程度の字数)では前文の基本的な考えの具体的な方策を述べる。志望校種を小学校とするとしよう。本文は起承転結の承と転である。承では「即刻叱る」を取り上げる。叱るタイミングを逸しては，児童はなぜ叱られているかの理解ができないであろう。転では別室に呼んで，話し合いの中で叱るのである。なぜいけないのかをきちんと教えるのである。

　結文(全体の6分の1程度の字数)は己の評価をするとよい。相手の発達段階によって叱り方は異なる。教師として未熟であれば，その心得

を十分理解しているといはいえない。今後どのように児童理解に努めるかである。決意表明ではなく，何をするかを述べるのである。

2004年度　　論作文実施問題

［全校種］

●テーマ

> 峠

●テーマの分析

　「峠」は抽象題に属するテーマで，出題意図がはっきりしない。このようなテーマは，書き手の書きやすい土俵に引き込んでの論述をすればよい。今回の「峠」は，山道を登り詰めたところにあって，その後は下り道になる。このことから物事の頂点，山場，目的，達成感，等に置き換えることができる。子どもたちと共にした苦労が実を結び，いま「峠」にさしかかってその達成感に喜んでいるとするのもよい。また授業の山場をどこに持って行くかを考えるのもよい。だがどのように解釈しようと，評論でなく書き手の姿がこの紙面に出ていなければならない。

●論点

　まず，学校教育の一場面を「峠」で表現するのである。その中には志望する校種の子どもと書き手が存在しなければならない。「峠」には達するまでの苦労と，達した後の喜びがある。教育には大きな「峠」もあれば小さな「峠」もある。しかも連続しており，その一つ一つを踏み越えなければ，目的の地に達することはできない。そこには泣き笑いがある。その努力と喜びを，子どもたちとどのような形で共有するかである。

　脱落しそうな子が小学生であるなら，どのように手を差し伸べたら

　よいを考える。高校生には，失敗はむしろ貴重な経験として自助努力せよと突き放すのもよい。「峠」は天が与えた修練の場であると尻を叩く。と同時に，尻を叩く教師の方は大丈夫だろうかと結文で自己評価をする。

2003年度　　論作文実施問題

［全校種］　50分・800字　縦書き

●テーマ

> 土

●テーマの分析

　このテーマでは出題意図が読み取れない。このような場合にはあなたの書きやすい土俵に引き込むのである。ただしこのテーマは教員採用試験として出題されているのであるから，学校教育問題として読み取らなければならない。

　「土」を「植物にとっての土」であるとするならば「土台」であろうか，それとも環境であろうか。また植物にとって成長に要する養分の存在する所だから，子どもたちにとっては「教科書」であり「学校」でもある。このように解釈すると，様々な読み取りができる。

●論点

　前文でこの「土」をどのように解釈するかを述べる。植物が大地に根を張りまっすぐ立っていられるのは「土」があるからである。この植物は子どもたちである。子どもたちがしっかりと根を張り，風にも雨にも負けずにより大きく成長するにはどうしたらよいのか。この「土」と子どもたちの成長との関係を，この前文で述べるのである。

　本文は，この「土」をどのように管理するかである。発芽の時期と花が咲き実る時とは，「土」の硬さから水の与え方まで違ってくる。子どもたちにはどのような時にどうするのか，あなたの志望する校種に合わせて具体的に述べるのである。

　本文は「起承転結」の「承」と「転」である。この「承」に先の土の管理について述べたら，「転」は「土」そのものの質が，植物の種類によっては適す適さないがあることを述べる。植物の個性にあった「土」が必要である。酸性土壌がよい植物もあればアルカリ土壌がよいのもある。これを教育と結びつけて論ずるのである。

　本文の字数は「承」と「転」を合わせて全体の3分の2程度がよい。

　結文は，教師としてのあなたの課題を述べる。子どもと言う植物を育てるのに，あなたは教師としての資質能力を十分に備えているであろうか。不十分であることは当然である。そこであなたはどうするのかを具体的にに述べるのである。単なる決意表明であってはならない。

面接試験　実施問題

2024年度

◆実技試験(1次検査)

※中学・特支中学部美術は今年度未実施。

▼中学・特支中学部音楽

【課題1】

□新曲視唱

※判定基準は，①音程が正確か，②リズムが正確か，③正確なアーティキュレーションで歌えているか，④調性感を維持しつつ，より音楽的な表現になっているか，⑤曲の特徴をとらえて表現しているか，である。

【課題2】

□新曲視奏

※判定基準は，①音高が正確か，②リズムが正確か，③音色はよいか，④正しい奏法で演奏しているか，⑤曲の特徴をとらえて表現しているか，である。

【課題3】

□弾き歌い

※判定基準は，①歌唱の音程やリズムが正確か，②声量があるか，また，言葉は明瞭か，③曲趣に応じた発声で歌っているか，④伴奏は正確か，また，歌と調和させて演奏しているか，⑤曲の特徴をとらえて，表情豊かに表現しているか，である。

※検査に臨む態度等も評価の対象となっている。判定基準は，①入室から退室までの応対や言動は適切か，②演奏態度や楽器等の取扱いは適切か，である。

※持ち物：アルトリコーダー

▼中高・特支中高保体

【必須課題1】

□マット運動

　倒立前転・側方倒立回転・伸膝後転・前方倒立回転跳び

※判定基準は，4つの技の正確さと円滑さ，である。

【必須課題2】

□バスケットボール

　ドリブルシュート(ドリブルをしながら2カ所のコーンを外側から回り込み、シュートを行う。2本決めた後、フリースローライン上までドリブルしたタイムを記録)

【選択課題】

　次の3種目から1種目を選択する。

□柔道

　受け身と投げ技

※判定基準は，①前回り受け身で，回転と手足の協応がよいか，②投げ技で手，足，体の協応がよく，合理的な技のかけ方をしているか，である。

□剣道

　基本動作と総合練習

※判定基準は，①基本動作で気剣体の一致の打突ができるか，②総合練習で気力が充実した攻防ができるか，である。

□ダンス

　提示した題材の中から１つ選択して，即興表現

※判定基準は，１分以内の演技で，表現力，動き，空間の使い方，構成とも十分であるか，である。

※持ち物：運動用服装，体育館用運動靴。柔道または剣道選択者は，選択種目の用具一式を持参する。

◆適性検査(2次試験)
　【検査内容1】
　　□クレペリン検査
　【検査内容2】
　　□YGPI検査

◆実技試験(2次試験)
　▼中高・特支中高英語
　　□音読
　　※判定基準は，①声の大きさ，②発音の正確さ，③適度な速さ・明瞭
　　　さ・文の区切れ，である。
　　□読解力
　　※判定基準は，①文の内容をきちんと理解しているか，②正確に発問
　　　を理解し，的確な返答をしているか，③コミュニケーションを積極
　　　的に，かつ，円滑に行っているか，である。
　　□スピーチ
　　※判定基準は，①内容・説得力，②パフォーマンス・時間，③態度・
　　　発音など，である。

◆個人面接(2次試験)
　※判定基準は，①発言内容，②態度，③的確な判断力，④意欲・情熱，
　　である。

◆集団討議(2次試験)
　※集団討議には模擬的授業を含む。
　※判定基準は，①積極性，②協調性，③主体性，④論理性，⑤表現力，
　　⑥態度，である。

【テーマ】

□1日目：心身の健康，居場所

□2日目：自尊感情，自然災害

□3日目：創造する力，多様性

2023年度

◆実技試験(1次検査)

▼中学・特支中学部音楽

【課題1】

□新曲視唱

※判定基準は，①音程が正確か，②リズムが正確か，③正確なアーティキュレーションで歌えているか，④調性感を維持しつつ，より音楽的な表現になっているか，⑤曲の特徴をとらえて表現しているか，である。

【課題2】

□新曲視奏

※判定基準は，①音高が正確か，②リズムが正確か，③音色はよいか，④正しい奏法で演奏しているか，⑤曲の特徴をとらえて表現しているか，である。

【課題3】

□弾き歌い

※判定基準は，①歌唱の音程やリズムが正確か，②声量があるか，また，言葉は明瞭か，③曲趣に応じた発声で歌っているか，④伴奏は正確か，また，歌と調和させて演奏しているか，⑤曲の特徴をとらえて，表情豊かに表現しているか，である。

※検査に臨む態度等も評価の対象となっている。判定基準は，①入室から退室までの応対や言動は適切か，②演奏態度や楽器等の取扱いは適切か，である。

※持ち物：アルトリコーダー

▼中学・特支中学部美術
【課題】
□色彩表現
※判定基準は，①準備や制作の様子(用具の準備がしっかりとできており，制作態度が適切であるか)，②課題の把握(示された課題の内容が，的確に把握されているか)，③主題性(示された課題に基づき，自らの造形的な主題を明確にした表現がなされているか)，④構想(主題に基づき構想し，深化させているか)，⑤画面構成(示された課題や自らの造形的な主題を表現するために，効果的な画面構成がなされているか)，⑥表現の技能(形，明暗，質感等の表現及び鉛筆や絵の具の表現の技法や技能が的確であるか)，である。
※持ち物：鉛筆(4H～6B程度)，鉛筆を削るためのカッターナイフ，プラスチック消しゴム，練り消しゴム及び水溶性絵の具の用具一式(水入れを含む)
※水溶性絵の具は，透明水彩，不透明水彩，アクリル絵の具のうちのいずれかとする

▼中高・特支中高保体
【必須課題1】
□マット運動
　倒立前転・側方倒立回転・伸膝後転・前方倒立回転跳び
※判定基準は，4つの技の正確さと円滑さ，である。
【必須課題2】
□バレーボール
　直上パス(アンダーパス・オーバーパス)
※バスケットボールフリースローサークルにそれぞれ入り，アンダー・オーバーパスを交互に連続し，20秒間内の最多連続回数を記録
【選択課題】
　3種目から1種目を選択する。

□柔道
　受け身と投げ技
※判定基準は，①前回り受け身で，回転と手足の協応がよいか，②投
　げ技で手，足，体の協応がよく，合理的な技のかけ方をしているか，
　である。
□剣道
　基本動作と総合練習
※判定基準は，①基本動作で気剣体の一致の打突ができるか，②総合
　練習で気力が充実した攻防ができるか，である。
□ダンス
　提示した題材の中から1つ選択して，即興表現
※判定基準は，1分以内の演技で，表現力，動き，空間の使い方，構
　成とも十分であるか，である。
※持ち物：運動用服装，体育館用運動靴。柔道または剣道選択者は，
　各用具一式を持参する。

◆適性検査(2次試験)
【検査内容1】
□クレペリン検査
【検査内容2】
□YGPI検査

◆実技試験(2次試験)
　▼中高・特支中高英語
□音読
※判定基準は，①声の大きさ，②発音の正確さ，③適度な速さ・明瞭
　さ・文の区切れ，である。
□読解力

※判定基準は，①文の内容をきちんと理解しているか，②正確に発問を理解し，的確な返答をしているか，③コミュニケーションを積極的に，かつ，円滑に行っているか，である。

□スピーチ

※判定基準は，①内容・説得力，②パフォーマンス・時間，③態度・発音など，である。

◆個人面接(2次試験)　面接官4人　受験者1人　20分

※判定基準は，①発言内容，②態度，③的確な判断力，④意欲・情熱，である。

▼小学校教諭

【質問内容】

□朝は何時に起きて，朝ご飯は何を食べたか。

□今，お腹は空いているか。

□教員を志望した理由は。

□親身になってくれた先生は，どういう先生だったか。

□教育実習で上手くいかなかったことは。

□保護者と信頼関係を築くためにはどうするか。

□もし，保護者に文句を言われたらどうするか。

　→改善しても文句を言われたらどう対応するか。

　→それでも言われたらどう対応するか。

□保護者から文句を言われた場合，校長，学年主任等に報告をするか。

　→どの程度の文句から報告するか。

□責任感を持つために，日頃行っていることは。

□児童が授業に興味関心を持ったために授業が進まない場合，どうするか。

□教員の責任をいつ感じるか。

□達成感のあったことは(自己紹介書に書いてあること以外)。

□塾と学校の違いは。

□ストレスを抱えるのは、どんなときか。

　→ストレスの対処法は。

□あなたの周りには相談できる人がいるか。

□家族だったら、誰に相談するか。

　→家族は話を聞いてくれるか。

□教員採用試験を受けるといったときの周囲の反応は。

□今までインターネットを活用して教材や資料を集めたものには、どのようなものがあるか。

□ワープロソフトや表計算ソフトを教員としてどのように活用していくか。

□他の公務員試験の選考状況について。

・自己紹介書の「ICTを活用する能力について」特に重点的に聞かれた。

・○○教育とは何ですか、○○の定義は何ですか、ということは特に聞かれなかった。

・聞かれた質問がよく分からないときには、もう一度いいですか、それはどういうことですか、と聞くと、丁寧に質問をし直してもらえた。

◆模擬授業(2次試験)　面接官3人　受験者6人　5分

▼小学校教諭

【課題】

□テーマ「環境」

・受験者を児童と見立てて模擬授業を行う。その際、受験者をA，B，C，D，E，Fと呼ぶようにと指示される。

・面接官3人を中心に受験生は3対3に分かれて、面接官の前で向き合う形で座る(コの字になるように座る)。

・入室時は簡単な挨拶、退出時は挨拶不要と指示される。

・構成用紙を持って授業をしてよいと指示される。

◆集団討議(2次試験)　面接官3人　受験者6人　30分
※模擬授業に継続して集団討議を行う。司会者は，立候補制で募る。
※判定基準は，①積極性，②協調性，③主体性，④論理性，⑤表現力，
　⑥態度，である。
【テーマ】
□1日目：衛生，生活習慣
□2日目：親切，防災
□3日目：環境，情報モラル
▼小学校教諭
【テーマ】
□テーマ「環境」
・ハザードマップを活用していくためにはどうするか。
・地域の方に，学校では環境問題と向き合っていると周知するにはどうするか。
・「環境」と聞いて，何を思い浮かべたか。
・学校でペットボトル回収などがあっても，ただ持ってきているだけで，深く環境について考えられていない。どのようにしたら考えてもらえるか。

2022年度

◆実技検査(1次試験)
▼中学・特支中学部音楽
【課題1】
□新曲視唱
※判定基準は，①音程が正確か，②リズムが正確か，③正確なアーティキュレーションで歌えているか，④調性感を維持しつつ，より音楽的な表現になっているか，⑤曲の特徴をとらえて表現しているか，である。

【課題2】

□新曲視奏

※判定基準は，①音高が正確か，②リズムが正確か，③音色はよいか，④正しい奏法で演奏しているか，⑤曲の特徴をとらえて表現しているか，である。

【課題3】

□弾き歌い

※判定基準は，①歌唱の音程やリズムが正確か，②声量があるか，また，言葉は明瞭か，③曲種に応じた発声で歌っているか，④伴奏は正確か，また，歌と調和させて演奏しているか，⑤曲の特徴をとらえて，表情豊かに表現しているか，である。

※検査に臨む態度等も評価の対象となっている。判定基準は，①入室から退室までの応対や言動は適切か，②演奏態度や楽器等の取扱いは適切か，である。

※持ち物：アルトリコーダー

▼中学・特支中学部美術

【課題】

□色彩表現

※判定基準は，①準備や制作の様子・用具の準備がしっかりとできており，制作態度が適切であるか，②課題の把握・示された課題の内容が，的確に把握されているか，③主題性・示された課題に基づき，自らの造形的な主題を明確にした表現がなされているか，④構想・主題に基づき構想し，深化させているか，⑤画面構成・示された課題や自らの造形的な主題を表現するために，効果的な画面構成がなされているか，⑥表現の技能・形，明暗，質感等の表現，及び鉛筆・色彩表現の技法や技能が的確であるか，である。

※持ち物：鉛筆デッサンに用いる鉛筆(4H〜6B程度)，鉛筆を削るためのカッターナイフ，プラスチック消しゴム，練り消しゴム及び，水溶性絵の具の用具一式。

※水溶性絵の具は，透明水彩，不透明水彩，アクリル絵の具のうちの
いずれかとする。

▼中高・特支中高保体
【必須課題1】
□マット運動
　倒立前転・側方倒立回転・伸膝後転・前方倒立回転跳び
※判定基準は，4つの技の正確さと円滑さである。
【必須課題2】
□バスケットボール
　「ドリブルシュート」を行う。
※スタートからドリブルをし，シュートを2本決めゴールするまでの
　タイムを測定する。
【選択課題】
　3種目から1種目を選択する。
□柔道
　受け身と投げ技
※判定基準は，①前回り受け身で回転と手足の協応がよいか，②手・
　足・体の協応がよく，合理的な技のかけ方をしているか，である。
□剣道
　基本動作と総合練習
※判定基準は，①基本動作で気剣体の一致の打突ができるか，②総合
　練習で気力が充実した攻防ができるか，である。
□ダンス
　提示した題材の中から1つ選択して，即興表現
※判定基準は，①1分以内の演技で，表現力，動き，空間の使い方，
　構成とも十分であるか，である。
※持ち物：運動用服装，体育館用運動靴。柔道または剣道選択者は，
　各用具一式を持参する。

◆適性検査(2次試験)
　【検査内容1】
　□クレペリン検査
　【検査内容2】
　□YGPI検査

◆実技検査(2次試験)
　▼中高・特支高校英語
　□音読
　※判定基準は，①声の大きさ，②発音の正確さ，③速さ・明瞭さ・文
　　の区切れ，である。
　□読解力
　※判定基準は，①文の内容をきちんと理解しているか，②正確に発問
　　を理解し，的確な返答をしているか，③コミュニケーションを積極
　　的に，かつ，円滑に行っているか，である。
　□スピーチ
　※判定基準は，①内容・説得力，②パフォーマンス・時間，③態度・
　　発音など，である。

◆個人面接(2次試験)　面接官3〜4人　受験者1人　20分
　※判定基準は，①発言内容，②態度，③的確な判断力，④意欲・情熱，
　　である。

◆個人面接(2次試験)　面接官4人　20分
　▼小学校教諭
　【質問内容】
　※面接官4人全員から質問された。

□エントリーシートについて。
□自己紹介シートについて。
□短所。
□ストレス。
□僻地勤務は大丈夫か。
□いじめについて。
□学級づくり。
□感性を育むには。
□学力低下について。

▼特支地歴
【質問内容】
□本県を志望した理由。
□教員を志望した理由。
□コミュニケーション不足の子どもにどう対応するか。
□タブレットが1人1台配布されるが，岩手ではどうだったか。
□地域と協働するとは。また，学校は地域から何を求められているか。
□体罰がなくならない理由，その対策。
□信頼される教師になるには。
□理想の教師像は。
□個性を認めるとは。
□「自宅でうなだれていることが多い，どうやら学校で孤立しているようだ」と保護者から報告があった時の対応。
□無気力な生徒への対応。
□岩手出身のようだが，今後も山梨に住み続けるか。
□個人情報をどのように扱っていくか。

◆模擬授業(2次試験)　面接官3人　受験者6～7人　5分(授業5分)(集団討議の前に)

▼小学校教諭
【課題】
□強い意志
・構想5分
・授業5分×5人

▼特支地歴
【課題】
□「公正」について
・5分で授業案を考える(A4用紙が配られる。筆記用具持参)
　→特支では画用紙A4×3，カラーマジックペン4色(赤，黒，青，緑)。
・1人5分ずつ授業をする。

◆集団討議(2次試験)　面接官3人　受験者6〜7人　30〜35分
　※模擬授業に継続して集団討議を行う。
　※判定基準は，①積極性，②協調性，③主体性，④論理性，⑤表現力，
　　⑥態度，である。
【テーマ】
□1日目：希望，公正
□2日目：生命尊重，協力
□3日目：強い意志，支え合い
▼小学校教諭
【テーマ】
□強い意志
・授業をして，それについて討論。
・司会は自分たちで決める。
・育む資質能力。
・子どものイメージを話し合う。
・模擬授業→集団討論。

▼特支地歴

【テーマ】

□「公正」について

・42分(6分×7人)で討論をする(A4用紙が配られる)。司会はみんなの中から立候補で決める。

・終了後，用紙はすべて集められる。

2021年度

※2021年度(令和3年度採用)山梨県公立学校教員選考検査は新型コロナウイルス感染症感染拡大防止のため検査内容等が大幅に変更された。

① 小学校及び特別支援学校小学部の体育実技検査のすべてが不実施となった。

→体育実技検査の不実施に伴い，一次試験の配点は実技を除いた一般・教職教養検査と専門教養検査の合計点に変更された。また，二次試験においても音楽実技検査の配点が変更された。

② 中学校・高等学校・特別支援学校中学部及び高等部の保健体育の実技検査について水泳が不実施となった。また，他の種目の実技検査については，可能な限り密集した状況を避けるように配慮し，例年より短い時間で実施された。

③ 中学校音楽・美術及び特別支援学校中学部音楽・美術の実技検査については，可能な限り密集した状況を避けるように配慮し，例年より短い時間で実施された。

④ 第一次検査の受験者には検査日の一週間前から朝と夜に検温をして，配布された「健康チェック表」に体温等を記入し，受付時に提出することが定められ，また，試験会場ではマスクの着用が義務づけられた。

◆実技検査(1・2次試験)

　▼小学校教諭・特支小学部

【体育課題】

※新型コロナウイルス感染症感染拡大防止の観点により小学校及び特
　別支援学校小学部の体育実技検査はすべて不実施となった。

【音楽課題】

□弾き歌い

　4曲の中から1曲を選び弾き歌いを行う。

※楽曲は事前に告知される。

※判定基準は，①歌唱の音程やリズムが正確か，②声量があるか，言
　葉は明瞭か，③伴奏は正確か，歌と調和させて演奏しているか，
　④児童に曲想が伝わるように，表情豊かに演奏しているか，である。

※音楽課題に関しては，「検査に臨む態度等」も評価の対象となってい
　る。判定基準は，入室から退室までの応対や言動は適切か，であ
　る。

※当日受験会場で提示される楽譜で演奏する。

※楽譜は，指導書等に掲載されている一般的な伴奏譜と簡易伴奏譜が
　用意されているので，どちらを使ってもよい。

※受験者が練習してきた楽譜が，用意されているものの中にない場合
　は持参した伴奏譜での演奏も認める。

〈受験者からのアドバイス・感想〉

・(楽曲が事前に告知されるので)しっかり練習しておくとよい。

・試験室は以下のような配置だった。

☆試験官
・アルコール消毒
◎アルコール消毒

▼中高・特支中高英語
【課題1】
□音読
※判定基準は，①声の大きさ，②発音の正確さ，③速さ・明瞭さ，文の区切れである。
【課題2】
□読解力
※判定基準は，①文の内容をきちんと理解しているか，②正確に発問を理解し，的確な返答をしているか，③コミュニケーションを積極的に，且つ，円滑に行っているか，である。
【課題3】
□スピーチ
※判定基準は，①内容・説得力，②パフォーマンス・時間，③態度・発音，である。

▼中学・特支中学部音楽
【課題1】
□新曲視唱
※判定基準は，①音程が正確か，②リズムが正確か，③正確なアーティキュレーションで歌えているか，④調性感を維持しつつ，より音楽的な表現になっているか，⑤曲の特徴をとらえて表現しているか，である。
【課題2】
□新曲視奏
※判定基準は，①音高やリズムが正確か，②音色はよいか，③正しい奏法で演奏しているか，④曲の特徴をとらえて表現しているか，である。
【課題3】
□弾き歌い
※判定基準は，①歌唱の音程やリズムが正確か，②声量があるか，言

葉は明瞭か，③曲趣に応じた発声で歌っているか，④伴奏は正確か，歌と調和させて演奏しているか，⑤曲の特徴をとらえて，表情豊かに表現しているか，である。

※検査に臨む態度等も評価の対象となっている。判定基準は，①入室から退室までの応対や言動は適切か，②演奏態度や楽器等の取扱いは適切か，である。

※持ち物：アルトリコーダー

▼中高・特支中高保体
【必須課題1】
□マット運動
　倒立前転・側方倒立回転・伸膝後転・前方倒立回転跳び
※判定基準は，4つの技の正確さと円滑さである(別途，詳細な採点基準あり)。
【必須課題2】
□バレーボール
　「直上パス」を行う。
※20秒間，アンダーハンドパスとオーバーハンドパスを交互に繰り返す回数をカウントする。
【選択課題】
　3種目から1種目を選択する。
□柔道
　礼法・受け身と体さばき
※判定基準は，①伝統的な行動の仕方を理解しているか。②前回り受け身で回転と手足の協応がよいか，②体さばきで，技をかけやすい位置に移動できているか，である。
□剣道
　礼法と基本動作
※判定基準は，①伝統的な行動の仕方を理解しているか。②基本動作で気剣体の一致の打突ができるか，である。

□ダンス

　提示した題材の中から1つ選択して，即興表現

※判定基準は，1分以内の演技で，表現力，動き，空間の使い方，構成とも十分であるか，である。

※持ち物：運動用服装，体育館用運動靴。柔道または剣道選択者は，各用具一式を持参する。

・コロナウイルス感染症感染拡大防止の観点から人との接触が避けられた試験内容になっていた。

▼中学・特支中学部美術

【課題】

□色彩表現

※判定基準は，①準備や制作の様子・用具の準備がしっかりとできており，制作態度が適切であるか，②課題の把握・示された課題の内容が，的確に把握されているか，③主題性・示された課題に基づき，自らの造形的な主題を明確にした表現がなされているか，④構想・主題に基づき構想し，深化させているか，⑤画面構成・示された課題や自らの造形的な主題を表現するために，効果的な画面構成がなされているか，⑥表現の技能・形，明暗，質感，動感等の表現，及び鉛筆・色彩表現の技法や技能が的確であるか，である。

※持ち物：鉛筆デッサンに用いる鉛筆(4H～6B程度)，鉛筆を削るためのカッターナイフ，プラスチック消しゴム，練り消しゴム及び，水溶性絵の具の用具一式。

※水溶性絵の具は，透明水彩，不透明水彩，アクリル絵の具のうちのいずれかとする。

※水入れは検査会場に用意されたものを使用してもよい。

◆適性検査(2次試験)

【検査内容1】

　□クレペリン検査
【検査内容2】
　□YGPI検査

◆個人面接(2次試験)　面接官3〜4人　受験者1人　25〜30分
　※判定基準は，①発言内容，②態度，③的確な判断力，④意欲・情熱，
　である。

◆個人面接　(2次試験)　面接官4人　20分
　▼小学校教諭
　【質問内容】
　※面接官四人からそれぞれ以下のように質問された。
　□面接官1
　　→志願書を見ながらの質問，免許，勤務している学校の様子。
　□面接官2
　　→コミュニティスクールについて，勤務している学校での取り組み。
　□面接官3
　　→対話の成立とは何か
　　→不登校児の対応をどうするか
　□面接官4
　　→僻地勤務，中学校勤務でもよいか

　▼小学校教諭
　【質問内容】
　□志望理由。
　□なぜ山梨なのか。
　□学級通信について。
　□全国学力調査について。

□嫌いな人のタイプ，遭遇したら。

□許せないことは。

　　→その怒りをどうする。

□教職大学院への進学予定は。

・回答後に「以上です」と言っていたら，話を一方的に切られている
　みたいと言われたので「以上です」は言わない方がよいと思われる。

・面接官の中にあまり質問をされてこない方がいた。心理士の方では
　ないかと思われる。

▼中学保体

【質問内容】

□志望した理由。

□保健体育を教えたいのか，それとも教師になりたいのか。

□部活動がどんどん縮小されているが，それでも顧問になりたいか。

□教員を志したきっかけみたいなものは何か。

□「確かな学力」とは何か。

□SNSトラブルにどのように対応するか。

□「心の居場所づくり」となるよう，どう取り組んでいくか。

□「先生は甘い」と保護者に言われた。どのようにするか。

□体罰はなぜ起こるか。

□日ごろから，教職員間の関わり合いでどんなことを意識しているか。

□これからの教育に求められることは何か。

□なぜ2年間事務職員だったのか。

□保健の授業は必要ないと言われた際，どのように対応するか。

□情報漏洩に対してどのように対応するか。

◆模擬授業　(2次試験)　面接官2人　受験者5人　5分(授業5分)(集団討議
　の中で)

　▼小学校

【課題】

□「共生」について

・A～Eさん1人5分ずつ授業の始めを行った。

・教科，学年を言って始める。

・私は居住地交流を扱って，聴覚障害児のお友だちとのあそびを考えよう(3年，学活)をした。

・山梨県の採用試験なので，山梨スタンダードなど授業の形式に沿って模擬授業を進めなければいけない。

◆模擬授業 (2次試験) 面接官3人 受験者6人 5分(構想5分，授業5分)(集団討議の前に)

▼小学校

【課題】

□相互理解

・児童役は残った受験者で，評価の対象になると告げられる。

・5分間の構想の時間で構想用紙に構想する。時間になると紙を裏にするように指示がある。

・構想用紙を見ながらやってもよい。試験後，回収される。

◆集団討議(2次試験) 面接官2～3人 受験者5人 30～35分間

※模擬授業に継続して集団討議を行う。

※判定基準は，①積極性，②協調性，③主体性，④論理性，⑤表現力，⑥態度，である。

【テーマ】

□1日目：公平，相互理解

□2日目：公共，共生

□3日目：自己有用感，安心

86

◆集団討論　(2次試験)　面接官2人　受験者5人　35分
　▼小学校
【課題】
□「共生」について
※模擬授業の後，司会者を立てて話し合った。
・模擬授業から課題を見つけ，授業者のふり返り，今後の授業のあり方について話し合った。
・司会をした。他の受験者はみなさん期間採用教員経験者ばかりだった。

◆集団討論　(2次試験)　面接官2人　受験者5人　35分
　▼小学校
【課題】
□「共生」について
※模擬授業の後，司会者を立てて話し合った。
・模擬授業から課題を見つけ，授業者のふり返り，今後の授業のあり方について話し合った。

◆集団討論　(2次試験)　面接官2人　受験者5人　30分
　▼中学保体
【課題】
□自己有用感
5分：授業構想，5分：模擬授業×5人分，30分：テーマについての話し合い
〈試験の流れ〉
　①それぞれの校種，教科等の確認。
　②「自己有用感」とは何だと思うか。
　③自分の良さを知るために何ができるか。

→「ほめる」際に気をつけること。

→「コミュニケーション能力」獲得のために何ができるか。

2020年度

◆実技検査(1・2次試験)

▼小学校教諭・特支小学部

【体育課題1】

□マット運動

　開脚前転・側方倒立回転

※判定基準は，2つの技の正確さと円滑さである(別途，詳細な採点基準あり)。

【体育課題2】

□バスケットボール

「ドリブルシュート」を行う。

※判定基準は，指示された位置からスタートし，コーンの外側を通ってドリブルシュートをし，1本決めてフリースローライン上までドリブルしたタイムである。

【体育課題3】

□水泳

　自由な泳法による25m完泳

※判定基準は，25m完泳(往路)のタイムである。

※持ち物：運動用服装，体育館用運動靴，水泳着，水泳帽である。

【音楽課題1】

□新曲視唱

※判定基準は，①音程が正確か，②リズムが正確か，③移動ド唱法は正確か，である。

・2分楽譜を見た後，別室に案内される。

【音楽課題2】

□弾き歌い

※判定基準は，①歌唱の音程やリズムが正確か，②声量があるか，また，言葉は明瞭か，③伴奏は正確か，また，歌と調和させて演奏しているか，④児童に曲想が伝わるように，表情豊かに演奏しているか，である。

※音楽課題に関しては，「検査に臨む態度等」も評価の対象となっている。判定基準は，入室から退室までの応対や言動は適切か，である。

▼中高・特支中高英語

【課題1】

□音読

※判定基準は，①声の大きさ，②発音の正確さ，③速さ・明瞭さ，である。

【課題2】

□読解力

※判定基準は，①文の内容をきちんと理解しているか，②正確に発問を理解し，的確な返答をしているか，③コミュニケーションを積極的に，且つ，円滑に行っているか，である。

【課題3】

□スピーチ

※判定基準は，①内容・説得力，②話し方・態度，③発音・ことばの選び方，である。

▼中学・特支中学音楽

【課題1】

□新曲視唱…2回(1回目は移動ド唱法)

※判定基準は，①音程が正確か，②リズムが正確か，③1回目は，移動ド唱法で正確に歌えているか，④2回目は，調性感を維持しつつ，より音楽的な表現になっているか，⑤曲の特徴をとらえて表現して

いるか，である。

【課題2】

□新曲視奏

※判定基準は，①音高が正確か，②リズムが正確か，③音色はよいか，④正しい奏法で演奏しているか，⑤曲の特徴をとらえて表現しているか，である。

【課題3】

□弾き歌い

※判定基準は，①歌唱の音程やリズムが正確か，②声量があるか，また，言葉は明瞭か，③曲趣に応じた発声で歌っているか，④伴奏は正確か，また，歌と調和させて演奏しているか，⑤曲の特徴をとらえて，表情豊かに表現しているか，である。

※検査に臨む態度等も評価の対象となっている。判定基準は，①入室から退室までの応対や言動は適切か，②演奏態度や楽器等の取扱いは適切か，である。

※持ち物：アルトリコーダー

▼中高・特支中高保体

【必須課題1】

□マット運動

　倒立前転・側方倒立回転・伸膝後転・前方倒立回転跳び

※判定基準は，4つの技の正確さと円滑さである(別途，詳細な採点基準あり)。

【必須課題2】

□バスケットボール

「ドリブルシュート」を行う。

※判定基準は，指示された位置からスタートし，ドリブルをしながら順に2箇所のコーンを外側から回り込んで通り，ドリブルシュートをし，2本決めた後，フリースローライン上までドリブルしたタイムである。

【必須課題3】

□水泳

　　2つの泳法による50m完泳

※判定基準は，往路・復路を異なる泳法で完泳におけるタイムである。

【選択課題】

　　3種目から1種目を選択する。

□柔道

　　受け身と投げ技

・前回り受け身(左右)2回ずつ→ペアになり体落とし　受・取2回ずつ。

※判定基準は，①前回り受け身で回転と手足の協応がよいか，②体落としで，手，足，体の協応がよく，合理的な技のかけ方をしているか，である。

□剣道

　　基本動作と総合練習

※判定基準は，①基本動作で気剣体の一致の打突ができるか，②総合練習で気力が充実した攻防ができるか，である。

□ダンス

　　提示した題材の中から1つ選択して，即興表現

※判定基準は，1分以内の演技で，表現力，動き，空間の使い方，構成とも十分であるか，である(別途，詳細な採点基準あり)。

※持ち物：小学校全科と同様。柔道または剣道選択者は，各用具一式を持参する。

▼中学・特支中学美術

【課題】

□色彩表現

※判定基準は，①準備や制作の様子：用具の準備がしっかりとできており，制作態度が適切であるか，②課題の把握：示された課題の内容が，的確に把握されているか，③主題性：示された課題に基づき，自らの造形的な主題を明確にした表現がなされているか，④構想：

主題に基づき構想し，深化させているか，⑤画面構成：示された課題や自らの造形的な主題を表現するために，効果的な画面構成がなされているか，⑥表現の技能：形，明暗，質感，動感等の表現，及び鉛筆・色彩表現の技法や技能が，的確であるか，である。

※持ち物：鉛筆デッサンに用いる鉛筆(4H〜6B程度)，鉛筆を削るためのカッターナイフ，プラスチック消しゴム，練り消しゴム及び，水溶性絵の具の用具一式。

※水溶性絵の具は，透明水彩，不透明水彩，アクリル絵の具のうちのいずれかとする。

※水入れは検査会場に用意されたものを使用してもよい。

◆適性検査(2次試験)
【検査内容1】
□クレペリン検査
【検査内容2】
□YGPI検査

◆個人面接(2次試験)　面接官3〜4人　受験者1人　25〜30分
※判定基準は，①発言内容，②態度，③的確な判断力，④意欲・情熱，である。
▼小学校教諭
【質問内容】
□どのような教師を目指すか。
□なぜ山梨県の教師になりたいか。
□山梨県の学力調査の結果を知っているか。
　→どのようなことが課題といえるか。
□いじめが起きたらどう対処するか。
　→子どもに「絶対に誰にも言わないで」と言われたらどうするか。

□自分を高めるためにどのようなことに取り組むか。

▼小学校教諭
【質問内容】
□山梨を選んだ理由について。
□学級崩壊の原因。
□あなたが子どものころの学習環境は。
□中学はいけるか，働けるか。
・1人の面接官につき3問ほど聞かれる。
・「他には？　具体的には？」などと言われるが，落ちついて答える
　ことが大切。

▼小学校教諭
【質問内容】
□苦労したことをどう乗り越えたか。
□いじめへの対応について。
□ボランティア活動について。
□教育実習での失敗と成功について。
□LGBTについて。
□外国語教育の充実について。
□防災教育について。
□発達障害の傾向が見られる児童について。
・とにかく明るくハキハキと。

▼中学保体
【質問内容】
□昨夜はよく眠れたか。
□ここまでどうやって来たか。
　→最寄りの駅に行くまでに雨は降っていたか。
□家族はどのようにしてあなたを育てたか。また，どういった力が身

についたか。

→(「自分で考える癖がついた」と答えた上で)そのように感じるとき
はどんなときか。

□体育において「生きる力」というものはどういうものか。

→それはどういった学習活動によって身につくのか。

□道徳の教科化にあたり，何が大きく変わったか。

→評価をする際，子どもたちのどういった学習活動によって評価す
るのか。

□教師として，子どもたちに何を一番伝えたいか。

□生徒とのコミュニケーションはどのようにしてとっていくのか。

□県の体力テストの結果からどのようなことが課題であると言える
か。

→具体的な種目を挙げ，それについてどのような働きかけができる
か。

→(「ソフトボール投げが課題である」と答え，ペットボトルロケッ
トでの遊び活動を挙げ)それは現任校で行っているものか。

□教師という仕事のやりがいは何だと思うか。

→実際の場面において「子どもに教えられた」場面はどんなときか。

□部活動の練習をもっとやりたいと言われたらどうするか。

□何をするにしても無気力な生徒にはどのように対応するか。

→数学の二次関数がわからない生徒がいた。どのように対応するか。

→(「生徒同士の学び合いスタイルを行う」と答えた上で)いつまで学
び合いスタイルで行うか。

□自己肯定感が低くグループワークの中で自分の意見が言えない生徒
にはどのように対応するか。

□生徒指導に協力的でない家庭にはどのように対応するか。

→電話口で威圧的な態度を取られたらどのように対応するか。

□へき地勤務になっても大丈夫か。

→河口湖の方に勤めることになっても大丈夫か。

・面接の場においては変に硬い雰囲気ではなく自然な会話をするよう

な感じで行えたことがよかった。

・志望動機を最初に聞かれるだろうと思っていたら，まさかの家庭に対する質問。さらには志望動機については一切聞かれないという初めてのタイプの面接であった。

・基本的には話しすぎないように。それでいてポイントとなる部分や自分の思いは確実に伝えられるようにした。そのため，多くの内容を聞かれることができてよかった。

・自分自身の考えがまとまっていない部分について，うまく伝えられなかった部分については追加の質問がより具体的にくる。どんな内容であっても落ちがないようにすることが大切(無気力な生徒への対応について痛感)。

◆模擬授業(2次試験)　面接官3人　受験者5人
　▼小学校教諭
【テーマ】
□誠実
※教材，特活，総合など，科目を自由に選び1人5分で行う。
※他の4人の受験生が子ども役をする。
・明るく大きな声で話し，子どもとのやりとりを重視するとよいと教わった。
・「今日のテーマ」をしっかりと示すことが大切。他に別日は「感謝」，「寛容」がテーマ。

　▼小学校教諭
【テーマ】
□寛容
※5分構想→冒頭5分の模擬授業だった。

▼小学校教諭

【テーマ】

□感謝

・前の人とかぶっても，やりきること。

▼中学保体

【テーマ】

□誠実

・考える時間5分というのはあまりにも短い。悩んでいる時間はないのでテーマが発表された段階でまず思い浮かんだもので授業構成を練るしかない。その上で大切になってくることが学習指導要領の読み込み(各単元でどんなことを扱っているのか，何学年で行うのか，具体的な内容等)であると言える。

・授業構成の段階で「やまなしスタンダード」を意識する。私の場合「めあての提示の仕方」と「展開においてどういった話合い活動を行うのか」は試験官が見てもわかるようにより具体的に書いた。

・授業時間5分というのもやはり短い。学習内容にもよるが，教師だけがしゃべり続けてしまう導入は避けるべき。その上で生徒の関心を引く導入を行うために，一般時事や社会的関心が高いものを題材にした。

・授業者主導で学習場面を設定してしまうのもよいと思った(例：今日の授業は，朝の会でも話をした最近の掃除の取り組みについてです)。これならば生徒役の受験者も「掃除の取り組みが悪い生徒」を演じることが必要だとスムーズに理解できる。

◆集団討議(2次試験)　面接官3人　受験者5人　30〜35分間

　※模擬授業に継続して集団討議を行う。

　※判定基準は，①積極性，②協調性，③主体性，④論理性，⑤表現力，⑥態度，である。

【テーマ】
□1日目：感謝，安全
□2日目：寛容，誠実
□3日目：勤労，信頼

▼小学校教諭
【テーマ】
□誠実
※1人5分模擬的授業をした後，どのように指導したらよいか等について討論を行う。
※結論を出す必要はなく，模擬授業をふまえて意見交換する。司会は自分たちで決める。メモは可で回収される。
・全員小学校の受験者だったが，臨時採用など年上の方が多かった。

▼小学校教諭
【テーマ】
□感謝
・他の受験者の話をしっかり聞く受容の心が大切。

▼中学保体
【テーマ】
□誠実
・授業の反省を行った。
・「子どもたちに誠実を伝えるためにはどんなことが必要か」，「子どもたち自身の行動変容のためには何が必要か」などを話し合った。
・それぞれのテーマについて討論をする中で，学校現場で実際に行っている取り組みや，取り組みに対する質問などが多く出た。
・あくまで全体のバランスをとるようにする。他の人の発言の機会を奪わないように。常に話し続けている人よりも，少ない発言ながら他の人とは違った切り口をする人のほうがよい意味で目立てる。

・作文と同じように，できるだけ幅広い視点で。授業での取り組み，学校生活での取り組み，地域や家庭での取り組みと，結論を出す必要はないので話が広がりすぎても問題ない(多分)。ただし話の方向性がずれないように。

2019年度

◆実技検査(1・2次試験)
▼小学校全科・特支小学
【体育課題1】
□マット運動
　開脚前転・側方倒立回転・後転
※判定基準は，3つの技の正確さと円滑さである(別途，詳細な採点基準あり)。
【体育課題2】
□バスケットボール
「20秒間シュート」を行う。
※判定基準は，20秒間におけるゴール及びシュート数である。
【体育課題3】
□水泳
　2つの泳法による50m完泳
※判定基準は，往路・復路を異なる泳法で完泳におけるタイムである。
※持ち物：運動用服装，体育館運動靴，水泳着
【音楽課題1】
□新曲視唱
※判定基準は，①音程が正確か，②リズムが正確か，③移動ド唱法は正確か，である。
【音楽課題2】
□弾き歌い
※判定基準は，①歌唱の音程やリズムが正確か，②声量があるか，ま

た，言葉は明瞭か，③伴奏は正確か，また，歌と調和させて演奏しているか，④児童に曲想が伝わるように，表情豊かに演奏しているか，である。

※入退室の応対や言動も評価の対象である。

▼中高・特支中高英語

【課題1】

□音読

※判定基準は，①声の大きさ，②発音の正確さ，③速さ・明瞭さ，である。

【課題2】

□読解力

※判定基準は，①文の内容をきちんと理解しているか，②正確に発問を理解し，的確な返答をしているか，③コミュニケーションを積極的に，且つ，円滑に行っているか，である。

【課題3】

□スピーチ

※判定基準は，①内容・説得力，②話し方・態度，③発音・ことばの選び方，である。

▼中学・特支中学音楽

【課題1】

□新曲視唱…2回(1回目は移動ド唱法)

※判定基準は，①音程が正確か，②リズムが正確か，③1回目は，移動ド唱法で正確に歌えているか，④2回目は，調性感を維持しつつ，より音楽的な表現になっているか，⑤曲の特徴をとらえて表現しているか，である。

【課題2】

□新曲視奏

※判定基準は，①音高が正確か，②リズムが正確か，③音色はよいか，

④正しい奏法で演奏しているか，⑤曲の特徴をとらえて表現しているか，である。

【課題3】

□弾き歌い

※判定基準は，①歌唱の音程やリズムが正確か，②声量があるか，また，言葉は明瞭か，③曲趣に応じた発声で歌っているか，④伴奏は正確か，また，歌と調和させて演奏しているか，⑤曲の特徴をとらえて，表情豊かに表現しているか，である。

※入退室の応対や言動，演奏態度，楽器等の取扱いも評価の対象である。

※持ち物：アルトリコーダー

▼中高・特支中高保体

【必須課題1】

□マット運動

　倒立前転・側方倒立回転・伸膝後転・前方倒立回転跳び

※判定基準は，4つの技の正確さと円滑さである。

【必須課題2】

□バレーボール

「直上パス」を行う。

※判定基準は，20秒間，アンダーハンドパスとオーバーハンドパスを交互に繰り返す回数である。

【必須課題3】

□水泳

　2つの泳法による50m完泳

※判定基準は，往路・復路を異なる泳法で完泳におけるタイムである。

【選択課題】

　3種目から1種目を選択する。

□柔道

　受け身と投げ技

※判定基準は，①前回り受け身で回転と手足の協応がよいか，②体落としで，手，足，体の協応がよく，合理的な技のかけ方をしているか，である。

□剣道

基本動作と総合練習

※判定基準は，①基本動作で気剣体の一致の打突ができるか，②総合練習で気力の充実した攻防ができるか，である。

□ダンス

提示した題材の中から1つ選択して，即興表現

※判定基準は，1分以内の演技で，表現力，動き，空間の使い方，構成とも十分であるか，である(別途，詳細な採点基準あり)。

※持ち物：小学校全科と同様。柔道または剣道選択者は各用具一式を持参する。

▼中学・特支中学美術

【課題】

□色彩表現

※判定基準は，①準備や制作の様子(用具の準備がしっかりとできており，制作態度が適切であるか)，②課題の把握(示された課題の内容が，的確に把握されているか)，③主題性(示された課題に基づき，自らの造形的な主題を明確にした表現がなされているか)，④構想(主題に基づき構想し，深化させているか)，⑤画面構成(示された課題や自らの造形的な主題を表現するために，効果的な画面構成がなされているか)，⑥表現の技能(形，明暗，質感，動感等の表現，及び鉛筆・色彩表現の技法や技能が，的確であるか)である。

※持ち物：鉛筆デッサンに用いる鉛筆(4H〜6B程度)，鉛筆を削るためのカッターナイフ，プラスチック消しゴム，練り消しゴム及び水溶性絵の具の用具一式

※水溶性絵の具は，透明水彩，不透明水彩，アクリル絵の具のうちのいずれかとする。

※水入れは検査会場に用意されたものを使用してもよい。

◆適性検査(2次試験)　60分
【検査内容1】
□クレペリン検査
【検査内容2】
□YGPI検査

◆個人面接(2次試験)　面接官4人　受験者1人　25分
　※判定基準は，①発言内容，②態度，③的確な判断力，④意欲・情熱，
　　である。
　▼中学社会
　【質問内容】
　□「主体的・対話的で深い学び」を実現するために，社会科ではどん
　　な授業をするか。
　□8月15日に授業をする場合，どんなことを教材にするか。
　□全国学力・学習状況調査における山梨県の結果について，どう考え
　　るか。
　□最近の子どもは精神的に弱いと言われているが，どう考えるか。
　□なぜ教師に時間的余裕が必要なのか。
　□地方公務員法における職員の責務を3つ挙げなさい。
　・自己紹介書から質問されることが多かった(例：この資格はなにか，
　　どう活用するか)。

　▼高校数学
　【質問内容】
　□志望理由
　□子どもに数学を通じて身に付けさせたい力はなにか。

□数学が苦手な生徒にどう対応するか。
□成績についてのクレームがきたとき，どう対応するか。
□不登校生徒に対してどうするか。
□いじめなどをどのようにして発見するか。
□生徒との関わりを持つためにどう工夫するか。
□ネットによるいじめが起きたとき，被害者と加害者にどんな対応を
　するか。

▼高校世史
【質問内容】
□志望理由
□教員の魅力はなにか。
□教員に必要な資質はなにと考えるか。
□教員の多忙化について，どう考えるか。
□授業についていけない生徒にどう対応するか。
□発達障害のある生徒を指導する際の留意点はなにか。
□合理的配慮とはなにか。
□発達障害のある生徒に対する，ICTを用いた指導についてどう考え
　るか。
□年度初めに，保護者の前でどのような話をするか。
□いじめのないクラスを実現するためにはどうするか。
□部活動を通して，生徒になにを教えたいか。

◆模擬授業(2次試験)　面接官3人　受験者6人　10分
　※模擬授業に継続して集団討議を行う。
　※テーマが与えられた後，はじめに5分間の構想をし，つぎに5分間の
　　模擬授業を行う。なお，模擬授業では冒頭の5分間を実施する。
　※模擬授業と集団討議は同テーマで行う。
　※授業中は，他の受験者が児童生徒役をする。

※板書をすることはできない。ただし，特別支援受験者は，スケッチ
ブック，クレパスを使用できる。
▼全区分
【テーマ】
□感動
□自分らしさ
□豊かな心
□向上心
□自己管理
□対話

▼中学社会
【テーマ】
□豊かな心
※授業は，道徳，特別活動，総合的な学習の時間のいずれかで行うも
のと想定する。
・道徳の授業を行う人がほとんどであった。

▼高校数学
【テーマ】
□向上心
※授業は，LHR，総合的な学習の時間，教科のいずれかで行うものと
想定する。

▼高校世史
【テーマ】
□自分らしさ

◆集団討議(2次試験)　面接官3人　受験者6人　35分

※模擬授業に継続して集団討議を行う。

※判定基準は，①積極性，②協調性，③主体性，④論理性，⑤表現力，⑥態度，である。

※模擬授業と集団討議は同テーマで行う。

※司会は，受験者によって決定すること。

▼全区分

【テーマ】

□模擬授業と同テーマ

▼中学社会

【テーマ】

□豊かな心

▼高校数学

【テーマ】

□向上心

▼高校世史

【テーマ】

□自分らしさ

・私のグループでは，高校国語(3人)，特別支援(1人)の受験者と一緒になった。

2018年度

◆実技検査(1次試験)

▼中学校音楽

【課題1】

□新曲視唱…2回(1回目は移動ド唱法)

※判定基準は①音程が正確か②リズムが正確か③1回目は，移動ド唱法で正確に歌えているか④2回目は，調性感を維持しつつ，より音楽的な表現になっているか⑤曲の特徴をとらえて表現しているか，だった。

【課題2】

□新曲視奏

※判定基準は①音高が正確か②リズムが正確か③音色はよいか④正しい奏法で演奏しているか⑤曲の特徴をとらえて表現しているか，だった。

【課題3】

□弾き歌い

※判定基準は①歌唱の音程やリズムが正確か②声量があるか。また，言葉は明瞭か③曲趣に応じた発声で歌っているか④伴奏は正確か。また，歌と調和させて演奏しているか⑤曲の特徴をとらえて，表情豊かに表現しているか，だった。

※入退室の応対や言動，演奏態度，楽器等の取扱いも評価の対象である。

※持ち物：アルトリコーダー

▼小学校全科・特支(小学部)体育

【課題】

□水泳…50m完泳(往復25m×2泳法のタイム計測)

□バスケットボール…「ドリブルシュート」(指示された位置からスタートし，コーンの外側を通ってドリブルシュートをし，1本決めてフリースローライン上までドリブルしたタイム計測)

□マット運動…開脚前転・側方倒立回転・後転

※持ち物：運動用服装，体育館運動靴，水泳着，(医師から水泳が禁止されている者のみ)「証明書」

▼中高・特支(中高部)保体

【必修課題】

□水泳…50m完泳(往復25m×2泳法の計測)

□バスケットボール…「ドリブルシュート」(・指示された位置からスタートし，ドリブルをしながら順に2箇所のコーンを外側から回り込んで通り，ドリブルシュートをし，2本決めた後，フリースローライン上までドリブルしたタイム計測)

□マット運動…倒立前転・側方倒立回転・伸膝後転・前方倒立回転跳び

【選択課題】

※いずれか1つの選択。

□柔道…受け身(前回り受け身)と投げ技(体落とし)

□剣道…基本動作(気剣体の一致の打突)と総合練習(気力の充実した攻防)

□ダンス…即興表現(1分以内，提示された題材の中から1つ選択)

※持ち物：小学校全科と同様。柔道または剣道選択者は各用具一式を持参する。

▼中学・特支(中学部)美術

【課題】

□色彩表現

※判定基準は①準備や制作の様子(用具の準備がしっかりとできており，制作態度が適切であるか)②課題の把握(示された課題の内容が，的確に把握されているか)③主題性(示された課題に基づき，自らの造形的な主題を明確にした表現がなされているか)④構想(主題に基づき構想し，深化させているか)⑤画面構成(示された課題や自らの造形的な主題を表現するために，効果的な画面構成がなされているか)⑥表現の技能(形，明暗，質感，動感等の表現，及び鉛筆・色彩表現の技法や技能が，的確であるか)だった。

※持ち物：鉛筆デッサンに用いる鉛筆(4H〜6B程度)，鉛筆を削るためのカッターナイフ，プラスチック消しゴム，練り消しゴム及び水溶性絵の具の用具一式

※水溶性絵の具は，透明水彩，不透明水彩，アクリル絵の具のうちの
　いずれかとする。
※水入れは検査会場に用意されたものを使用してもよい。

◆適性検査(2次試験1回目)
　▼全科
　【検査内容】
　□クレペリン検査
　□YGPI検査

◆実技検査(2次試験1回目)
　▼中高・特支(高等部)英語
　【課題】
　□音読(①声の大きさ ②発音の正確さ③速さ・明瞭さを評価する)
　□読解力(①文の内容をきちんと理解しているか②正確に発問を理解
　　し，的確な返答をしているか③コミュニケーションを積極的に，且
　　つ，円滑に行っているかを評価する)
　□スピーチ(①内容・説得力②話し方・態度③発音・ことばの選び方を
　　評価する)

◆個人面接(2次試験2回目) 面接官4人　受験者1人　時間40分
　▼特別支援(中学部)
　【質問内容】
　□志望動機について。
　□今は千葉県に住んでいるようだが，一人暮らしをしているのか。
　□(志望書より)障害のある子どもたちとのキャンプに行ったことがあ
　　るようだが，一番最近行ったのはいつか。また，どのようなことを

したのか。

□あなたを採用することで「山梨県はこんな得をする」というセールスポイントはどこか。

□趣味は何か。

□有名人の中で，この人が教員になったらいいなと思う人は誰か。

□昨年4月に障害者差別解消法が施行されたが，共生社会を実現させるために大切だと思うことは何か。

□あなたの指導方針について，保護者からの同意を得られなかったらどうするか。

□(志願書より)ずっと音楽を続けているようだが，教員としてそれをどう生かすか。

□教育実習の精錬授業の内容について。

□障害のある人への社会全体の理解は進んでいると思うか。

□卒業論文ではどのような研究をしているのか。

◆模擬的授業(2次試験2回目) 面接官3人　受験者4人　10分

※模擬的授業を行った後，すぐに集団討議を行う。

※模擬的授業と集団討議は同テーマで行う。

※テーマが与えられた後，5分間構想，5分間授業を行う。

※校種は受験区分の校種を想定するが，学年や教科は自由に設定できる。

※授業中受験者は児童生徒役をする。試験官は児童生徒役をしない。

※黒板の前に試験官がいるため板書は行わないが，書くふりはしてもよい。

【テーマ】

□個性

□自律

□郷土

□健康

□マナー
□習慣

▼特別支援(中学部)
【テーマ】
□「個性」をテーマに授業を考えよ。
・試験官に指名された人から授業をするが，順番はランダムであった
　(受験番号順ではなかった)。
・道徳の授業として実施した。グループには特別活動や学級活動とし
　て実施している受験生もいた。
・グループには，中学校の受験者と特別支援学校の受験者がいた。ま
　た学生と講師が混合になっていた。

◆集団討議　面接官3人　受験者4人　35分
※模擬的授業を行った後，すぐに集団討議を行う。
※模擬的授業と集団討議は同テーマで行う。
※集団討議では討議の最初に司会者をたてる。
▼全科
【テーマ】
□模擬的授業と同テーマ

◆実技検査(2次試験2回目)
　▼小学校・特支(小学部)音楽
【課題1】
□新曲視唱
※判定基準は①音程が正確か②リズムが正確か③移動ド唱法は正確
　か　であった。
【課題2】

□弾き歌い

※判定基準は①歌唱の音程やリズムが正確か②声量があるか。また，言葉は明瞭か③伴奏は正確か。また，歌と調和させて演奏しているか④児童に曲想が伝わるように，表情豊かに演奏しているか　であった。

※入退室の応対や言動も評価の対象である。

2017年度

◆実技検査(1次試験)

▼中学校・特支(中学部)音楽

【課題】

□新曲視唱…2回(1回目は移動ド唱法)

□新曲視奏

□弾き歌い

※入退室の応対や言動や演奏態度，楽器等の取扱いも評価の対象である。

※持ち物：アルトリコーダー

▼小学校全科・特支(小学部)

【課題　体育】

□水泳…50m完泳(往復25m×2泳法の計測)

□バスケットボール…「20秒間シュート」のゴール・シュート回数

□マット運動…開脚前転・側方倒立回転・後転

※持ち物：運動用服装，体育館運動靴，水泳着，(医師から水泳が禁止されている者のみ)「証明書」

▼中高・特支(中高部)保体

【課題】

□水泳…50m完泳(往復25m×2泳法の計測)
□バレーボール…「20秒間直上パス」(アンダーハンドパスとオーバーハンドパスの交互)の回数
□マット運動…倒立前転・側方倒立回転・伸膝後転・前方倒立回転跳び
□選択1種目(柔道・剣道・ダンス)
柔道…受け身(前回り受け身で回転)と投げ技(背負い投げ)
剣道…基本動作(気剣体の一致の打突)と総合練習(気力の充実した攻防)
ダンス…即興表現(提示された題材の中から1つ選択)
※持ち物：小学校全科と同様。柔道または剣道選択者は各用具一式を持参する。

▼中高・特支(中学部)美術
【課題】
□彩色表現
※持ち物：鉛筆デッサンに用いる鉛筆(4H〜6B程度)，鉛筆を削るためのカッターナイフ，プラスチック消しゴム，練り消しゴム及び水溶性絵の具の用具一式
※水溶性絵の具は，透明水彩，不透明水彩，アクリル絵の具のうちのいずれかとする。
※水入れは検査会場に用意されたものを使用してもよい。

◆適性検査(2次試験1回目)
　▼全科
【検査内容】
□クレペリン検査
□YGPI検査

◆実技検査(2次試験1回目)
　▼中高・特支(中学部)英語
【課題】
□音読
□読解とコミュニケーション
□スピーチ

◆個人面接(2次試験2回目)　面接官4人　受検者1人　時間30分
　▼全科
【質問内容】
□志望動機について。
□なぜこの校種なのか。
□チームで対応するとは，どのようなことか。
□学校で困ったことはないか。
□子供が携帯を持つことについて，どう思うか。
□どのように子供を把握するか。
□家庭とどのように連携するか。
□学校の課題は何か。
□遊びと勉強，どう両立するか。
□体験活動の留意点について。

◆集団討議および模擬的授業(2次試験2回目)　面接官3人　受検者5人
　▼全科
【テーマ】
□集団討議「家族とは何か」　(30分)
□模擬的授業「家族とは何か」
※他のテーマ：「友情」「思いやり」「きまり」「自然の大切さ」「挨拶
　の大切さ」

※集団討議では司会が1人設定される。

※模擬的授業の設定は学年，教科を各自で自由に設定できる。

※模擬的授業では，授業者以外児童役となる。また，児童役も得点とされる。

◆実技検査(2次試験2回目)

　▼小学校・特支(小学部)

【課題　音楽】

□初見視唱…移動ド唱法

□弾き歌い

※入退室の応対や言動も評価の対象である。

2016年度

◆実技試験(1次試験)

　▼小学校教諭・等別支援小学部

【体育課題1】

□バスケットボール

　　指示されたコースを通ってドリブルシュート

〈判定基準〉

○1本決めてフリースローライン上までドリブルしたタイムを点数化。

※シュートは入るまで行う。

【体育課題2】

□マット運動

　　開脚前転・側方倒立回転・後転

〈判定基準〉

○3つの技の正確さと円滑さ。

※1回だけ練習ができる。

【体育課題3】

□水泳

　2つの泳法(往路・復路異なる泳法)による50m完泳

〈判定基準〉

○50m完泳におけるタイム。

※運動用服装，体育館用運動靴，水泳着を持参すること。

※1グループ100人くらい(男女別)の3チームにわかれて3種目の体育実技を行った。

▼中学音楽・特別支援中学部・高等部音楽

【課題1】

□新曲試唱

〈判定基準〉

○音程が正確か。

○リズムが正確か。

○1回目は，移動ド唱法で正確に歌えているか。

○2回目は，調性感を維持しつつ，より音楽的な表現になっているか。

○曲の特徴をとらえて表現しているか。

【課題2】

□新曲視奏

〈判定基準〉

○音高が正確か。

○リズムが正確か。

○音色はよいか。

○正しい奏法で演奏しているか。

○曲の特徴をとらえて表現しているか。

【課題3】

□弾き歌い

〈判定基準〉

○歌唱の音程やリズムが正確か。

○声量があるか。また，言葉は明瞭か。

○曲趣に応じた発声で歌っているか。

○伴奏は正確か。また，歌と調和させて演奏しているか。

○曲の特徴をとらえて，表情豊かに表現しているか。

※アルトリコーダーを持参すること。

※検査に臨む態度等において，「入室から退室までの応対や言動は適切か。」「演奏態度や楽器等の取扱いは適切か。」という点も判定基準になる。

▼中高保体・特別支援中学部・高等部保体

【必修課題1】

□バスケットボール

〈判定基準〉

○指示された位置から合図でスタートし，ドリブルをしながら順に2箇所のコーンを外側から回り込んで通り，ドリブルシュートをし，2本決めた後，フリースローライン上までドリブルしたタイム。

【必修課題2】

□マット運動

　倒立前転・側方倒立回転・伸膝後転・前方倒立回転跳び

〈判定基準〉

○4つの技の正確さと円滑さ。

【必修課題3】

□水泳

　2つの泳法(往路・復路異なる泳法)による50m完泳

〈判定基準〉

○50m完泳におけるタイム。

【選択課題1】

□ダンス

　提示した題材の中から1つ選択して即興表現

〈判定基準〉

○1分以内の演技で，表現力，動き，空間の使い方，構成とも十分であるか。

【選択課題2】

□柔道

受け身と投げ技

〈判定基準〉

○前回り受け身で回転と手足の協応がよいか。

○背負い投げで，手，足，体の協応がよく，合理的な技のかけ方をしているか。

【選択課題3】

□剣道

基本動作と総合練習

〈判定基準〉

○基本動作で気剣体の一致の打突ができるか。

○総合練習で気力が充実した攻防ができるか。

※選択課題は1，2，3の中から1種目選択(男女問わない)。

※運動用服装，体育館用運動靴，水泳着を持参すること。

※柔道又は剣道を選択する受験者は，それぞれの用具一式を持参すること。

▼中学美術・特別支援中学部美術

【課題】

□色彩表現

〈判定基準〉

○準備や制作の様子(用具の準備がしっかりとできており，制作態度が適切であるか。)

○課題の把握(示された課題の内容が，的確に把握されているか。)

○主題性(示された課題に基づき，自らの造形的な主題を明確にした表

　現がなされているか。)

○構想(主題に基づき構想し，深化させているか。)

○画面構成(示された課題や自らの造形的な主題を表現するために，効果的な画面構成がなされているか。)

○表現の技能(形，明暗，質感，動感等の表現，及び鉛筆・色彩表現の技法が，的確であるか。)

※鉛筆デッサンに用いる鉛筆(4H〜6B程度)，鉛筆を削るためのカッターナイフ，プラスチック消しゴム，練り消しゴム及び水溶性絵の具の用具一式を持参すること。水溶性絵の具は，透明水彩，不透明水彩，アクリル絵の具のうちいずれかとする。なお，水入れは試験会場に用意されたものを使用してもよい。

◆適性検査(2次試験)

【検査内容】

□クレペリン検査とYGPI検査を実施

◆実技試験(2次試験)

▼中高英語・特別支援中学部英語

【課題1】

□音読

〈判定基準〉

○声の大きさ

○発音の正確さ

○速さ・明瞭さ

【課題2】

□読解力

〈判定基準〉

○文の内容をきちんと理解しているか。

○正確に発問を理解し，的確な返答をしているか。
○コミュニケーションを積極的に，かつ，円滑に行っているか。
【課題3】
□スピーチ

〈判定基準〉
○内容・説得力
○話し方・態度
○発音・ことばの選び方

◆個人面接(2次試験)
※場面指導を含む。
※判定基準は，発言内容，態度，的確な判断力，意欲・情熱である。
▼小学校教諭　面接官4人　時間20〜30分
※入退室5分，場面指導5分，面接20分の構成で行われた。
【質問内容】
□学力を上げるために何をしますか。
□家庭学習について，保護者からやめてくれと言われたらどうしますか。
□教師の専門性とは何ですか。
□学び続ける教師とは何ですか。
□教師にとって，最も重要な資質は何だと思いますか。
□岩手のいじめ問題をどう思いますか。
□学級崩壊の原因は何だと思いますか。
□児童と信頼関係を築くには，どうしますか。
□クラスに不登校の子がいたらどうしますか。
□教師のゆとりは何だと思いますか。
□成功体験と失敗体験を話してください。
□外国語活動はどのような授業を行いますか。

・質問の回答に対して掘り下げて聞かれることもあるので，自分の回答を深めておくことが大切である。
・面接官の人の中にはカウンセラーの方もいるみたいなので，面接の態度も重要です。

▼高校家庭　面接官4人　時間25〜30分
【質問内容】
□志望動機
□学校生活について(大学についてが多い。部活や卒論など)
□教育実習について
　　→工夫したこと，苦労したこと。
□ストレスの対処法
□あなたの短所は。
　　→短所の直し方。
※面接官は1人ずつ5個程度の質問をした。

◆場面指導
　※個人面接の中に含まれる。面接の前に5分程度で実施する。
　▼小学校教諭
【課題】
□あなたは小学校6年生の担任をしています。「掃除中に窓を拭いていたら，ガラスが割れた」と児童から報告がありました。幸い，けが人はだれもいませんでした。後日，Aさんから，「テニスボールで野球をしていてガラスが割れたのを見た」と言ってきました。あなたはクラス全体にどう指導しますか。
・課題を言われたら，1分で構想し，4分で実演をする。面接官が児童役になり，実際の指導をする。面接官はそれぞれ自由に発言してくるのでとても乱された。

▼高校家庭

【課題】

□あなたは高校2年生の学級担任です。12月から2泊3日で修学旅行があり，部屋割りを決めるのに孤立している生徒がいる。どうやって決めるか。

・場面指導は劇のような指導。面接官は生徒役でいろいろと言ってくる。

◆集団討論(2次試験)

※判定基準は，積極性，協調性，主体性，論理性，表現力，態度である。

【テーマ】

□国際社会の平和と発展に寄与する態度を養うためには，どうしたらよいか。

□主体的に社会の形成に参画し，その発展に寄与する態度を養うには，どうしたらよいか。

□豊かな情操と道徳心を培うためには，どうしたらよいか。

▼小学校教諭　面接官3人　受験者9人　時間60分

【テーマ】

□主体的に社会の形成に参画し，その発展に寄与する態度を養うには，どうしたらよいか。

※7〜10人で1グループの集団討論である。テーマを与えられたら，5分で考え3分以内で個人発表，その後討論に入る。討論の時間は30分ほどであった。

※討論に入る前に，司会を立候補で決める。

※結論は出さなくてもよいと指示があった。

・討論のメンバーの校種はだいたい同じになるが，ばらばらになる場合もあるようだ。

▼高校家庭　面接官3人　受験者7人　時間40分

【テーマ】

□豊かな情操と道徳心を培うためには，どうしたらよいか。

※司会者は立候補で決める。いなければAさん。

※考える時間(構想)3分 → 1人1人発表 → 司会者決め → 自由に討論(挙
　手制)の順に進められた。

※答えは出さなくてもOK。

◆実技試験(2次試験)

▼小学校教諭・特別支援小学部

【音楽課題1】

□新曲視唱

〈判定基準〉

○音程が正確か。

○リズムが正確か。

○移動ド唱法は正確か。

※2分間譜読みすることができる。声を出して歌っても大丈夫。その
　後ピアノのある部屋へ移動。

【音楽課題2】

□弾き歌い

〈判定基準〉

○歌唱の音程やリズムが正確か。

○声量があるか。また，言葉は明瞭か。

○伴奏は正確か。また，歌と調和させて演奏しているか。

○児童に曲想が伝わるように，表情豊かに演奏しているか。

※1次試験を通過した時点で，4曲課題が出される。当日はそこから1
　曲を選んで弾き歌いをする。課題は「かたつむり」「夕焼け小焼け」
　「とんび」「こいのぼり」であった。

※楽譜指定はなし。自分の使っていたもので構わない。

※伴奏は，本伴奏でも簡易伴奏でもよい。

※検査に臨む態度等において，入室から退室までの応対や言動は適切
　か，という点も判定基準になる。

2015年度

◆実技検査(1次試験)

▼小学校教諭・特別支援学校小学部教諭

【体育課題1】

□バスケットボール

　　※判定基準は，バスケットボールのゴール下から，合図とともに20
　　　秒間連続してゴールを狙い，何回ゴールを試み，何回ゴールした
　　　かである。

【体育課題2】

□マット運動

　　開脚前転，側方倒立回転，後転

　　※判定基準は，技の正確さと円滑さである。

【体育課題3】

□水泳

　　2つの泳法による50m完泳

　　※判定基準は，往路・復路を異なる泳法で完泳すること，及びその
　　　タイムである。

　　※携行品は，運動用服装，体育館用運動靴，水泳着である。

　　※医師から水泳が禁止されている者は証明書を検査当日に提出する
　　　こと。

▼中高音楽・特別支援学校中学部音楽

【課題1】

□新曲視唱

※判定基準は，音程が正確か，リズムが正確か，1回目は，移動ド
唱法で正確に歌えているか，2回目は，調性感を維持しつつ，よ
り音楽的な表現になっているか，曲の特徴をとらえて表現してい
るかである。

【課題2】

□新曲視奏

※判定基準は，音高が正確か，リズムが正確か，音色はよいか，正
しい奏法で演奏しているか，曲の特徴をとらえて表現しているか
である。

【課題3】

□弾き歌い

※判定基準は，歌唱の音程やリズムが正確か，声量があるか，また，
言葉は明瞭か，曲趣に応じた発声で歌っているか，伴奏は正確か，
また，歌と調和させて演奏しているか，曲の特徴をとらえて，表
情豊かに表現しているかである。

※検査に臨む態度等(入室から退室までの応対や言動は適切か，演
奏態度や楽器等の取扱いは適切か)も判定基準となる。

※携行品は，アルトリコーダーである。

▼中高保体・特別支援学校中学部・高等部保体

【必修課題1】

□バレーボール

サークルに入り，開始の合図とともに30秒間(上限)アンダーハン
ドによる直上トスを繰り返す。

※判定基準は，トスの高さが頭より上に上がっていること，及びボ
ールが落下又は両足がサークル(ライン外)から完全にはみ出した
時点のタイムである。

【必修課題2】

□マット運動

倒立前転，側方倒立回転，伸膝後転，前方倒立回転跳び
※判定基準は，技の正確さと円滑さである。

【必修課題3】
□水泳
　　2つの泳法による50m完泳
　※判定基準は，往路・復路を異なる泳法で完泳すること，及びその
　　タイムである。
【選択課題】
※選択課題は，男女を問わず柔道，剣道，ダンスの3種目から1種目を
　選択する。
□ダンス
　　提示した題材の中から1つ選択して，即興表現。
　※判定基準は，1分以内の演技で，表現力，動き，空間の使い方，
　　構成とも十分であるかである。
□柔道
　　受け身と投げ技
　※判定基準は，前回り受け身で回転と手足の協応がよいか，背負い
　　投げで，手，足，体の協応がよく，合理的な技のかけ方をしてい
　　るかである。
□剣道
　　基本動作と総合練習
　※判定基準は，基本動作で気剣体の一致の打突ができるか，総合練
　　習で気力が充実した攻防ができるかである。
　※携行品は，運動用服装，体育館用運動靴，水泳着，柔道又は剣道
　　を選択する受験者はそれぞれの用具一式である。
　※医師から水泳が禁止されている者は証明書を検査当日に提出する
　　こと。

▼中学美術・特別支援学校中学部美術

【課題】

□色彩表現

　　※判定基準は，準備や制作の様子(用具の準備がしっかりとできて
　　　おり，制作態度が適切であるか)，課題の把握(示された課題の内
　　　容が，的確に把握されているか)，主題性(示された課題に基づき，
　　　自らの造形的な主題を明確にした表現がなされているか)，構想
　　　(主題に基づき構想し，深化させているか)，画面構成(示された課
　　　題や自らの造形的な主題を表現するために，効果的な画面構成が
　　　なされているか)，表現の技能(形，明暗，質感，動感等の表現，
　　　及び鉛筆・色彩表現の技法や技能が，的確であるか)である。

　　※携行品は，鉛筆デッサンに用いる鉛筆(4H～6B程度)，鉛筆を削る
　　　ためのカッターナイフ，プラスチック消しゴム，練り消しゴム及
　　　び水溶性絵の具の用具一式である。水溶性絵の具は，透明水彩，
　　　不透明水彩，アクリル絵の具のうちのいずれかとする。

◆適性検査(2次試験)

【検査内容】

□クレペリン検査

□MMPI検査

◆実技試験(2次試験)

▼小学校教諭・特別支援学校小学部教諭

【音楽課題1】

□新曲視唱

　　※判定基準は，音程が正確か，リズムが正確か，移動ド唱法は正確
　　　かである。

【音楽課題2】

□弾き歌い

※判定基準は，歌唱の音程やリズムが正確か，声量があるか，また，言葉は明瞭か，伴奏は正確か。また，歌と調和させて演奏しているか，児童に曲想が伝わるように，表情豊かに演奏しているかである。

※検査に臨む態度等(入室から退室までの応対や言動は適切か)も判定基準となる。

▼中高英語・特別支援学校中学部英語

【課題1】

□音読

※判定基準は，声の大きさ，発音の正確さ，速さ・明瞭さである。

【課題2】

□読解力

※判定基準は，文の内容をきちんと理解しているか，正確に発問を理解し，的確な返答をしているか，コミュニケーションを積極的に，且つ，円滑に行っているかである。

【課題3】

□スピーチ

※判定基準は，内容・説得力，話し方・態度，発音・ことばの選び方である。

◆面接(2次試験)

※判定基準は，発言内容，態度，的確な判断力，意欲・情熱である。

◆集団討論(2次試験)

【テーマ】

□社会的に「自立」する力を身につけさせるには，どうしたらよいか。

□他者と「協働」する力を身につけさせるには，どうしたらよいか。

□豊かな社会を「創造」する力を身に付けさせるには，どうしたらよいか。
※判定基準は，積極性，協調性，主体性，論理性，表現力，態度である。

2014年度

◆実技試験(1次試験)

▼小学校・特別支援学校小学部(体育)

【バスケットボール課題】

□ドリブルシュート

スタートし，ドリブルシュートを1本決めた後，フリースローライン上までドリブルする

【マット運動課題】

□前転・側方倒立回転・伸膝後転

【水泳課題】

□2つの泳法による50m完泳

往路・復路を異なる泳法で完泳，タイム計測

▼中学音楽・特別支援学校中学部(音楽)

【課題1】

□新曲視唱

【課題2】

□新曲視奏

アルトリコーダー，ギター，箏，三味線の4種類の楽器から1種類を選択して視奏する。

【課題3】

□弾き歌い

※アルトリコーダー選択者は持参すること。ギター，箏または三味線選択者は，検査会場に用意してある楽器を使用するか，持参してもよい。

※課題1の評価の観点は，音程が正確か。リズムが正確か。1回目は移動ド唱法で正確に歌えているか，2回目は調性感を維持しつつ，より音楽的な表現になっているか，曲の特徴をとらえて表現しているか，であった。

※課題2の評価の観点は，音高が正確か，リズムが正確か，音色はよいか，正しい奏法で演奏しているか，曲の特徴をとらえて表現しているか，であった。

※課題3の評価の観点は，歌唱の音程やリズムが正確か，声量があるか，言葉は明瞭か，曲趣に応じた発声で歌っているか，伴奏は正確か，歌と調和させて演奏しているか，曲の特徴をとらえて，表情豊かに表現しているか，であった。

▼中高体育・特別支援学校中学部(体育)

【必修課題】

□バスケットボール

スタートし，ドリブルシュートを2本決めた後，フリースローライン上までドリブルする。

□マット運動

倒立前転，側方倒立回転，開脚後転，前方倒立回転跳び

□水泳

2つの泳法による50m完泳(往路・復路を異なる泳法で完泳，タイム計測)

【選択課題】

□ダンス

提示した題材の中から1つ選択して，即興表現

□柔道

受け身と投げ技

□剣道

基本動作と総合練習

※ダンスの評価の観点は1分以内の演技で，表現力，動き，空間

　　　　の使い方，構成とも十分であるか，であった。
　　　※柔道の評価の観点は，前回り受け身で回転と手足の協応がよい
　　　　か。背負い投げで，手，足，体の協応がよく，合理的な技のか
　　　　け方をしているか，であった。
　　　※剣道の評価の観点は，基本動作で気剣体の一致の打突ができる
　　　　か。総合練習で気力が充実した攻防ができるか，であった。

▼中高美術・特別支援学校中学部(美術)
【課題】
□色彩表現
　　　※評価の観点は，用具の準備がしっかりとできており，制作態度
　　　　が適切であるか，示された課題の内容が，的確に把握されてい
　　　　るか，示された課題に基づき，自らの造形的な主題を明確にし
　　　　た表現がなされているか，主題に基づき構想し，深化させてい
　　　　るか，示された課題や自らの造形的な主題を表現するために，
　　　　効果的な画面構成がなされているか，形，明暗，質感，動感等
　　　　の表現，及び鉛筆・色彩表現の技法や技能が的確であるか，で
　　　　あった。

◆適性検査(2次試験)
　　　□クレペリン検査
　　　□MMPI検査

◆実技試験(2次試験)
　　▼小学校音楽・特別支援学校小学部(音楽)
　　【課題1】
　　□新曲視唱
　　【課題2】

□弾き歌い

　　※課題1の評価の観点は，音程が正確か，リズムが正確か，移動
　　　ド唱法は正確か，であった。

　　※課題2の評価の観点は，歌唱の音程やリズムが正確か，声量が
　　　あるか，言葉は明瞭か，伴奏は正確か，歌と調和させて演奏し
　　　ているか，児童に曲想が伝わるように，表情豊かに演奏してい
　　　るか，であった。

▼中高英語・特別支援学校中学部(英語)

【課題1】

□音読

【課題2】

□読解力

【課題3】

□スピーチ

　　※課題1の評価の観点は，声の大きさ，発音の正確さ，速さ・明
　　　瞭さ，であった。

　　※課題2の評価の観点は，文の内容をきちんと理解しているか，
　　　正確に発問を理解し，的確な返答をしているか，コミュニケー
　　　ションを積極的に，且つ，円滑に行っているか，であった。

　　※課題3の評価の観点は，内容・説得力，話し方・態度，発音・
　　　ことばの選び方，であった。

◆面接試問(2次試験)

　　※評価の観点は，発言内容，態度，的確な判断力，意欲・情熱であ
　　　った。

◆集団討議(2次試験)

※以下の課題のうち1つについて，討議する

【討議課題】

□国際化社会において，異なる文化を受け入れ，いきいきと活躍する力を育成するためには，どのようにしたらよいか。

□情報化社会の進展にともない，情報を活用する力を育成するためには，どのようにしたらよいか。

□人との関係が薄れる社会において，他人の気持ちを思う心を育成するためには，どのようにしたらよいか。

※評価の観点は，積極性，協調性，主体性，論理性，表現力，態度，であった。

2013年度

◆実技試験(1次試験)

▼中学音楽

【課題】

□新曲視唱

□新曲視奏

□弾き歌い

▼中高美術

【課題】

□色彩表現

▼小学校全科

(体育)

【課題】

□バスケットボール

□マット運動：開脚前転・側方倒立回転・後転

□水泳：2つの泳法による50m完泳(往路・復路を異なる泳法で完泳)

▼中高英語

【課題】

□音読

□読解

▼中高体育

【課題】

(必修)

□バレーボール

□マット運動：倒立前転・側方倒立回転・伸膝後転・前方倒立回転
跳び

□水泳：2つの泳法による50m完泳(往路・復路を異なる泳法で完泳)

(選択)

□ダンス：提示した題材の中から1つ選択して，即興表現(1分以内
の演技)

□柔道：受け身，投げ技

□剣道：基本動作と総合練習

◆個人面接(2次試験)

▼小学校全科

【質問内容】

□卒論のテーマはなぜそれにしたのか，どんなことするのか。

□大学時代に学んだことで，現場に出て役に立つことは(詳しく)。

□最近読んだ本は。そこからどんなこと学んだか。

□小学校の頃の思い出に残っていることは。

□子どもたちにどんな教師に見られたいか。

□自分の短所・長所は。

□自分の性格を教師としてどう役に立つと思うか。

□集団で何かをして楽しいと思わせるには。具体的に。

□学習意欲のない児童にどう対応するか。

□小1で児童と保護者に対して，新学期にどんな話をするか。

□「宿題を増やしてほしい」という保護者に対してどう対応するか。

□「遊ぶ時間を増やしてほしい」という保護者に対してどう対応するか。

□最近の教育的ニュースで気になっていることは。

□規則をやぶる児童にどう指導するか。

□大きな声で叱れるか。

□叱っても言うことを聞かない子にどう対応するか。

□好きな(得意)な教科は。

□CSTについて(私が試行的取り組みを受けてきたため)どんなことをしたか。

□子どもたちは様々なストレスを抱えているが，どんなことにか。

□児童を理解するためにはどうするか。どんなことを心がけるべきか。

【場面指導課題】

□席替えをしたら，ある子が「隣の子がいやだ」と言ってきた。クラス全体でどう指導するか。(構想1分)

◆集団討議(2次試験)

【1日目課題】

□学校教育の中に体験活動を効果的に取入れるにはどうしたらよいか。

【2日目課題】

□学校教育の中で情報モラル教育を効果的に行うにはどうしたらよいか。

【3日目課題】

□学校教育の中で安全教育を効果的に行うにはどうしたらよいか。

◆実技試験(2次試験)

　▼小学校全科

　(音楽)

　□新曲視唱

　□弾き歌い

2012年度

◆実技(1次試験)

　▼中学音楽

　【課題】

　□新曲視唱

　　☆評価のポイント

　　　○音程が正確か。

　　　○リズムが正確か。

　　　○1回目は移動ド唱法で正確に歌えているか。

　　　○2回目は，調性感を維持しつつ，音楽的な表現か。

　　　○曲の特徴をとらえ表現してるか。

　□新曲視奏

　　☆評価のポイント

　　　○音程が正確か。

　　　○リズムが正確か。

　　　○音色は良いか。

　　　○正しい奏法で演奏しているか。

　　　○曲の特徴をとらえて表現しているか。

　□弾き歌い

　　☆評価のポイント

　　　○歌唱の音程やリズムが正確か。

　　　○音量があるか。また，言葉は明瞭か。

　　　○曲趣に応じた発声で歌っているか。

　　　　○伴奏は正確か。また，歌として調和させて演奏しているか。
　　　　○曲の特徴をとらえ，表情豊かに表現しているか。
　　□検査に臨む態度等
　　　☆評価のポイント
　　　　○入室から退室までの対応や言動は適切か。
　　　　○演奏態度や楽器等の取扱いは適切か。

▼中高美術
　☆評価のポイント
　　　○用具の準備と制作の様子：用具の準備がしっかりとできており，制作態度が適切であるか。
　　　○課題の把握：示された課題の内容が，的確に把握されているか。
　　　○主題性：示された課題に基づき，自らの造形的な主題を明確にした表現がなされているか。
　　　○構想：表す内容の選定が吟味したものであり，制作時においても熟考・深化しているか。
　　　○画面構成：示された課題や自らの造形的な主題を表現するために，効果的な画面構成がなされているか。
　　　○表現の技能：形，明暗，質感，動感等の表現，及び鉛筆の表現の技法や技能が，的確であるか。

▼小学校全科
　(体育)
　【課題】
　□バスケットボール：「ドリブルシュート」指示された位置からスタートし，コーンの外側を通ってドリブルシュート，1本シュートを決めてフリースローライン上までドリブルしたタイム。
　□マット運動：「前転・側方倒立回転・伸膝後転」の3つの技の正確さと円滑さ。
　□水泳：「2つの泳法による50m完泳」(往路・復路を異なる泳法で

完泳)におけるタイム。

▼中高保体

□バスケットボール(必修)：「ドリブルシュート」指示された位置
からスタートし，コーンを1周回りドリブルシュートし，1本シュ
ートを決めてフリースローライン上までドリブルしたタイム。

□マット運動(必修)：「倒立前転・側方倒立回転・伸膝後転・前方
倒立回転跳び」の4つの技の正確さと円滑さ。

□水泳(必修)：「2つの泳法による50m完泳」(往路・復路を異なる泳
法で完泳)におけるタイム。

□ダンス(選択)：「提示した題材の中から1つ選択して，即興表現」
(1分以内の演技)で，空間の使い方，動き，表現力とも十分である
か。

□柔道(選択)：「受け身と投げ技」前回り受け身で回転と手足の協
応がよいか。背負い投げで，手，足，体の協応がよく，合理的な
技のかけ方をしているか。

□剣道(選択)：「基本動作と総合練習」基本動作で気剣体の一致の
打突ができるか。総合練習で気力が充実した攻防ができるか。

◆適性検査(2次試験)

□クレペリン検査

□MMPI検査

◆実技(2次試験)

▼中高英語

【課題】

□音読

☆評価のポイント

　　　　○声の大きさ

　　　　○発音の正確さ

　　　　○速さ・明瞭さ

　　□読解力

　　　☆評価のポイント

　　　　○文の内容をきちんと理解しているか。

　　　　○正確に発問を理解し，的確な返答をしているか。

　　　　○コミュニケーションを積極的に，且つ，円滑に行っているか。

　　□スピーチ

　　　☆評価のポイント

　　　　○内容・説得力

　　　　○話し方・態度

　　　　○発音・ことばの選び方

◆個人面接(2次試験)

　　☆評価のポイント

　　　　○発言内容

　　　　○態度

　　　　○的確な判断力

　　　　○意欲・情熱

◆集団討議(2次試験)

　　【課題】

　　□児童生徒が将来望ましい社会人となるための資質や態度を育成す
　　　るにはどうしたらよいか。

　　□教師と児童生徒の信頼関係及び児童生徒相互の好ましい人間関係
　　　を育成するにはどうしたらよいか。

　　□感性を養い，感動する心をもった児童生徒を育成するにはどうし

たらよいか。
　☆評価のポイント
　　○積極性
　　○協調性
　　○主体性
　　○論理性
　　○表現力
　　○態度

◆実技(2次試験)
　▼小学校全科
　(音楽)
　【課題】
　□新曲視唱
　　☆評価のポイント
　　　○音程が正確か。
　　　○リズムが正確か。
　　　○移動ド唱法は正確か。
　□弾き歌い
　　☆評価のポイント
　　　○歌唱の音程やリズムが正確か。
　　　○音量があるか。また，言葉は明瞭か。
　　　○曲趣に応じた発声で歌っているか。
　　　○伴奏は正確か。また，歌として調和させて演奏しているか。
　　　○曲の特徴をとらえ，表情豊かに表現しているか。
　□検査に臨む態度等
　　☆評価のポイント
　　　○入室から退室までの対応や言動は適切か。
　　　○演奏態度や楽器等の取扱いは適切か。

2011年度

◆集団討論(2次試験)

【1日目課題】

　　基礎的な知識および技能を確実に習得させるにはどうしたらよいか。

【2日目】

　　児童・生徒の言語活動の充実を図るにはどうしたらよいのか。

【3日目】

　　学習意欲を高め，生涯にわたって学びつづけようとする児童・生徒を育てるにはどうしたらよいか。

2010年度

◆個人面接＋場面指導(2次試験)時間30分　面接官4人

　▼小学校全科

　　○場面指導(5分)

　　・面接官が子ども役(5年生)

　　・書写の時間にある児童が，書道教室の見本をもってきた。あなたはその児童からその見本を使用していいか尋ねられた。クラス全体にどう指導するか。(1分間考えていい時間が与えられる。)

　　○個人面接

　　・願書出願の際に提出する自己紹介書に基づいて質問される。

　　・面接官は，カウンセラー1名，教諭2名，県庁職員1名

　　・志望動機

　　・なぜ小学校を志望するのか。

　　・教師の資質とは何か。

　　・情報教育について，パソコンをどのような教科で扱うか。また，教育実習の時その授業の経験はあるか。

　　・家庭科を教えることはできるか。また教える際，どのようなこと

に注意しなくてはならないか。
・勉強ができない子への対応はどうするか。
・保護者からのクレーム対応はどうするか。
・豊かな心をもった児童をどう育てるか。
・思いやる心を子どもたちにどう伝えるのか。
・不登校の児童への対応はどうするか。

◆集団討論(2次試験)時間30分　面接官3人　受験者7人
　▼小学校全科
・子どもたちに表現力を身につけさせるにはどのような取組をしたら
　よいか。
・5分間各自考え，1人2〜3分で発表。その後討論。
・司会は希望制。

◆実技試験(1次試験)
　▼小学校全科
・水泳…泳法を変えて50m(タイム計測)
・マット運動…開脚前転→側方倒立回転→後転　※連続技でない
・バスケットボール…ドリブルシュートをして，シュートが入るまで
　シュートをし，入った後ラインを通過するまでのタイムを計測
　※バスケットボール以外は1回練習あり。

◆実技試験(2次試験)
　▼小学校全科
　　(あらかじめ提示されている)うみ，春が来た，もみじ，われは海
　の子のうち1つを選択し，弾き歌い。

2009年度

◆集団討論(2次試験)　面接官3人　受験者7人　60分(構想5分, 発表2〜3分, 討論35分) 司会者あり

テーマ：

・命を大切にする教育の推進のためにどのように取り組んだらよい
か。

・児童・生徒の豊かな人間性や社会性の育成のためにどのように取り
組んだらよいか。

・児童・生徒の人間力をたかめるためにどのように取り組んだらよい
か。

◆個人面接＋場面指導(2次試験)　面接官4人(カウンセラー1人を含む) 30
分(場面指導5分，構想1分)

2008年度

◆集団討論(試験官3名　受験者7名，60分)

テーマ：

・学習意欲を高める魅力ある授業を行うにはどうしたらよいか。

・児童生徒に規範意識をはぐくむにはどうしたらよいか。

・魅力あふれ尊敬される教員になるにはどうしたらよいか。

2007年度

◆集団討論(試験官3名　受験者7名，60分)

テーマ：より良い社会づくりを目指す「公共心」を涵養するにはどう
したらよいか。

・テーマが与えられた後，5分間メモを取りながら考える時間があり，その後一人2分〜3分で発表する。発表の時にはメモはだめ。また，討議で結論を出す必要はない。
・司会を立てて討議が始まる。実質35分
・まず公共心とは何か，その背景を話し合い確認した。
・次にそれぞれの実践や具体策を出し合った。
・今回，私たちのグループは全員が小学校受験者でしかも経験者であったため，ある程度の理解を持ち合わせており，スムーズだったと感じる。
・発言回数も3〜5回ずつ，それぞれが言えた。
　※集団討論の前に，自分の名札の番号とアルファベットで討論のグループが何となく分かるので，そのグループで集まって(各教室3グループかな)打ち合わせをしておくと安心。私のAグループでは打ち合わせをしておいたので，司会者も希望者に決まり，スムーズだった。

◆個人面接(試験官4名)
　○山梨へ来ることで夫からの了解を得ているか(鹿児島の正規教員でありつつ，また結婚していながら受験するので)
　○試験に落ちたらどうするか
　○学力低下について
　○鹿児島でのよさ・山梨への不安
　○最近気になる教育時事
　○学級崩壊
　○ストレス解消法
　○子どもに一番身に付けさせたいもの
　○評価について
　○虐待する親についてどう思うか
　○全教科大丈夫か

○僻地勤務で校区内に住むことができるか
※後半に模擬的授業
　　「小学6年生が集団下校時に下級生をいじめているという苦情が
　保護者から寄せられた。小学6年生の担任として授業をしなさい。」
　・テーマが与えられたら1分間考える時間がある。メモもできる。
　・面接官が児童役をする。わざといじわるなことを言ってくる。
　・あちらで5分ほど時間をみていて「ではこれで終わります」で終
　　わる。

◆音楽実技
○8小節で4分の4拍子の短い新曲を視唱する。今回は，ド，レ，ミ，
　ファで始まるので楽かと思いきや，途中から8分音符や音がソから
　レに変わるなど難しい部分もあった。
○一次通過通知にあった4曲から1曲選んで弾き歌いをする。
○楽譜は持ち込みできる。
○間違えたときは，勝手にやり直さず，了解を得てからやり直すとよ
　いらしい。

2006年度

◆集団討論
1日目　学ぶことやより良く生きることへの主体的態度や意欲を育て
　るにはどうしたらよいか。
2日目　児童・生徒に信頼され，心を育てることができる教師になる
　にはどうしらよいか。
3日目　健康でたくましく自立した人間を育てるにはどうしたらよいか。

2004年度

◆実技試験／1次

・バスケットボール・ドリブルシュート，続いて，1回入った者3回シュート(その場にて)。終った時点でタイムを測る。
もし終った時点でタイムを測る。

・マット・側転→前回り→ジャンプ180°回転→後転
ほとんどの人ができる。

・水泳・泳法自由で25m完泳，タイム測る。
130名位で，グループをつくり，3つをローテーションで

◆実技試験／1次／中学音楽

6分間予見あり

1. 新曲視唱…1回目は移動ド唱法，2回目は母音，または母音＋子音で。Fdur，16小節くらい，#，

2. 新曲視奏…アルトリコーダー。Cdur，16小節くらい，スタッカート，アクセントあり。テヌートも。

3. ひき歌い…「赤とんぼ」すべて歌うこと。(4番まで)

◆集団討論

試験官3人　受験者A～Hの8人(私のグループは校種は高校でいくつかの教科が混ざっていた。ただし同教科は同じグループだった)
約50分

1. テーマについて5分で考える(メモ可)
2. 2分ずつで発表(メモ不可)
3. 司会者選出(立候補がない場合は指名)
4. 討議開始(メモ可，結論は出す必要なし，実質35分間討議)
5. 時間が来たら試験官が終わりの指示を出す

テーマ『学校・家庭・地域社会が連携し，生徒の心身の健全な育成を
推進するためには学校はどうすればよいか。』

◆個人面接(模擬授業含む)
試験官4人(うち1人はカウンセラー)　約30分
質問事項
○音楽を始めたきっかけは？
○音楽の専門的な方面でなく教育音楽を選んだのはなぜか？
○特技の欄に○○と書いてあるがどういうことか？
○教育理念は？
○長崎の事件などの要因はなんだと思うか？
○その要因にどのように対処して行ったら良いか？
○生きる力とは何だと考えるか？
○それを育むためには，具体的に教科指導においてでも良いがどう取
　り組もうと思っているか？
○どのような学級づくりをしたいか？
○具体的にどのように実践するか？
○教師としてどのように支援するか？
○地域や家庭との連携をどのように取るか？
○家庭からの連絡はどのように受けるか？
○ストレス解消法は何か？
○カウンセリングマインドとは何か？
○具体的にどうすることか？
○生徒にどのような教師と思われたいか？
○具体的にどのようなことか？
○部活動を盛り上げるためにはどうすれば良いか？
○教育公務員がしなければならないことは？
○体罰についてどう考えるか？
○言葉で解決しない時にはどうするか？

◆模擬授業

　　与えられた設定に対しメモを用いて1分間考え，試験官を生徒と見立てて，4分で発表しなさい。

　　設定『あなたが担任をしているクラスのA子の母が急病で突然亡くなりました。明日の5校時に本部役員とクラスの委員長・副委員長が告別式に参加することになりました。すると，A子と仲良しのB・C・Dの3人が自分達も行きたいと言ってきました。』

　　その他の設定(同日に受検した他の受検者の例)

　　中学校『授業中にメールをしている生徒がいる』

　　小学校『来週から朝読書を始めようと思う。それについて児童に話をしなさい』

◆音楽実技(小学校，特殊教育諸学校小学部の受検者のみ)

・当日示される短い楽曲を視唱。(初見視奏：4度までの跳躍を含む順次進行の曲)

・次に示す4曲の中から受験者が1曲選択し，1番のみを伴奏をひきながら歌う(毎年，曲は変わるらしい)。

　1．夕やけこやけ　文部省唱歌(2年共通教材)

　2．茶つみ　文部省唱歌(3年共通教材)

　3．さくらさくら　日本古謡(4年共通教材)

　4．こいのぼり　文部省唱歌(5年共通教材)

　　(楽譜は指導書等に掲載されている。一般的な伴奏譜と簡易伴奏譜が用意されているので，どちらを使っても良い。また持参伴奏譜での演奏も認める。)

第3部

論作文の書き方

論作文試験実施のねらいと受験対策

■━━━ 論作文試験の実施状況 ■━ ■ ■

■■ 論作文試験の実施形態 ─────────

　論作文試験は現在，ほとんどの都道府県・政令指定都市で実施され
ている。論文試験あるいは作文試験を正式に試験科目として募集要項
に明記していなくても，教職教養などの枠の中で事実上の論作文試験
を実施している自治体を含めると，論作文試験はほとんどの自治体で
行われていることになる。

　教職・専門や面接と並び，論作文試験は今や教員試験の重要な試験
科目の1つとなっている。近年の教員試験の選考方法の多様化の傾向
の中で，論作文はどの県・市でもその重要性が注目され，今では教員
試験の突破には論作文試験対策なしでは考えられないようになってい
る。しかし，最も対策が立てにくいのも論作文試験である。

　論作文試験について考えてみると，教職・専門教養試験とは異質な，
ということは逆に面接試験とかなり性質の近い試験だという通念があ
る。これはある程度当たっていよう。

　ただ，試験の実施時期の方は，面接試験はほとんどの教育委員会が2
次中心に実施しているのに対し，論作文試験は1次試験で実施する県
と2次試験で実施する県にわかれ，県によっては両方で実施するケー
スもある。そもそも1次試験というのは，教師として最低限必要とさ
れる知識を有している人物を選び出し，教師としての適性のある人を
2次選考にかけるという性格のものであるから，試験方法の多様化に
より一概にはいえないが，それでも重要な比重を占めているといえる。

　つまり実施時期から見ても，やはり重視傾向がうかがえるというこ
とになる。実施県数の多さと実施時期との両面から見て，「論作文試
験は予想以上に重視されている」ということがわかってきたが，なぜ

重視されているかについては後述することにして，ここではさらに，論作文試験の実施概要についてまとめておくことにする。

　試験の実施スタイル，つまり試験時間，字数制限などについて見てみよう。

　まず，試験時間について。短いところでは35分から，長いところでは150分まで，様々だ。

　90分とか80分という県については，教職教養や，一般教養とあわせて，という例が多く，実質的には50分から60分の範囲にはいるものと考えてよい。それも含めて総体的に見ると，試験時間を60分としているところがほとんどである。1時間という単位そのものは，生活感覚からいっても感じがつかめるはずだ。

　字数のほうは，多くて2000字，少なくて400字というところで，もっとも例が多いのは800字。中には無罫とか字数制限なしというところもある。

　したがって，60分・800字というスタイルが，標準的なラインと考えて良い。この制限の中で文章をまとめる練習をするのが，基本的準備の1つとなろう。字数・制限時間については，志望県の出題傾向も含めて考えておくようにしたい。少なくとも全般的に見て，時間内に書き上げるのが精いっぱい，というところが多いようだ。事前の練習がものをいう。

■■ 論作文試験の出題傾向 ────────

論作文試験の課題についてはいくつもの分類方法があるが，ここでは，

A　教師を志した動機・教職につく場合の心構え等についての出題
B　教育観・教職観・学校観等についての出題
C　具体的指導等についての出題
D　一般的課題による出題

　以上の4つのグループに分類してみた。実際にはその4つにきれいに分類しきれるものではないが，とりあえず次のようになったので，ご

151

覧いただきたい。

A. 教師を志した動機・教職につく心構え等

- 信頼される教師になるために，あなたが最も努力したいと思っていることについて，できるだけ具体的に述べなさい。
- 「教育は人なり」といわれるが，あなたは教師となった時，どんなことに心がけて教師生活を送りたいか。
- あなたが教師になった時，校長・教頭や先輩の教師，児童(生徒)の父母，地域の人々との人間関係において，何を大切にしたいと思いますか。自分の生活経験をもとに具体的に書きなさい。
- 教職を志すにあたって，恩師に宛てた書簡。
- 「豊かな人間性」「指導力」「使命感」の3つの観点より1つを選び，教職を志すあなたの抱負を具体的に述べなさい。
- あなたにとって児童・生徒とは何か。

B. 教育観・教職観・学校観等

- 「人と人の出会い」は人生を左右するともいわれるが，これについてあなたの経験に触れながら，教師としてどのように努力していくかを述べよ。
- 今，求められている教師とは。
- 意欲を高める授業をするためには，どのようにすればよいか。あなたの体験を通して述べよ。
- あなたの現在の性格の特徴は，あなたの生育史を通じてどのように形成されてきたかを書け。
- 児童(生徒)をほめることについて。
- 子供の心に残る一言。
- 真の教育者とは。
- 教師に望まれる資質とは何か。
- 教師に何ができるか。

C. 具体的指導等

- 最近，社会の価値観が多様化する中で，生徒指導の面などから「校則」を見直す動きがあるが，校則についてあなたの思うとこ

ろを述べなさい。

- 児童・生徒の科学的な物の見方や考え方を育てる上で，コンピュータなど情報機器の果たす役割には大きいものがある。この観点から，これからの情報教育のあり方についてあなたの考えを具体的に述べよ。
- 学年を自分で選び，児童向けの「学級目標」を作成し，その意図する理由を述べよ。
- 新年度が始まり2カ月ほどたったころ，それまで元気に登校していた3年生のA君が1時間も遅刻をした。しかも廊下で泣いており，教室に入ろうとしない。この時，学級担任としてA君にどのように接するか，具体的に書きなさい。

D. 一般的なテーマ

- 姿。
- 心の豊かさ。
- 科学技術と人間。
- 私と読書，マスコミと子供，他。
- いま忘れられているもの。
- 思いやり，暗中模索。
- 現代若者気質——その強さと弱さ。
- 情報化社会について。
- 躾について。
- 「創」について。

以上が，過去の論作文試験で出題されたもののうち主なものを拾って分類してみた結果である。

Aのグループは，教育の場に身を投ずるにあたっての心構えや動機，あるいは情熱のほどを書かせるもので，一般企業の入社試験でも「当社に就職するにあたっての……」という形でよく出題されているものだ。きわめて一般的な課題で，最近は少しずつ減る傾向にあるが，それでもしばしば見受けられる。最初の面接でもよく聞かれる内容であるので，明確な志望理由，一教育者としてのビジョンを明確にしてお

きたい。

　Bは，教育や教職，学校を大きな観点から考えさせるもので，Aグループが減少する一方でふえてきているのが，このグループに属する課題。論作文の内容は，教育とは何か，教師とはどうあるべきか，学校教育とは何かなどを述べる形になるが最近の傾向として，時事的要素を含む形での出題が目につくようになってきている点に注意しておきたい。

　最近の出題傾向の特色を最も明瞭なものにしているのは，Cに属するグループだ。生徒指導・学習指導について具体的に書かせるというタイプの課題で，このところ急にふえてきている。大阪などの出題例では，課題そのものがかなり具体的な形をとっている。指導の具体的場面を考え，それに対する考えや具体的な指導方策を論述することは，教師の経験のない者にとっては難しい。しかし，単なる理想論でなく，実際の教育場面でも生かされる考えをもっているかどうかを問うものだけに，対策も慎重にしたいところだ。

　Dについては，減少傾向にあると考えてよいが，テーマがぼんやりしたもの，大きな内容をもつものであることが多く，書きづらいだけに無視できない。

　全般的な出題傾向の概要は以上のとおりだが，都道府県単位で見ると，出題傾向は比較的固定しているようだ。したがって，過去数年間の出題傾向はそのまま来年度の予想のデータにできる。もちろん例外はあり，それがB・Cグループの増加という形になっているわけだが，基本的にはなお，志望県の出題傾向を知っておくのはきわめて有効なことであるはずだ。

論作文試験実施のねらいと評価

論作文試験実施のねらい

　論作文試験のねらい——というとき，2つの要素が考えられる。1つは論作文試験を実施するねらい，もう1つは課題設定上のねらいだ。

各都道府県市教員採用試験における論作文試験の実施概要

①：1次試験で実施　②：2次試験で実施　③：3次試験で実施　－：実施しない
〈凡例〉全校種：全校種共通　　小：小学校　　中：中学校　　高：高校　　特支：特別支援学校教諭　　養：養護教諭　　栄：栄養教諭
　　　　特選：特別選考　　現職：現職教員　　教経：教師経験者　　社：社会人経験者

北海道・札幌市	[社]② 60分／800字
青森県	[全校種]② 50分／601字以上800字
岩手県	[小・中][高・養]① 70分／1000字
宮城県	－
仙台市	－
秋田県	[小・中][高][特支][養][選選]② 50分／600字
山形県	[全校種]② 50分／800字　[特例選考]① 80分／1000字
福島県	[小][中][養]② 45分／800字　[高]② 50分／900字　[特支]② 50分／900字
茨城県	[小・中][養][栄]② 60分／600～800字　[高]② 90分／800字　[特支]② 90分／1200字
栃木県	[全校種]② 50分／600～1000字
群馬県	－　※2024年度試験より廃止
埼玉県	[高・特支]② 60分／800字　[小・中・養・栄]② 60分／800字
さいたま市	[小・中・養]② 45分／800字　[特選]② 80分／1200字
千葉県・千葉市	[特選][特例選考]① 45分／800字
東京都	[全校種]① 70分／1050字
神奈川県	[小][中][高][特支][養]②(試験は1次試験で全員に実施) 60分／600～825字
横浜市	[小][中・高][高][特支][養]②(試験は1次試験で全員に実施) 45分／800字
川崎市	[小・中][特支][養]②(試験は1次試験で全員に実施) 60分／600字
相模原市	－
新潟県	－
新潟市	－
富山県	[小][中・高][特支][養][栄]① 50分／800字
石川県	－
福井県	[全校種]② 60分／800字　[特選]② 50分／600字
山梨県	[全校種]② 50分／800字
長野県	[小・中・特支・養(小・中)]① 60分／800字　[高・養(高)]① 45分／800字
岐阜県	[小・中・養・栄]②60分／800字　[高・特支]②60分／800字
静岡県	[高]② 60分／800字　[教経]① 60分／800字
静岡市	[教経]① 60分／800字
浜松市	[教経]① 60分／800字　[小・中・養]② (学校教育に関するレポート課題)60分／800字
愛知県	[全校種]① 60分／900字
名古屋市	[全校種]① 50分／指定無し
三重県	[全校種]② 60分／全3問／250～300字×3題　[社・スポーツ]① 40分／800字
滋賀県	[小・中][高][養][栄]① 30分／600字
京都府	[全校種]① 40分／字数制限なし(B4・罫線30行)
京都市	[小][中][高][特支][養][栄]② 40分／600字×1題,5行程度×1題　[社][特選]① 30分／800字
大阪府	[小][小・特支]② 選択問題と合わせて120分／450～550字
大阪市	[教経]① 90分／1000字
堺市	[小]② 選択問題と合わせて120分／500字程度
豊能地区	－
兵庫県	－
神戸市	－　※2024年度試験より廃止
奈良県	－
和歌山県	[小・中・高][特][養]② 60分／800字程度
鳥取県	－
島根県	[全校種]① 40分／350～400字程度(教職・専門と合わせて実施)
岡山県	[全校種]② 60分／800字　※2021年度～2024年度は中止
岡山市	－
広島県・広島市	－
山口県	[全校種]② 50分／800字
徳島県	[全校種]① 80分／800字
香川県	－
愛媛県	[全校種]② 60分／1000～1200字
高知県	－
福岡県	－
福岡市	[特選]① 50分／800字
北九州市	－
佐賀県	[小・中][高][特支][養][栄]② 60分／800字
長崎県	－
熊本県	－
熊本市	[小・中・高][養][栄]② 60分／800字
大分県	[社]① 80分／1200字
宮崎県	－
鹿児島県	－
沖縄県	－

　実際には，1つのねらいを持って論作文試験の実施が決定され，さらに細かいねらいのもとに，課題が設定され，また採点・評価されるということになる。この2つの要素が密接不可分のものであるのは言うまでもないが，ここでは便宜上，2つに分けて考えていくことにしたい。

　まず，論作文試験を実施するねらい，意図について考えてみよう。

　論作文試験というのは，実施サイドからいうときわめて手間のかかる試験だ。これは採点・評価の時点で，他の教職・一般教養・専門試験の多くの場合のように，正か誤かを振り分けていく形で行われる"単純"なものではないからだ。それにもかかわらず実施県が増加傾向にあり，しかも全員が受験する1次試験での実施も増加しつつあるというのは，それだけこの試験が重視されていることを示していると考えてよい。なぜか。

　少し前までは，教員採用試験といえば，教職教養と専門教養が最重視されていた。これは，より高度な知識・学力を身につけた人を採用したいという意図によるものだった。次いで，教師も一般的な常識を持っている必要があるという考えから，一般教養にもウエイトがかかってきた。ところが，教育界がかかえている諸問題はなかなか改善されず，逆に教師の"登校拒否"すら見られるような状況が出てきた。そこで，それまでの知識偏重型を改め，それまでは最後の確認という色彩の強かった面接にもウエイトをかけるようになった。面接が，面接試験になったわけだ。同時に，実技試験や論作文試験の導入も各県で活発化してきた。「知・徳・体」のバランスのとれた教員の採用が，ようやく本格化しだしたことになる。

　さて，「知・徳・体」という要素のうち，知的要素を加味した徳の部分を見ようというのが面接試験と論作文試験ということになるが，面接試験の場合，10分とか20分とかの短い時間では，受験者の人間性をつぶさに観察することは難しい。しかもここ2〜3年は，周到な準備をして面接試験に臨む受験者が多くなったため，いっそう見抜けない部分が出てきている。よく「最近の受験者は，まじめでソツがないタイ

プが多い」と言われるのも，面接試験におけるこのような背景があるためだ。そこで，面接試験とともに論作文試験にも注目して，より深く，受験者の人間性，教師としての適格性を見よう，ということになった。これが，論作文試験重視というここ数年の傾向の流れだ。もちろん，実施のねらいの基本も，この点にこそあるのだ。

　論作文試験実施のねらいを，重視化の流れのなかで見てきたわけだが，長々と説明したのにはわけがある。これほど重視されているにもかかわらず，現在の教員志望者のなかには，なお論作文試験を軽視し，ほとんど準備も対策もないまま試験に臨んでいる人が，まだまだ多いためだ。もちろん県によっては，その程度の重視度のところもある。しかし，それは例外だと考えたほうがよい。

　ひと口で言うと，「人間性を見る」ということが大きなねらいとなっているわけだが，古くから「文は人なり」といわれているように，論作文試験では受験者の〝人物〟がかなりよく判定できるようだ。まず文をきちんと書けるかどうか，どんな考え方をしているのか，用字・用語は正確か，あるいは構成力はどうか，さらにどんな性格で，どれだけ教育に関心と情熱を持っているか──。他のペーパーテストでは見えてこない側面，面接試験でもはっきりしない側面が，まさに明瞭に浮かび上がってくる。この点を，常に頭に置いて準備しなければならない。

■■ 出題のねらい ──────

　次の，課題ごとのねらい，つまり出題意図についてみてみよう。ここでも便宜上，先に用いたA〜Dの分類によってみることにする。

　まず，A．教師を志した動機・教職につく場合の心構え等の出題について。このグループに属する出題のねらいは，教育に対する情熱や使命感，さらには子供への愛情などが中心であるといえる。いわば，その人その人の教育愛，教育への姿勢そのものが問われているわけで，テーマとしては，オーソドックスなものだが，それだけに自分らしさを表現しにくいテーマでもあろう。

　次にB．教育観・教職観・学校観等の出題について。このグループに属する課題は，Aのグループにかなり近い要素を持っているが，Aの場合が教育へ向けての姿勢を問うているのに対して，Bのほうは，受験者がこれから入ろうとしている教育の世界について，どれほどの認識を持っているのか，あるいはその世界における諸問題についてどういう考え方を持っているのか，といった点を問うというねらいがある。このあたりのねらいの差は，正確につかむことが必要だ。

　Bグループのテーマといえば，「魅力ある教師とは」とか「私の描く理想の教師像」あるいは「こんな教育をしたい」というようなものが基本的なものだが，「教育的愛情とは」などのようにAグループ的要素も含んだ課題，「昨今の学校をとりまく状況から学校に厳しさを求める意見が高まっている。これについて自分の意見を述べよ」などのように，時事的問題に関する知識までをも求めているような課題など，いろいろなバリエーションがある。Bグループの場合，基本的には教育や教職の本質についてその受験者がどう考えているかを見るのがねらいであるが，単なる抽象論を答えてもらうのではなく，その人なりの人格や考え方，さらには教育界についてのトータルな知識の有無等について知ろうというのが大筋としてのねらいになっているから，十分に注意しよう。

　C．具体的指導等についての出題は，ねらいとしても個々別々のものがあるから，1つにまとめてそれを表現することは不可能だが，総体的には，各受験者が教師として現場に入った場合，どれだけの指導性を発揮できるのか，その潜在能力を探ろうというねらいがあることは確かだ。出題のしかたは，だいたい「……する(させる)ために，あなたはどう指導するか」というスタイル，つまり，かなり具体的な設定のもとに課題が構成されることが多く，回答文もそれに応じて個別的・具体的に書かれているかどうかがチェックされることになるが，課題がいくら具体的設定にもとづいたものであっても，総体的な資質を見るねらいがあることには注意しておきたい。個々の事象について，どのような指導を行うか，行うことができるかという設問パターンか

　ら，実は総合的な指導力，資質を知ろうとしているわけだ。

　D．一般的なテーマの場合は，各受験者の人間性，あるいは文章構成力そのものを見ることが主眼となる。文章による面接試験的色彩が強いとも言えよう。教員採用試験としての論作文試験のなかでは，教育，教職といった要素が最も希薄な課題であるが，教師としての適格性を見ることが基本的なねらいである点で，他のグループと全く変わりはない。このような出題の場合，回答が強引に教育に関係させたものであっても，教育とはとりあえず関係のないものであっても，ねらいという点から見れば，どちらでもかまわない。

■■■ 論作文試験の評価・判定─────────

　千差万別の答案ができる論作文試験結果の判定は，どのように行われるのだろうか……。受験者にとっては，この点が常に不安になるところだ。多数の受験者による答案を判定するには，当然複数の採点者があたることになる。ここで，合否・採点基準にずれが生じないかどうかが不安の大きな要素の1つとなっていよう。結論からいうと，その心配はほとんど無用だ。各県とも合否基準は明瞭な形で設定されており，いわゆる「印象点」が入り込む余地は原則的にはないのだ。模範答案例というものはない(実際問題として，各人各様の答案が書かれる試験では，模範答案例を作っても採点基準にはなりにくい)が，評価・判定上のチェック・ポイントは定められている。そのチェック・ポイントをふまえながら，実際には主として指導主事や校長レベルの人が評価・判定を行うことになる。

　次に，評価・判定のしかたについて少し見ておこう。具体的には，どのように評価・判定して，採否の基準にするか，ということだ。これは，県によりまちまちで一定していないが，タイプとしては次の3種類のパターンに分けられる。1つは10点満点または100点満点で採点する方法，1つはA～Dのように3～5段階程度にランクづけするという方法，そしてもう1つは合否のいずれかに振り分ける方法だ。まず点数化する方法の場合は，他の教職・一般教養や教科専門などの試験結

果との合計で合否に生かすという例が多い。したがって比重は他の試験と同等かそれに近いものと考えてよい。逆に合否の判定だけのところは，大過ない答案でありさえすればよいだけに，比重もかなり低いと考えられる。最後にランクづけによる評価・判定の場合だが，現実的には他の試験結果が合否ライン上にある人の場合に判定要素になる，という例が多いようだ。

　現状では，ランクづけによる評価・判定方法が多くとられているようだが，今後は点数化による方法がふえるものと見てよい。論作文試験の比重も，それだけ高くなるということだ。

　なお，面接試験の待ち時間に書かせるというような場合は，合否判定の基準にするというよりも，面接の資料にするというような性格が強い。

　では，評価・判定にあたって，答案のどのようなところが見られるかについて見てみよう。大きな要素としては2つある。1つは文章について，もう1つは内容についてだ。

　文章関係では，まず，誤字・脱字等，用字用語面がチェックされる。受験者のなかには，これらの点はあまり評価・判定に影響しないだろうと，甘く考えている人がいるようだが，それは誤りである。どの県でも評価基準のスケールに入れており，明らかに減点対象になる。1〜2ヵ所のケアレス・ミス程度なら見逃がしてもらえることもあり得るが，例えば800〜1000字のなかに誤字が10もあるというような場合は，いかに内容が立派でも，確実に不合格になる。

　用字用語等の次に，文章構成力や表現力が見られる。簡潔でわかりやすい表現・構成で書かれているかどうかという点だ。詩人型・哲学者型の文章は不要で，わかりやすいかどうかが問題となる。文章の構成法は基本から大きく逸脱していてはならないし，奇をてらった表現なども，本人が"感覚的"にしっくりと感じても，まず減点対象となろう。

　さて，いかに誤字・脱字がなく構成そのものに破綻がなくても，それだけではもちこたえられない。もちろん，どんな内容の文章なのか

が要点となってくるわけで，評価・判定では内容がやはり最重視されることになる。

　各県のチェック・ポイントの設定はさまざまだが，大きく分けて，文章が出題のねらいをはずさないで書かれているかどうか，どのような内容が展開されているかの2つになろう。

　出題のねらいがとらえられているかどうか，という点は，とても重要な判定要素になる。例えば「今日の高校教育の問題点を指摘し，教師としてどのように対処したらよいか述べよ」という課題に対し，今日の高校教育の問題点を片っぱしから連ねてみても，それにどう対処するかが書かれていなければ合格答案にはならない，ということだ。

　どのような内容が展開されているかという評価・判定の際には，答案が一般論か自己主張論かという視点も設定される。大まかに言って，受験者独自の意見・見解のない一般論のみの答案は，全体として破綻がなければ合格することもあり得るが，望ましい答案とは言えない。逆に自分の意見だけ，つまり一人よがりの答案はというと，さらによくない。論理展開がみごとな，論文としてはすぐれたものであっても，1つの教育観にこり固まったような答案，独断性が強く，他をはねつけるような答案は，まず不合格となる。少なくとも協調性がないという判定が下されることはまちがいないところだ。最も望ましいのは，両者のバランスがとれた答案ということになる。難しいが，一般的な考え方や事象の流れをふまえていて，その線からはずれてはいないが，何か1つ，その人なりの光るものがあるという答案だ。

　受験者にとって困るのは，最近多くなってきた「……について具体的に述べよ」という課題だ。教職経験がないのに具体的に指導法を書くのは，きわめて困難なことだ。具体的にというのはどの程度のことまで書けばよいのか問題だが，普通は経験的事実をふまえた文章であれば，課題の要求からははずれないはずだ。これまでの児童・生徒・学生としての生活の中から得たもの，教育実習で体験したことを基本にすえて，文章を構成すればよいわけで，具体的な指導法等を，こと細かく並べたてることは不要だ。

　また，一般的なテーマ，例えば「私の好きなことば」とか「目」とかのようなテーマの場合に，よく教育に結びつけて書いたほうがよいといわれているが，出題のねらいという観点から言えば，その必要はない。最後に教育とかかわる形で結ぶことができていれば，さらによいわけだが，それはセンスの問題という程度で，大きな評価・判定要素にはならない。

　この項の最後として，評価・判定という観点から見て，①人が読んで不快感を感じさせるようなことばや内容，②イデオロギー的色彩の強い内容，③教育界の現状や教育委員会への批判などについては触れないほうがよいということを書きそえておく。

教育論作文の基本と書き方

■■ 論作文とは————————

　論作文とは，あるテーマについて自分の見解を論理的に述べる文章という意味を持っている。「文は人なり」の諺があるが，論作文は教員採用に際して受験者の人物の総合的判定資料として重要視されている。

　判定基準はおおよそ以下の通り。

　　①資質　②知識　③思想　④情熱　⑤教育技術　など。

　つまり多様な面で評価されているのである。このことから，論作文は紙上の面接試験とも考えられている。

■■ 教育論作文とは————————

(1)　ここでは教員採用試験での論作文を教育論作文といい，この論文を通して次のような人物を求めている。

　①子供の心の動きをきちんと捉えることのできる教師

　②教育プロとしての信念と，問題や課題への即応力を備えている教師

　③採用する地域の求める教師像に合っている教師

(2)　近未来に教員として何をするかを問うている。

　①過去のことを問うているのではない。過去の貴重な経験を教員としてどのように活かすかを述べるとよい。

　②発達段階をふまえた論述をする。少なくとも志望校種を明らかにする。中学・高校同一の試験であっても，この論文が対象としている子供の校種をはっきりさせる。

　③「私はこのようにする」という回答を求めているので，評論文や批判文，また一般論であってはならない。

　④教育プロとしての回答を求めているのである。教育のプロである

なら責任をもって正しく判断し，勇気ある実践ができなければならない。上司の指導を受けたり仲間と相談することは必要である。
⑤我田引水や自画自賛的内容であってはならない。結果はやってみなければ分からぬものである。過去の自慢話などの，自信過剰な文章は最も嫌われる。

■■ 与えられている条件を知っておくこと────────

①テーマの不測性
　どのようなテーマが出されるか，不明である。受験する県の過去の出題テーマを調べ，対策を立てることが大切である。
②時間・字数
　同一条件内での競争である。時間が足りなかったと言っても通用しない。字数については，1000〜1200字の場合は上限の1200字近くまで，800字の場合は800字ぎりぎりまで書くとよい。
③書く相手(評価する人)
　論作文を読み，評価する人は，志望する校種の校長(又は教頭)出身者が多い。50歳代の現職の校長の教育観がどのようなものか，心得ておくことが大切である。

■■ 文章構成は「起承転結」にしてメリハリを────────

①多くの制限字数は800〜1000字以内であるが，1200字以内のものもある。600字程度なら序論・本論・結論の3分節とし，それ以上なら起承転結の4分節にする。字数配分は，前者は1：3：1を，後者は1：2：2：1を基準とするとよい。本番ではこの割合を行数で割り出し，欄外に目安として指示してから書き始めることを勧める。
②前文では，まずテーマの読み取りをはっきりさせる。例えば「心の教育」や「豊かな人間性」の定義づけとその必要性を述べる。さらに「心の教育」や「豊かな人間性」をいかに育成するかの結論を述べる。それは「(私は教員の一人として)このようにする」である。
③本文は結論を導き出す具体的な方策を「承」と「転」の2点挙げる。

これは恩師がどうしたかでもないし，今までにどのような経験をしたかでもない。近未来の己の姿をさらけ出すのである。その具体策は対象とする子供の発達段階をふまえたものであることは当然である。

　「心の教育」を推進するのに前文で「子供同士のふれあいの中で育んでいく」としたのであれば，「承」では「教科学習を通して」とし，また「転」では「特別活動を通して」どう努力するかを述べる。前者は学級討議の中で相手の話をきちんと聞き，自分の意見をはっきり話せるように導くことで人間関係を構築するとする。後者では創意工夫をして学校生活の改善への協力体制を組ませるなどである。どちらも教師としての関わり方を述べる(班活動，ロールプレイ，ディベートをすると述べただけでは関わり方がはっきりしない)。

④結文は，このテーマに応える己の課題を述べる。そしてその具体的な取り組み方もである。ここでの決意表明など必要ない。

■■ 採点のポイント────────

　論作文を読み，評価して点数をつけるのは前述のように現職の校長である(県によっては元校長や指導主事も)。採点のポイントは，

　　①テーマの把握(テーマを正しく把握し，テーマに正対しているか)
　　②論作文の構成(序論・本論・結論)
　　③表現力(主語・述語・用語・誤字・脱字)
　　④論旨の妥当性
　　⑤具体性
　　⑥協調性

などである。これらを総合して点数をつける。

　なお，文字がきれいで読みやすいこと，制限字数なども採点を大きく左右することは言うまでもない。

■■ 自分の考えを述べる────────

　課題に正対し，その要点，本質のほかに，自分の考え，所信を述べると，論作文の内容が深みを増す。すなわち，自分が追究し考察した結果や日常の事象に対する思索を述べるなどその内容は多岐にわたる。いずれの場合でもあなたの考えを披瀝することは課題への主体的な受け止めのうえでも特に重要である。

　出題例として，教育課題，教師論，生徒指導，抽象題等があるが，いずれにしても受験者が，教育の今日的課題を的確に把握するとともに教育法規を理解し，自らの教育観を確立しているかなどが期待されているのである。したがって，「これからの学校教育の在り方」や各都道府県の教育方針とその具現化への方策などの理解，さらに自らの教師を目指す動機やどのような教師を目指しているのかや，教師としての使命感や責任感などを明確にしておくことが極めて重要である。

■■ 具体策を述べる────────

　自分ならこうする，自分が教師になったら実際にこのように行う，ということを理想をまじえて具体的に述べること。ただ自分の考えを述べるだけでは学生の単なるレポートになってしまう。具体策をどの程度述べられるかが論作文の合否の分かれ目となる。また，自らの教育実習や講師およびボランティアなどの体験を交えて論じることができれば，採点者の心を打つものになるはずである。

　採点者は山積した教育課題にどのように取り組んでくれるかに評価の最大のポイントを置くのである。課題解決能力を持っている者を即戦力の人物として歓迎するのだ。

■■ 読みやすい論述であること────────

　論作文の基本は，「こちらの考えを，ある枠に沿って表現し，伝える。」である。このことは，読みやすい文章にすべきであるということでもある。そのためにも，誤字や脱字は絶対に避けなければならない。また，当然のこととして，「、」や「。」の付け方にも十分配慮するとと

もに段落の付け方にも工夫が必要となる。すなわち，表記や表現および用語の正しさが求められるということである。

① 一文を短めに切る

　　句読点を多く用いて，だらだらと文を続けない。一文一文を簡潔にまとめる。

② 長い文は避ける

　　不必要に修飾語を多用しない。一文はだいたい40〜50字程度にとどめる。

③ 同じ文の結び方を続けない

　　文末表現は適宜変化を付ける。「〜である」ばかりでは退屈な文になってしまう。但し，「です・ます」調と「だ・である」調は併用しない。

④ 記号などの約束を守る

　　いわゆる禁則事項を守る。「　」や（　）の付け方，句読点の打ち方等に気を付ける。

　採点者は，数多くの論作文を比較的短時間に評価しているため，読みづらい文章によい評価を与えるはずはないのである。しかし，論旨が一貫し，教師としての期待感を感じさせるような文章に対しては，より良く読みとろうとするものであるから，与えられた用紙の制限字数の範囲を最大限活用して表現することである。

■■　その他────────

① 論文は高い格調を必要とするので，「である」調がよい。

② 論文は書き手の主張であるから，主語は第一人称と決まっている。いちいち「私は」と断る必要はない。特に強調したいときのみ，主語を入れる。

③ 「具体的に」とは，面接で同じ質問を受けたときの回答を文章化したものと解するとよい。枝葉的，末梢的なことを述べるのではない。

④ 「〜する考えである」「するつもりである」では，考えているだけで「実践するかどうかは分からない」と読まれる恐れがある。「〜

する」とはっきりさせることである。

⑤一人の教員として述べるのであって，校長としての権限などは持っていない。子供を校外につれだしたりティーム・ティーチングを組んだり，外部講師の招聘などは不可能である。

■■ 論述の訓練をすること────────

何事においても基礎・基本は重要である。論作文に関しては，日常生活において記述の機会の少ない今日，教育に関することについての自らの関心事を文章化する訓練をすることが良き評価につながると信じ，実行することである。

■■ 課題に正対する──────────

たとえば「特別の教科 道徳の時間の性格や目標を述べなさい」というテーマに対して，次のような過ちを犯してはいないだろうか。

・特別の教科 道徳の時間の「性格」を読み落として，目標だけを述べる(性格だけを述べて目標を落とすこともある)。

・特別の教科 道徳の時間の目標と特別の教科 道徳教育の目標とをとり違えたり，混同して述べたりする。

これでは決して課題に正対しているとはいえない。ここでのテーマは，①特別の教科 道徳の時間の性格と②特別の教科 道徳の時間の目標，の2つを述べることなのである。

■■ キーワードをとらえて外さない──────

前述の課題で考えてみよう。

〈特別の教科 道徳の時間の目標〉のキーワード

　　①計画的・発展的な指導

　　②補充・深化・統合

　　③道徳的実践力の育成

特別の教科 道徳の時間の目標を論じるとき，特に②と③は絶対にはずせない。②は学校全体で行う特別の教科 道徳教育を補充・深化・統合するといういわば扇の要の役目であると同時に，特別の教科 道

徳の時間の性格をも規定する重要なキーワードだからである。さらに，道徳的実践力は道徳の時間固有の目標である。つまり，キーワードとその要点をしっかり押さえることは論作文の必須条件である。

■■ **論作文チェック**──────────

> 自分で論作文を書いてみたら，以下の項目をチェックして(もらって)みよう。

□ 題意に対して主題が明確に示されているか。

□ 序文は題意を的確に受けているか。背景が記述されているか。

□ 結論部がきちんとした結論になっているか。

□ 結論が序文で示された問いにきちんと答えているか。

□ 本論の要点が結論でまとめられているか。

□ 途中で別の主題が入り込んだりしてないか。

□ 1つのテーマに沿って，一貫して述べられているか。

□ 各段落の主旨がはっきりとしているか。複数の主旨が混在していないか。

□ 段落間のつながりは自然か。

□ 他に比べて，長すぎる段落はないか。

□ 不必要に冗長な表現はないか。

□ 文章が全体的に抽象的でないか。

□ 全体として，単なる理想論や抽象論で終わっていないか。

□ 自分にしか理解できない言葉で表現していないか。誰にでも分かる言い回しか。

□ 難解すぎる表現はないか。不必要に文章を飾りすぎていないか。単なる権威付けだけのために，専門用語を使っていないか。

□ 使用した専門用語や概念は明確に定義・説明されているか。

□ 形容詞や副詞などが不必要に多く使われていないか。

□ 修飾語と被修飾語が離れすぎていないか。両者の関係が不明確になっていないか。

□ 受身の表現を必要以上に用いて，文章の主語が不明瞭になっていないか。

□ 代名詞の指す対象は明確に理解可能か。

□ 必要以上に一人称代名詞「私」を出していないか，しかし，全く出さないと解説文になる。

□ 文章表現が堅苦しすぎたり，軽薄すぎたりしていないか。

□ 全体の文体は統一されているか。

□ 「　」や（　　）はきちんと完結しているか。

□ 序論が長すぎて，尻すぼみになっていないか。

□ 文章の書き出しに適合した文末表現になっているか。主語と述語の正しい対応がなされているか。

　〈誤〉大切なのは，どんなにちっぽけなことでも，毎日続ける。

　〈正〉大切なのは，どんなにちっぽけなことでも，毎日続けるということである。

□ 誤字・脱字，記号・符号の誤りはないか。句読点の付け方は適切か。

□ 小学校志望者は子供，児童，中高志望者は生徒と表現しているか。

□ 教師，保護者，教育委員会などを非難したり攻撃する文は書いていないか。

□ 「…になったら」「…したい」などの願望の表現はしない。「私は△△県の教師になる」という決意ある文にしているか。

□ 自己の指導力未熟のため，上司，先輩，同僚などに指導・助言を受ける「他者尊重」の文を入れ，謙虚さをアピールしているか。

論作文作成のための基礎知識

■ ■ 論作文作成のための準備 ■ ■

■ ■ 論作文の対策————————

(1) 志望動機を意識する

　皆さんは現在，教員採用試験に向けて勉学を続けていると思う。「教師になりたい」「子供たちと一緒に成長したい」などの夢を実現すべく努力していることだろう。教師を志望している強い意志があるはずである。まずは，その意志の根拠を確認しておく必要がある。

　皆さんは，なぜ教師を志望しているのだろうか。理由は，「影響を受けた教師がいる」「学生時代の教育実習の影響」など様々な要素が含まれていると思う。それらの理由を深く考えてみよう。例えば，「影響を受けた教師がいる」でも，どのような影響なのか，影響を受けた言動は何か，自分の意識がどのように変化したのか，なども整理しておく。また「学生時代の教育実習の影響」でも同様であり，具体的な影響・自分自身の変化・使命感の確認などの要素を整理してみよう。この過程において，自分が目指そうとする教師像が見えてくるばかりでなく，教育観も浮き彫りになる。

　次に，その志望動機の根拠を整理する具体的方法である。大切なのは志望動機の根拠を文章に書き残すことである。小論文として形式を整える必要はない。箇条書きで結構である。箇条書きならば，志望理由の根拠がいくつか書けるはずである。書いた個々の根拠には個々の背景があるはず，その背景も文章化する。そのため，箇条書きの文章が，どんどん増えていくことになるだろう。次のような形態(例)で書くと抵抗もなく始められる。

〔理由1〕影響を受けた教師がいる

・いつも生徒のことを考えていた先生，具体的に○○のようなことも

あった。

- 困った時(友達とうまくいかない時)も先生に相談すれば，答えが得られた。
- 厳しさと優しさを持ちあわせた教師に出会い，あこがれを持ち……。

〔理由2〕学生時代の教育実習の影響

- 教えることの楽しさと難しさを知り，自分が成長できる仕事だと感じた。
- 授業で，△△△△のようなことがあり，子供の反応に感動した。
- 現職の先生達の熱意に驚かされ，自分自身の甘さを認識するが……。

〔理由3〕講師の経験

- 十分な教材研究で教壇に立つと，子供の学びが変化し，自分も満足した。
- 責任は重いが，未来に向かう仕事をしているという充実感が得られる。
- 現在の学校教育の□□□の部分を肌で感じ，自分なりの工夫として……。

　この志望動機の整理作業は，日常的に更新することが大切である。記述内容に目を通し，書き換えや追加を繰り返すことにより，常に志望動機を意識する。整理および記述した文書の一覧には，本人の教育観や教師像だけでなく，自己分析や自己アピールが含まれることになる。言い換えると，本人の過去・現在・未来に関することが示される。つまり，第1部で前述したように，過去(作文)・現在(論文)・未来(企画書)を含み，論作文の土台となるのである。言うまでもなく，この文書に示された内容は，面接や集団討論の対策にも活用できる。

(2)　出題傾向を分析する

　毎年，教員採用試験の論作文の出題テーマは，非常に広範囲にわたる。分野としては，近年の教育動向・教師論・教育課題への取り組み・具体的な学習や生徒指導の方法・学校観など，多岐にわたる。また，近年の新しい傾向として，教育時事(キャリア教育や情報化をめぐる題材)，および自治体独自の教育政策や調査を題材とする動きもある。

中でも教師論と教育課題への取り組みに関する出題が特に多いと言える。

　出題分野を見ると，何から手をつければよいか，不安になると思う。皆さんは教師を志望している。前述の志望動機についての整理作業を続けていれば，どんな教師になりたいか，熱意は高まっているか，問題が起こった時にどんな対処をするか，なども視野に入ってくる。知らず知らずのうちに，自分自身の教育観や教師像が確立し，教育現場が直面するような課題も意識できるようになる。日頃の学習と積み重ねが，どのような論作文のテーマにも対応できる力を養ってくれるはずである。

　志望する自治体が決まれば，その自治体の出題分野の傾向分析も大切である。各自治体には出題の傾向があり，前年や前々年の問題を踏襲するような出題が多く見られる。過去問は，教科別過去問題集，あるいは各自治体のホームページや情報公開室などで公開されている。過去数年分の出題傾向を探れば，出題分野の予測がある程度立てられる。その理由は，各自治体が求める教師像が年度により変わるわけではないこと，出題傾向や分野を大きく変えると評価の観点や方法も必然的に変更する必要が伴うこと，などがあるようである。しかし各自治体内での事情の変化により，数年間続いた出題傾向と記述方法が変化した年もある。やはり，過去問の傾向を過信せず，幅広い出題に対応できる基礎固めが必要と言える。

　論作文は，出題の仕方も特徴的である。ある前提や条件を持って出題されるパターンが少なくない。その前提や条件には，各自治体の教育ビジョンやポリシーなどに結び付くことが多くあるようである。そのため，過去問の分析と志望する自治体の教育動向や方針にも目を向けることを忘れてはいけない。

(3)　効果的に勉強する

　論作文の勉強は，教員採用試験までの限られた時間の中で，教職教養や専門教養などと並行してすすめなければならない。論作文で高い評価を得るには，実際に何度も書く練習が何より必要である。次に示

すような具体的対策(勉強法)を進めておくとより効果的と思われる。
① **手書きの日記帳(記録帳)をつくる**
- その日に見たニュースや教育時事の感想および自分の見解を文章化する。
- 日常的に書く練習ができ，自分の志望動機の整理や教育観の確立に役立つ。
② **教職教養の勉強を工夫する**
- 学習指導要領や中教審答申は，暗記するだけでなく，志望校種への影響を考える。
- 教育用語を論作文で活用すると，より説得力を持つようになる。
③ **教育時事や動向に目を向ける**
- 教師の視点で教育問題や動向を見て，自分の意見や考察を書きとめる。
- ニュースや新聞などで繰り返される用語は，論作文のキーワードになる。
④ **受験する自治体の情報収集**
- 自治体の求める教師像および教育方針や学校関係の調査などに目を通しておく。
- 過去問の分野や出題パターンを把握しておくと，自信を持つことができる。
⑤ **自分の教育観と教師像を確立する**
- 教師として使命と責任を自覚し，子供理解と指導を絶えず意識する。
- 自分の教育観や教師像が確立していれば，どんな出題にも対応できる。

　もちろん論作文試験で，最終的に問われるのは，受験者の人間性・知識・熱意・資質などであり，付け焼き刃的なにわか勉強で，高い評価を得られるとは思えない。ここに示した項目は，あくまでも論作文の対策の事例と，持続すべき意識である。成果を上げるには，日々の積み重ねが必要となってくる。

　中でも，手で文章を書くという論作文の特質上，日記帳(記録帳)は大切である。難しく考える必要はない。教師の視点で感じたこと，自分ならばこのように試みたいとの意見，感心した出来事などを，数行程度の文章として綴ってみよう。一週間続ければ，その日記帳は，すぐに自分だけの論作文対策の参考書になり，読み返すごとに新しい発見が起こる。また，志望動機とリンクさせることにより，自身の教育観や教師像の確立に必ず役立つ。

■■ 論作文と志願書類——————

　教員採用試験において，最初に自分の文章を書き込むのは，おそらく志願書の自己アピールの欄だと思う。この欄は，自治体により様々な形態であるが，多くの場合，志望の動機・自己PR・活動の実績や経験などを書き込むようになっている。これらの欄は，自分の教育観や熱意を伝え，読み手に自身の人間性を理解してもらうという意味で，まさに論作文に他ならない。ここに記述する段階から教員採用試験は始まっていると考えて良い。

　志願書類では，定められた欄の中で最大限の自己アピールをする。読み手に伝えなくてはいけないことは，自分が熱意と適性を持っていること・教師になりたい理由・こんな教育ができるという資質能力などだろう。これらには，第1部で示したように，自分の過去(作文)・現在(論文)・将来(企画書)の要素が含まれるはずである。この3つの視点を上手に使い，教師として，自分の経験から何が可能で，どのような貢献ができるかを整理してみよう。特技やボランティア活動の記録を記述する際も，どんな経験(過去＝作文)・現状と課題(現在＝論文)・教師として経験をどう活用(将来＝企画書)というような視点を意識することが大切である。

　また，読み手を強く意識することも忘れてはいけない。当然のことだが，志願書類は，無記入のうちに数枚のコピーを取り，何度も下書きをした後に清書をしよう。その際に，文字は丁寧かつ適切な大きさ，つまり読み手に好印象を与えるような形態で記述することが大切であ

る。志願書類は，面接時の資料となり，記述した字がそのまま面接官の手元に届く。この人を採用したいと思わせるような，記述形態と内容を目指そう。

　読み手に届くような論作文は，一朝一夕に書けるわけではない。確かな知識と思考力が求められると同時に，教職への熱意や教育観が背後に必要となる。そのため，日頃の努力の積み重ねが重要である。絶えず教職志望という意識を持って，教育課題などを考察しよう。バックボーンが確立していれば，必ず読み手を納得させる文章が書けるようになる。文章の表現やテクニックの向上はきちんと鍛錬すれば決して難しいことではない。

■■ 論作文の練習

　自治体にもよるが，論作文試験には字数と時間の制限がある。志望する自治体の過去問や，配布される教員採用試験の要項を参照して，同じ制限下で論作文を書いてみよう。横書きなのか縦書きなのか，原稿用紙なのか罫線用紙なのかで，かなり雰囲気が変わるはずである。実際に書けば，記述時間や文章表現に対する感覚も養える。

　記述する際には，鉛筆を使用するだろう。その鉛筆は濃いものを選び，書くときは太めに書くのが好ましい。実は同じ人物が書いた文字でも，濃く太い方が上手(個性的)に見える。とめ・はね・はらいの基礎を意識すれば，さらに上手に見える。なおシャープペンシルは，字が細く頼りなく見え，とめ・はね・はらいが上手に表現できず，また消しゴムで消しても用紙にスジが残るので，あまり好ましくない。

　質を向上させるには，書きあげた論作文を何度も推敲する。自分自身で「朱を入れる」と，構成と技術に関する新たなヒントが得られる。また可能であれば，誰かに見てもらおう。アドバイスを受けて，さらに書くという繰り返し作業が力となってくる。同時に他人の書いた論作文にも触れ，良い点などを取り入れるようにしよう。そうすることで論作文の力は上達するはずである。

■■ 志望自治体の形式の確認―――――

　論作文の試験形式は自治体により異なる。自分が志望する自治体の試験形式を十分に確認する必要がある。募集要項やホームページなどを参照すれば，論作文試験の日程(1次試験または2次試験)だけでなく，文字数と制限時間が確認できる。記述形式が横書きなのか縦書きなのか，マス目の原稿用紙なのか罫線用紙なのか，という点は最低でも把握しておきたい。

　同時に，過去の出題領域の傾向分析を進める。各自治体には出題傾向があり，過去の分野を引き継ぐような出題テーマを設定する場合が多くある。過去数年の出題テーマを並べると，今夏の傾向が浮かんでくる。出題傾向が大きく変化する可能性は低いはずである。つまり，教師論を中心にすえた自治体と，生徒指導を中心にすえた自治体では，必然的に対策も異なってくる。過去数年の出題テーマを並べると，回答する時に共通して活用できるようなキーワードや教育施策の流れも浮かんでくるだろう。

　出題領域の傾向を把握すると同時に，出題形式にも注意が求められる。例えば，調査データや図表を示して志望者の教育観を問う場合，自らの考えと実践を示すように指示する場合，自治体独自の教育施策と関係づける場合などがある。それぞれの出題形式に適応する対策を進めておく必要がある。

■■ 形式と時間を意識した練習―――――

　今までにも，いくつかの論作文を書いて練習をしてきたと思う。それらは，参考文献や情報誌などに目を通し，書き直しを繰り返しながら，時間に縛られずに書いた論作文だろう。しかし，試験当日は状況が全く違う。本番の試験を意識した対策も必要となってくる。

　まず，試験で使われるものと同じような用紙(縦書き・横書き・マス目の有無)を用意する。もちろん筆記具も鉛筆と消しゴムを用意し，まさに試験当日と同じような状況を作り出す(辞書や参考書なども使用不可である)。試験と同じ時間内で，論作文を書く練習をする。出題テー

マに対して，どのような内容を盛り込むかを構想し，実際に記述を展開し，推敲するという段取りと時間配分の感覚を身に付ける。

　独自に練習をする場合は，あらかじめ出題テーマがわかってしまう。当日と同じ状況を作り出すには，過去問や予想問題を複数用意し，その中からランダムに選んで書くという工夫などをしてみよう。論作文を添削してもらえるような立場にある方や，大学生で大学教員に指導を頼める方などは，与えられた出題テーマをその場では見ずに，自分が練習をする際に初めて見るように心がけると良いだろう。

　また普段と違う環境(場所)で，論作文を書く対策も求められる。おそらく試験会場は，自治体の施設や学校になると思われる。自宅以外の場所，例えば図書館や大学の講義室などで，試験と同じ制限時間内で練習する機会も持つようにしよう。試験会場にもよるが，夏の暑い時期にもかかわらず，空調が整っていない状況も考えられる。本試験をイメージすれば，やる気を高め，緊張感を維持できるはずである。

■■■ 時間内に書きあげるコツ────────

　論作文試験は，制限時間との戦いでもある。構想→記述→推敲を時間内に済ませる必要がある。具体的には，50分から90分程度の時間内に，600字から1500字程度の文章を書きあげなければならない。あらかじめ対策を立て，コツを把握しておかねば，時間内には用紙の半分も埋められないだろう。試験に直接的に活用できる対策や技術を身に付けておけば，制限時間を有効に使えるはずである。

　コツに触れる前提として，「論作文試験は既に始まっている」という意識を持っておこう。過去問を分析し，傾向を把握しておけば，出題される領域が予想できる。その領域と関係づけられる

■■■■ 作成のための具体的実践 ■■■■

■■ 論作文に必要な構成と技術────────

　教員採用の論作文試験では，受験者の教職への知識や資質の度合いを判断する。その対策としては，教育改革の動向や学校教育に関する

知識の習得だけでなく，思考力や指導力の育成などが求められる。このような勉強や経験を積み，人間性を磨くことが大切なのは，言うまでもない。

　それらと同時に，論作文試験では構成と技術も大切な要素になる。例えば，同じような考え方や事例を扱った論作文が提出されたとする。ひとつは形式が整った論作文，他方は形式を無視した論作文である。この場合，高得点を得られるのは明らかに前者である。私たちの日常生活でも同じような現象があると思う。日用品ひとつとっても，形の整ったモノとそうでないモノを見た場合，好感を持つのは明らかに前者である。その上，色彩が整い，デザインなどが気に入れば，多少の難点は目をつぶるだろう。同様のことが論作文にも当てはまる。形式と技術(形やデザイン)が整った論作文は，読み手の興味を引き，好印象を与えるのである。

　論作文の構成と技術に関する約束事は，決して難しくなく，各種の文書を書く時にも活用できる。それらを知るだけで，論作文の質は驚くほどに向上し，書く行為に抵抗が少なくなる。論作文を書くテクニックは，自転車や水泳と同じように，一度身に付ければ，忘れることなく，様々な場面で役立つはずである。

■■ 出題テーマを考える────────────

　論作文試験の出題テーマは，自治体により様々な内容となる。なかでも多いのは，「〜にあなたは教師としてどのように取り組みますか」，「〜をどう考えますか」といったパターンである。出題テーマに前提や条件を置き，そこから受験者の教師観や指導観を探ろうとする。ここで大切なのは，出題テーマと向き合い，その意図を把握する姿勢である。出題テーマから離れた記述や持論を展開したのでは，読み手に好印象を与えない。出題者が何を求めているか，背景は何かを読み取る練習も必要なのである。

　では出題テーマから離れない論作文を書くにはどうしたらよいのだろうか。その答えはキーワードを柱として活用する手法である。キー

ワードは，出題文に示されるケースもあるが，出題テーマの背景から
感じ取れる場合も多いと言える。出題された課題に対して，正面から
取り組んでいるという姿勢をみせる意味で，キーワードを当事者の立
場で扱えば，出題テーマから外れずに論作文が展開できる。キーワー
ドを中心に，自分の志望校種や担当教科にしぼりながら，論述を進め
るというのでもよいだろう。

　論作文の練習に取り組むときに目を向けておきたいのが，過去問の
分析と日頃の学習の意識である。論作文の出題テーマの領域は，主に
教師論・教育観・生徒指導，教育課題あたりが中心になろう。本書で
志望する自治体の過去問の数年のトレンドをつかんでおこう。日頃よ
り，その傾向に沿ったキーワードをいくつか意識しておく。そして，
キーワードを柱にして，経験した具体例・現状・教師としてできる実
践を整理する習慣を身に付けると有効である。もちろん，事前練習の
キーワードが，出題テーマに対応するわけではない。練習の論作文を
そのまま活用できるわけでもない。論作文試験では，題意に即して述
べる姿勢が求められる。ここで触れたようなキーワードを使った事前
練習の積み重ねこそが，教師としての熱意を高め，読み手に響く論作
文に結び付くのである。

■■ 文章構成の構成例

　皆さんは，これまでの人生の中で様々な場面で文章を書いてきた経
験があるので，言われなくても文章構成の基本は把握しているだろう。
文章の代表的な構成は「序論・本論・結論」型と「起承転結」型だろ
う。どちらかの型を活用して論作文試験にも臨むわけだが，ここで注
意しなければならないのが，時間と字数の制限である。論作文試験の
時間は50〜90分程度，字数は600〜1500字程度となる。この制限はと
ても厳しいのである。ちなみに，400字詰め原稿用紙(20字×20行)1枚
に文章を書き写すだけでも，15分程度の時間が必要である。800字を
書くのであれば30分となる。論作文試験は，思考をめぐらせながら，
丁寧な字体で記述しなければならない。それゆえ，書くスピードも通

常よりも遅くなる。つまり，ある程度の対策を立てて，制限内に書き
あげるコツを把握しておかないと対応できないのである。

　対応策のひとつとして，自分の型または表現スタイルを決めておく
という方法がある。論作文の構成は，基本的には先に触れた「序論・
本論・結論」の三段構成か，「起承転結」の四段構成である。教職経
験の無い受験者や，論作文試験の字数が800字以下程度の場合は，三
段構成が取り組みやすいと言える。字数の多い論作文や実務経験や分
析が必要な場合は，四段構成が無難だろう。ここでは，比較的取り組
みやすい三段構成を意識して考えてみる。

　まず，三段構成の論作文の構成で，課題となるのが，各段落の分量
である。ひとつの段落だけが大きく，他の部分が数行程度ではあまり
にバランスが悪い。800字程度の場合は，**図1** のような字数が望まし
いと考えられる。

図1　三段構成

序 論	150〜200字程度（全体の２割〜３割程度） 出題テーマを受けとめ，論の方向を示し，現状分析と自分の考えを述べる
本 論	500〜600字程度（全体の６割〜８割程度） 個々の事例や方策と，理論や社会状況の動向をリンクさせ，主張を展開する
結 論	100〜150字程度（全体の１割〜２割程度） 前段までの流れを受けて，出題テーマに対する自分の主張をまとめる

＊字数はあくまでも目安であり，出題テーマ・時間・内容などによって変動する

　また，各段落で触れる内容についても，一般的に考えると，**図1** の
ような事項になるだろう。

　これらは，通常の論作文での構成例である。教員採用試験の論作文
は，受験者の自己アピールや，読み手を意識するという要素も加味し
なくてはならない。通常の論作文とは異なり，そこには少し工夫が必
要となる。次に各段落でおさえるべき工夫としての技術と要素につい

て触れる。

(1) 序論の工夫

　読み手の興味を引きつけるため，最も大切になってくるのはおそらく序論だろう。それも書き出しの数行が大切と言われている。この部分で，読み手に好印象を与えられれば，興味を持って読み進めてもらえる。個性ある一文で書き出せれば，それに越したことはないが簡単ではない。ここで参考にしたいのが新聞などのコラムや報道記事である。それらは，限られた字数の中で，主要な内容を最初の数行で示し，話を戻すような形で詳細を述べている。日頃からこの種の文書に触れ，魅力的な言葉や読み手の興味を引く書き出し文例を書き取っておくのも対策のひとつである。

　論作文の序論は，文書の趣旨や方針を述べ，出題テーマと本論を結ぶ役目をする。序論を書く際，**図2** の3点に注意し，書き出すと良いだろう。

図2　序論を書く際の注意点

① 出題テーマを受けとめる姿勢

　出題される内容は，どんな領域であるにせよ，重要と考えられているはずである。その課題を教師として，受けとめ取り組んでいこうとする姿勢を示す。また，論題文にキーワードがあれば，それを意識して文中に取り込む。

② 出題テーマをめぐる現状の分析

　示された課題の背景を探る。歴史的な変化や子どもの生活環境の変化など様々な要因が絡み合っている事例や，教育政策の対応にも触れておく。本論との関係も考慮して，分析する事項はしぼっておいた方が良い。

③ 自分の教育観や指導観

　与えられた出題テーマに対して，自分はどう関わるか，どう実践するかなどの方向を示しておく。その際には，根拠も忘れずに触れる。自身の課題に対する考え方なども明確にして，結論に近いような内容にまで踏み込んで良い。

(2) 本論の工夫

　本論は，序論からの流れを受けて，自分の主張や見解を論理的に展開する論述の主体と言える。ここで大切なのは，自分らしさを前面に出すことである。それには，出題テーマに沿った自分の体験や実践例を取りあげる。読み手に自分の主張を伝えるには，一般論から迫るのではなく，独自の事例の方が好ましいだろう。個性的な切り口で論述を展開できる。もちろん，それだけでは説得力を持たない。読み手を納得させるために，教育理論や教育改革の方向などの知識的側面からのアプローチも加える。つまり，独自の事例としての「実践」と，勉強してきた知識としての「理論」をリンクさせるのである。その上で，自分の教育観に基づいた主張や見解を示すという段取りを踏む。

　出題テーマにもよるが，本論では，書き手(受験者)の教育観や指導観が表れる。読み手に，この書き手ならば，教師として子供たちの教育を任せられると思いを起こさせたいものである。こうした本論を展開する際には，**図3** の3点に注意しておこう。

図3　本論を書く際の注意点 ─────────────

① 序論の流れを変えない

序論では，出題テーマに対する受けとめ姿勢を示しているはずである。論述の柱を外さないように主張や見解を示すという意識を常に持つ必要がある。既に読み手には，序論で触れた分析や教育観も伝わっている。

② 一般論ではなく独自の具体例の活用

出題テーマの題意に対応した具体例であり，教師の視点が盛り込まれていることが条件である。具体例は羅列するのではなく，必ず知識や背景とリンクさせて説得力を持たせるようにする。字数などの関係上，扱う事例は，1～2点くらいに限られるはずである。

③ 自分の主張と見解の論じ方

自分の主張と見解を，本論で触れた具体例と関係付けながら論じる。その主張は，教育という営みに有益であり，自分や学校現場が実践できる内容でなければならない。また取り組み姿勢として，教師としての熱意と使命感をにじませたい。

(3)　結論の工夫

　結論は，本論で述べた自分の主張や見解を発展的にまとめ，今後の取り組み姿勢や抱負を示す。この部分で大切なのは，記述内容が序論と呼応していることである。序論で自分の教育観に基づき，踏み込んだ記述など展開している場合などは，特に注意が必要である。序論とのズレが生じていれば，その時点で説得力を失う。ここでは，本論で展開した内容(論拠)も踏まえ，自分の主張を言い切るような記述が欲しい。また，教員採用試験という性格上，結論には教師としての力強い決意表明も大切である。教師としての基本的な姿勢や態度に触れ，読み手に響くような一文を添えておくと良いだろう。この種の一文は，あらかじめ用意しておくのも手段のひとつかもしれない。

　字数的にみると結論は，全体の1割から多くても2割弱程度である。その中で使用したキーワードや事例を踏まえ，自分の主張を明確にし，決意表明をする。そこでの注意点は 図4 の3点にまとめられるだろう。

図4　結論を書く際の注意点

① 序論と本論に対応

全体を締めくくる結論では，前段を受けていることが最低条件になる。唐突な持論や筋違いの提言などを書いてはいけない。読み手に「なるほど」「ふ～ん」という感情を与えられるような結論で，現実的・実現可能な内容を示しておく。

② 教師としての姿勢と抱負を語る

出題テーマに対する主張と関係付けながら，教師としての自分の姿勢と抱負を必ず加える。抽象論ではなく，自分の努力や理想に結び付けるのも良い。おそらくこの一文が論作文の最後に位置し，締めの言葉になるだろう。

③ 結論は読み手へのメッセージ

論作文自体が，自己アピールであり，読み手へのメッセージであるが，結論はそれらすべての総括と言える。最後の部分で，これを伝えたい，こんな教育実践を試みたい，教師としてこのように活躍したい，というような想いを込める。

■■ 表記の技術────────

　論作文を記述する際には，基本的な技術ルールがある。例えば，国語的な表記や原稿用紙の使い方などである。もちろん，教員志望者の皆さんは，基礎的な部分は理解しているはずである。それら以外で論作文試験の対策として，知っていると有益と思われる表記の技術を整理してみた（**図5**）。

図5　表記の技術 ────────────

① 文体の統一

　文体には，常体（「…である」「…だ」調）と敬体（「…です」「…ます」調）がある。論作文では，常体つまり「である」調で統一した方が良い。常体の方が，歯切れが良く，自分の主張を展開するのに適している。

② 語尾の工夫

　常体「である」調で統一した場合，常に同じ調子で終わるのは好ましくない。表現には変化が必要である。しかし，「…と思う」「…だろう」などの曖昧な表現はなるべく避ける。また，結論では，「…を心がける」「…する教師となる」「…の覚悟で実践を展開する」というような力強い表現で決意を明確に示す。

③ 表現上の注意点

　一般の論作文でも同じだが，「こと」「ところ」「ため」などの形式名詞は，ひらがな表記が基本である。これらの語を，一文に２カ所以上含ませないようにする。その対策としては，文章を短く簡潔にすると良い。

④ 専門用語の使用

　論作文の中では「子ども」「児童」「生徒」などは統一する。志望校種により「児童」「生徒」は使い分けも必要である。また「父兄」は「保護者」，「先生」は「教師」，「登校拒否」は「不登校」の用語を用いる。

論作文作成の実践と応用

■■■■ 論作文の書き方 ■■■■

　新規採用教員試験において，なぜ論作文が課題として出される
のかを考えると，おのずとどのような内容のものを書き上げれば
よいか見当がつく。それは，受験者が教員としての資質を持って
いるかどうかを，この論作文を通して見抜こうというものである。
そのことを充分承知したうえで，採点者の期待に応えられる記述
とはどのようなものか考えてみたい。

■■ 求められる教員としての資質 ──────

　あなたが教員を採用する側であるならば，どのような人物を採用す
るだろうか。4月から学級担任として40名もの子供たちを任せられる，
信頼できる人物ということになる。ところが，文章上から信頼できる，
できないの判断が可能であろうか。

　今ここに「求められる教員の資質」と題する一編の答案があるので，
「起」と「承」の部分のみ紹介する。

　「教員の仕事は，人間が人間を教えることである。子供の人間性に
直接感化する仕事である。したがって，教員の資質として一番大事な
のは，人間性だと考える。

　今日の学校では，教員としての専門的技能に加えて，丸ごとの人間
の在り方が問われている。教員は子供の気持ちを理解し，様々な悩み
の相談に応じる役割も期待されている。このような状況の中で，教員
は常に子供に対し，深い愛情を持って接することの出来る人でなくて
はならない。

　子供への愛情とは，子供を甘やかすためのものではなく，子供の気
持ちを大切にしながら励ますためのものである。この愛情があるから

こそ，一人ひとりの子供の行動，つぶやきを感動を持って受け止め，広く優しい心で子供を理解することができる。」

この論文から感じることは「温かさ」である。肩に力が入りすぎているようなこともなく，平易な言葉で綴られている。教育者の一員になることを希望するならば，そこに子供への愛情が感じられるような文章でなければならない。それが，最大の資質と言えよう。

■■ 個性尊重としながら個性が出ていない論文 ─────────

学校は集団教育の場である。家庭という個人教育を終えて，社会生活に入る前の教育の場が学校である。学校という集団教育の場で，個性のある人物を育成することが，今日の学校教育の課題の1つであることは，少なくとも教員を志す者なら誰もが承知している。いや，学校教育に限らず，家庭の中でもまた社会に出て一人前に働いても，「個性の開発と伸長」に努めるという課題は永遠に持っていなければならない。

ここに課題「個性を伸ばす教育とはどういうことか。また，学校教育の中でどう取り組んだら良いか。自分の考えを述べよ」についての論文がある。

「今，時代は個性ある人間を求めている。これに応えるための教育について，次の視点から述べてみたい。

○はじめに「多様性の尊重」について

これまでの学習指導は，結果のみを重視しがちになり，そこに至るまでの過程が児童によって様々であることを見落としがちであった。しかし，文章題の回答過程や読書感想文に見られるように，児童の思考は多種多様で1つとは限らない。そこで結果のみにとらわれることなくそれに至る考え方を尊重し，自らの力で解決していく意欲や態度を高め，育てていくことで，個性の伸長を図っていきたい。

○次に「個人差への対応」について

個々の児童には，思考の多様性だけでなく，その結果にも個人差

がある。諸能力の個人差である。個性の伸長を目指すに当たって，この個人差への対応は大変重要だと考える。例えば，学習が遅れがちな児童や課題解決能力の高い児童については，通常の学習指導の中に，その児童に合った指導を加える必要が出てくる。指導の場や課題の工夫である。個々の興味や能力に応じた課題に取り組ませたり，学習プリントの工夫やヒントカードの利用によって，この充実を図っていく。また，集団学習の中でも個人指導の場を設けるなどの工夫をしていく。しかし，前述の視点からだけでは個性の伸長は成し得ない。基礎・基本を充実させることによって，児童の多様性を育てていきたい。

最後に，このような実践を進めていくためには，まず教師自身の個性化や，個性を尊重し合える学級経営が大切である。これらの課題をふまえながら，学校全体で個々の児童を見つめ，個性の伸長に努めていきたい。」

この論文は，筆者の個性が随所に出ていると言える。しかし，「時代は個性ある人間を求めている」としているが，なぜ今，個性ある人間を求めているのかに全く触れていない。あなた自身は必要だとは思わないのか，という反論が出そうである。また，「～いきたい」は，単なる願望に過ぎないと言える。なぜ，「努めていく」と断言出来ないのであろうか。

前述したように，この論文を通してあなたの資質を見いだそうとしているのであるから，その論文の中にあなたの個性を表現して欲しいのである。「個性の開発と伸長」と論述しておきながら，個性のない同じような文言が並んでいることが多いのである。「子供と同じ目の高さで」とか，「同じ視点に立って」「共感することが大切」「コミュニケーションを深めて」などである。口先だけの個性の尊重では，具体策を持っていないと判断されても仕方ないと言える。

■■ 「私はこうします」を ─────

あなたの資質をアピールするには，あなたはどうするのか，具体的

に述べることである。たとえ，まだ教育実習以外に教壇に立った経験がないとしても，4月に担任を命ぜられた学級でいじめが起きていたら，あなたがこの問題を解決しなければならない。「経験がないので」の理由は通じないのである。何ら解決する方策を持っていないのなら，担任としては失格と言わざるを得ない。

　ある課題に対しての具体策として，授業中に「机間巡視をして能力に応じた指導をする」とか，「すべての子に一日に一度は声をかけ，コミュニケーションを密にする」とかがある。また，「とことん子供たちと付き合う」というのも多い。だが，ただ項目的に並べただけで掘り下げがないことが多い。

　能力に応じた指導が机間巡視程度で解決するのだろうか。また，コミュニケーションはよいが，一日一声は小学生(児童)ならいざ知らず，中学生や高校生には不可能ではなかろうか。そのようなことよりも，授業を魅力あるものにし，授業に夢中にさせることを考えたらどうだろうか。あなたらしい楽しい授業に変えていけば，苦手な教科科目も楽しさに魅せられて勉強するようになる。あなたは授業をどうするのか，そこにあなたらしさを表現することをお勧めする。

■■■ **あなたの教育理念** ──────────

　多くの論文を読んで感じることの1つに，この教師に育てられる子は，いよいよ自立性がなくなるのではないかと思えることがある。もっと子供たちに自助努力をさせるべきではないかと思えてならない。今日の教育は，「いたれりつくせり」で，子供本人は何もしなくても，親や教師がすべてやってくれるのではないだろうか。「指示待ち人間」を作り上げてしまったのは，子供たちに何もさせない親や教師に責任があるのではなかろうか。家庭では，少子化に伴い，「転ばぬ先の杖」的発想で教育がなされ，学校でも自己理解が忘れられているとも言える。教師にとって，子供理解は大切なことではあるが，その前に子供たち自身に自分が何者であるかを見いださせる努力をさせるべきではないだろうか。自己理解を忘れた学校教育では，ロボット人間を製作

しているに過ぎないと言えよう。甘えの構造を否定し，もっと「たくましく生きる力」の育成に教育の重点を置くべきではないだろうか。

　是非，一度友達と，今日的教育課題に立った教師論について大いに議論を交わすことを希望する。「これからの時代の教師はどうあるべきか」である。

■■ 読み手を説得する ─────────

　多くの論文を読んでいると，さまざまなことを感じる。たくさんの論文を読む採点者に，読む気を起こさせなければならない。

　ここに，論文：「理想の教師像」があるので紹介する。

────────────────────────────

　「私には大好きな先生がいる。幼稚園に入園してから，大学生の今までに何人もの先生と出会って来たけれど，その中でもあの先生のことが一番好きで，感謝し，尊敬している。その先生のことが私にとって理想で，また，教員になりたいと思い始めたのも，あの先生と学んだあの頃からだ。先生の数あるすごい点の一部を書こうと思う。

　小学校4年生の私は，自分で言うのもおかしいけれど，勉強にも運動にも熱心で，係の仕事も大好きな，とても前向きな子どもだった。けれどもいつの頃からか，理由もなく順番に一人の子を無視したり，いじめたりするのを楽しむ子が出て来た。私は段々と休み時間が来るのが恐くなって，自分がいじめられているのでなくても，休み時間も席を立てず，誰とも話さない日々を送りだした。寂しくて寂しくて涙が出そうになっていた私に，先生が肩をポンと叩いて『次の理科の実験の準備を手伝ってくれない？友達も何人か連れて理科室に来て』と言われた。今考えてもなぜか分からないけれど，私は辺りを見回し，選んだかのようにいじめを楽しんでいる子たちに手伝ってくれるように頼んだ。理科室までの廊下では，普通にその子たちと話せた。もうすぐ理科室という所まで来て，不意にその友達が立ち止まって，『ごめんね。今まで，自分がみんなの気持ちをどれだけ傷つけていたか分

かった。かおりちゃんが寂しそうにして話さなくなってから』と言ってくれた。本当に暗くなりかけていた私の心がパッと明るくなった。先生は何も聞いていなかったように『ありがとう。よく手伝ってくれたね』と言って，私にそっと微笑んだ。お礼を書いた日記の評は『先生は見ていたよ』だった。嬉しくて涙が出てきた。

　このように，私の先生は子どもの様子を温かく見守ってくれて，心から出るヘルプを求める声に，さりげない素振りだけれど，しっかりと手を差し延べてくれた。教科の指導も熱心で，その日のつまずきはその日のうちに解決するように，残って個別に指導をされたりもしていた。宿題は少なくて，家の手伝いや学校であったことを話すなどのことを宿題としてやらせたりして，生活を楽しくするような働きかけを多くされていた。放課後の残り勉強の最後の子と，一緒に外に出て来て遊んでくれたのも，先生の魅力の一つだった。クラス会議をすぐに開いて，問題について話し合ったり，お楽しみ会の計画で張り切ったりして，忙しいとも言わずに私たち子どもと共に泣いて笑ってくださった。

　その先生が私の理想で，私も子どもを見つめて，子どもの喜びや痛みが分かる教師になりたい。」

————————————————————————————

　この文は，論文というより作文的である。起承転結の形式がどうのと，堅苦しいことを言う前に「読まされてしまった」という感想を持つ。文章というのは，筆者の言わんとしていることが読み手に的確に伝わることが第一条件と言えるだろう。数多い文章の中には，単に記録に留めるとか，筆者の自己満足のためのものなど，他人が眼中にないものもあるが，それは特殊と言えよう。少なくとも，教員採用試験の論作文はあなたの考えが読み手に正しく伝わらなければ，目的を達することは出来ない。こちらの意思が正しく伝わるならば，論文であろうと作文であろうと，形式にこだわる必要はない。といっても，散文的な文章ではその目的を叶えることは難しいため，起承転結という論文形式を採用することを奨めるのである。

　起承転結という論文形式であるが，これとてさまざまな書き方がある。あなたが，友達に口頭で「君の理想の教師像は？」と問われたら，あなたはどのように答えるだろうか。

　たぶん，あなたはまず，結論を述べるであろう。理由を先に述べたら，「何を言いたいのか。結論を先に言え」と言われることだろう。論文でも同じことである。結論を述べた後で，その理由づけをするのである。そうすると，読み手はもちろんのこと，書き手にとっても，何を書こうとしているのかがはっきりして，脱線することが少なくなるのである。

　ここに，題：「『生きる力』を育成する教育について，あなたの考えを述べよ」の論文があるので転記する。

――――――――――――――――――――――――――――――

　「今日，『生きる力』について生徒たちに教育していくことは，大変重要なことである。それはここ数年，いじめ等を理由に自殺をしていく生徒が増えており，生きることの大切さや素晴らしさを，生徒一人ひとりに再認識させねばならないからである。

　授業で，『なぜ生きているのか』と問い掛けて，生きる意義を生徒一人ひとりに理解させる。例えば，生徒に自分が生まれたときの様子を親から聞かせるのである。自分の生まれたときの大きさ，泣き方，自分が生まれる前や後の親の苦労や喜びなどである。それらを発表し合い，話し合いをさせる。そうすることによって，自分が生まれたことの意義を，一人ひとりの生徒が考え，意見をまとめる。それらのまとまった意見を発表し，その内容についても話し合ってみる。こうして，最終的に『生きることの意義』をまとめあげるのである。

　親から話を聞くということは，自分が生きて来た過程でどれだけ多くの人の助けを借りたか，また今，自分が生きていることを自身で気付かせることが大変重要である。ここから，『生きる』ことが自分一人のためではなく，家族等の生きる喜びにも繋がると理解できると考える。そして，一人ひとりの生徒に『がんばって生きていこう』という気持ちが湧いてくるのではないだろうか。こうして，生きる力を育

成していくのである。

　山本有三の言葉に，『たった一人しかいない自分を，たった一度しかない一生を生かさなかったら，人間，生きている意味がないのではないか。』がある。この言葉を胸に刻みながら，生徒らと共に『生きる力』を育成していくことが，私の理想の教育であり夢である。」

――――――――――――――――――――――――――――――

■■ おわりに ―――――――――

　ここに論文として展開されるものは，新規採用教員候補者としてのあなたの意見である。保護者でもないし，校長でもない。生徒の前に立った経験は，教育実習をした数週間でしかないことは分かっている。そのあなたに，子供たちを託そうとしているのである。よく，「信託」という言葉を使うが，その通りである。あなたを信頼して子供達を託そうというのだから，託す方もいいかげんな判断であなたを採用することは出来ない。信託するに値するかどうかを見極めるのである。

　建設的な意見がなく，批判ばかりしている人物を，どうして信頼出来ようか。評論に終始し，足元を見ずに夢ばかりを追っている人物に，どれほどの実践力があるというのか。そしてもう1つ。文字は読んでもらうために書くのであって，文字の上に誠意が見えないものは，読んでもらおうという意思がないものと解せる。上手下手ではない。誠意の有無である。

■■■ 失敗しない論作文 ■■■

■■ 論作文の基本姿勢―――――

　論作文を書くにあたって，念頭に置くべき基本的な姿勢として，以下のようなことが挙げられる。

◆ 教師の立場に立って書く ―――――――

　教師としての自分を想定して書く。当然のことなのであるが，意外に気が付いていない人も多いのではないだろうか。えてして，今現在の自分の立場(身分)で書いてしまうことが多い。だが，訊かれているのは，教師であるあなたの対応や考え，もしくは，教師になる予定のあなたの抱負・目標である。だから，教師になったつもりで書かなければならないのは当然である。

◆ 題意を的確に把握する ―――――――

①問題が何を尋ねているのかを認識する

　　命題を取り違えると，見当違いの論作文になってしまう。問題文を熟読し，何を訊いているのかを的確に捉える。

②行間に隠れた題意を読む

　　課題は問題文中に示してあるとは限らない。ある程度，行間に込められた意味を見いだす努力が必要なこともある。

③訊かれているのは知識や解説だけではない

　　知識や解説のみで終わらないように気を付ける。事典には載っていない，あなたの考えなどを必ず示すこと。

④問題の指す領域を明確化する

　　課題となる範囲を明確にし，話を限定して論を整える。あれもこれも述べようとすると，統制の取れていないものになる。

◆ 構成の柱を立てる ―――――――

①中心テーマを決める

　　課題に対して，論の中心となる柱を立て，その柱に基づいて全体の構成を組み立てていく。

②3～4段の構成で書く

　　序論・本論・結論，又は，起・承・転・結のような構成を立てると，説得力のある，わかりやすい論文が出来る。

③改行は多めにする

1つの段落で1つの要点を説明する。論の展開が小気味良いリズムで進められる。

④行数配分を考えて書く

あらかじめ構想を立てて配分する。頭でっかちになったり，結論がなくなったりすることを避ける。

◆ 論旨を明確にする ─────

①筋を一本通す

論文全体を貫く1つの論旨を明確に示す。

②読む人の立場になって書く

他人が読むということを考慮して書く。簡潔な文章，読みやすい字，一貫した論旨など，全てこの考え方に基づくと言って良い。

③不必要に内容を増やさない

あれもこれもごちゃごちゃ盛り込まず，不要な部分は思い切りよく省略し，要領よくまとめるようにする。

④具体性を持たせる

「一所懸命頑張るつもりです」や「親しみやすい先生になりたいと思います」などの一般論では，「良い先生になりたいです」と大した違いはない。どこをどう頑張るのか，親しみやすい先生になるためにどうするのか，を書くべきである。

◆ 文章の形式と約束を守る ─────

①一文を短めに切る

句読点を多く用いて，だらだらと文を続けない。一文一文を簡潔にまとめる。

②長い文は避ける

不必要に修飾語を多用しない。一文はだいたい40〜50字程度にとどめる。

③同じ文の結び方を続けない

文末表現は適宜変化を付ける。「〜である」ばかりでは退屈な文

になってしまう。ただし，「です・ます」調と「だ・である」調は
併用しない。
④記号などの約束を守る
　　いわゆる禁則事項を守る。「　」や(　)の付け方，句読点の打ち方
等に気を付ける。

◆ 文字や用語，表現に気を付ける ──────

①誤字脱字は禁物
　　常識中の常識。言語道断。つまらないことのようで，確実に点を
引かれる。
②表現技巧に凝りすぎない
　　変に表現を凝らない。冗長になり，論旨が不明確になり，肝心の
結論が書けなくなる可能性もある。普通の表現で十分である。
③堅苦しい文章にしない
　　お役所言葉の，報告書か学術論文のような文章では，はっきり言
って，退屈なだけである。妙に凝る必要はないが，人を惹き付ける
ような表現は必要であろう。
④専門用語を適切に使う
　　必要な専門用語は適宜使う。一般用語では正しく表現できない場
合など，概念を明確にするためにも，使用する。
⑤共通理解のある用語で表現する
　　造語や難解な専門用語など，自分や一部の人にしか通用しない用
語は用いない。変に権威づけをはからない。

■ ━━ ■ 論作文作成マニュアル ■ ━━ ■

①問題文を熟読する

　　まずは問題文を熟読する。これを怠る人，慌てて書き始める人が多
い。たとえ短い文章でも，繰り返して読む。一字一句も見逃さないよ
うにする。出題の意図を早合点して，トンチンカンなものを書いてし

まうことほど，骨折り損なことはない。

②**訊かれていることは何かを書き出す。**

何を求められているのか，何を答えなければならないのかを書き抜いておく。これにより，論作文の主題を自分のなかで明確化しておく。

> 教育は，「子供たちの自分探し」を助ける営みである。生徒の「生きる力」の育成を重視するという観点から，専門教科の特徴を生かし，どのようなことを心がけて指導していきたいと考えるか。具体的に書きなさい。

以上の場合，きかれている内容は，「どのようなことを心がけて指導していきたいと考えるか。具体的に書きなさい。」であるから，これを書き抜いておく。

③**問題文の重要な箇所に印を付ける**

問題文中で，キーワードになっていると思われる部分，主題に深い関係がありそうな部分などに，下線を引いたり，周りを囲ったりする。さらに，それらを余白に書きだしてもよい。上の例なら，「子供たちの自分探し」を助ける営みや，「生きる力」の育成を重視するという観点，専門教科の特徴を生かし，などである。

④**目をつぶって，印を付けたところを思い出し，イメージをかき立てる。**

上の例で言えば，例えば，「子供たちの自分探し」から，「子供たちが何かをつかみ取ろうとして虚空をもがいているイメージ」「宝箱を開け，その中から子供たちが何を取ろうか迷っているイメージ」などを思い浮かべてみる。

⑤**かきたてられたイメージや思い付いたアイディア，連想されることなどを，全て，単語でも良いからメモに取る。**

頭に浮かんだことを何でもメモとして書き出してみる。イメージだけのものでもいいし，バラバラな単語でもいいし，絵でも図でも良い。予想される反論と，それに対する論駁を用意するとなおよい。これらが意外なほど後で役に立つ。

⑥メモとして書き付けたものを，内容のつながりや関係性でグループ分けする。

　単語と単語とを線で結んだり，線で囲んだりして，関連のあるもの，論理的につながるもの同士をグループ化する。全く他と繋がらないものがあっても，全く構わない。ただ，ここでは，まだ余り大きく括らない方がよい。だいたい，1段落にはいるものぐらいでまとめてみる。

⑦再び問題文を見直し，メモのなかで不要，あるいは不適切なものを選び，また付け足したりして，取捨選択をはかる。

　再び問題文を良く読み直す。問題文の質問の主旨からずれているもの，自分の論の流れからはみ出るもの，全く関係ないものなどを捨てる。

⑧メモのグループをさらに大きな要旨ごとにまとめ，論作文の構成を決める。

　序論・本論・結論という具合にまとめてみる。

⑨結論をまとめ，書き出し(序文)を考える。

　序文と結論部がきちんと対応するようにし，中心となる論で自然につながるようにする。

⑩書く

　時間配分・字数配分を考えて書くこと。

テーマで探る論作文

■■■ 論作文対策の進め方 ──────────

　論作文対策の基礎として，文章を構成する技術と，教師の立場で書き進める姿勢はある程度確認できたであろう。よく言われるように，論作文の出題テーマに対する正解はない。書き手の分析や解釈によって，様々な結論が導き出される。教育の現状や理論を正確に踏まえ，独自の見解や事例を加味した論作文は，個性と同時に説得力を持つ。十分な説得力を持たせるには，出題テーマに対するアプローチのポイントを見極め，キーワードを使用すると良いだろう。そこで必要となるのは，自身の知識と経験をアウトプットする技術なのである。この技術を身に付ける第一歩は，受験する自治体の過去問を分析・傾向を探るという作業である。出題テーマの傾向が把握できれば，それに沿った文献や資料などを読む時に，アウトプットの方法と内容を意識するようになる。自分ならば，この「ネタ」と「体験」をこのように組み合わせるとか，またこの「答申」はこんな感じに活用しようという意識を念頭におく。その際，箇条書きのメモを残すとより有効である。自然と頭と手が覚えてくれるはずである。これは論作文試験だけでなく，面接などにももちろん有効である。

　論作文の出題テーマには，出題者側のねらいが込められている。書き手は，そのねらいを適切にとらえたアプローチを進めねばならない。その際に，キーワードを効果的に使用できれば，印象が良くなる。そのような視点から，論作文の頻出テーマである「**現代の教育課題**」「**学習指導**」「**生徒指導**」の3分野を中心に対策を考えていく。

現代の教育課題

　現代の社会は，急激に変化している。教育も同様であり，数年前までは考えられなかった課題などに対応すべく教育改革が進行中であ

る。これからの教員には，新時代に適した資質能力と対応力が必要である。当然のように近年の論作文でも，教育改革の動向や教育時事は頻出している。自治体独自の教師像や教育方針と関係づける場合も多くなっている。

●教育改革の動向

現代の教育課題に関する出題テーマの中で，多くの自治体で扱われているのが教育改革の動向に関する内容である。受験者が，法令や答申を理解し，教育改革の方向性を把握しているか，改訂された学習指導要領を読み込んでいるかを試している。近年の傾向としては，「言語活動の充実」や「外国語活動」などのキーワードを示しながら，受験者の教育観や指導観を問う形式が多くなっている。

アプローチのポイント

■改革動向と自身の取り組みをリンク

出題テーマを受け止め，改革の動向や重要性を示した後に，自身の実践や体験を組み込む。抽象論に陥らないように，教師としてやるべき方向を主張する。

■「生きる力」を基礎とする

学習指導要領の総則にも示されているように，「思考力，判断力，表現力等をはぐくむ」「基礎的・基本的な知識及び技能を活用」などの文言が大切となってくる。

■言語活動の充実を意識する

教育の基礎は「言語」である。言語活動の充実がなければ，これからの学校教育は成立しない。志望教科での言語活動の役割を再確認する姿勢を示す。

□ 人間力　中央教育審議会の答申に用いられている。「学校力」「教師力」も同様である。

□ 知識基盤社会　知識や技能の活用，学習習慣の確立など背景の理解も必要である。

□ 自ら学び自ら考える力　社会を生きていく能力であり，広範囲な力と言える。

●教育時事

　現在における諸課題のすべてが教育時事である。その内容は，学力や規範意識の低下・情報教育・小一プロブレム・学社連携など多様となる。多くがトラブル的(ネガティブ)な内容であり，まさに受験者の教師としての対応力が試されている。これらの出題テーマに取り組むには，背景の把握→課題の明確化→自分の試みや実践案→決意という流れが適している。一般論に偏らず，独自の考えを交えて考察すると評価が高まる。

アプローチのポイント

■出題テーマと背景の正確な状況把握

　　出題テーマに向き合う流れが絶対条件である。自分の解釈や得意分野に引き込み過ぎると柱がぶれる。それを防ぐため，背景や課題自体の把握を十分に展開する。

■教育理論や教育動向への視野

　　独自の主観だけでなく，理論的側面も求められる。ある程度の用語の理解と一般論を踏まえて，教育課題の解決に向けての自分の実践や決意を示そう。

■子供を大切にするという教育観

　　教育時事の論作文は，行政や教師の立場からの考察となり，子供自身が見えにくい傾向がある。「子供」の側を忘れていないという文章や主張も必要である。

□ 情報活用能力　情報を活用するだけでなく，情報モラルや教師の指導力も大切である。

□ 学校，家庭及び地域住民等の相互連携協力　教育基本法の第13条の意味も含む。

□ 組織マネジメント　学校運営の基礎的な考え方で，教師同士の連携協力の考え方である。

●自治体独自の題材利用

　近年の傾向として，各自治体が独自に行った調査(資料)や，求める

教師像(宣言)を踏まえた出題テーマを設定する場合が増えてきた。これは，自治体の方針を理解した教師を採用したいという意図である。ここでは，資料などを読み解く能力と志望自治体の方針把握も求められる。この種の出題テーマの場合，論作文を構成する上で，扱われる資料や宣言をどこに位置づけ，そこから何を主張するかも課題となる。

アプローチのポイント

■全体構成の組み立て

資料や宣言の解説は不要である。導入でそれらの背景と現状に触れ，本論で自分の校種や教科に引き寄せた具体例を展開し，まとめで再び引用すると良いだろう。

■自治体の方針をチェックしている姿勢

当然であるが，受験自治体のホームページや動向の把握は怠りなくしておく。求める教師像などの文書で，出題テーマに含まれていない文言も示すと効果が大きい。

■ローカル色のある事例の用意

志望動機と関係づけるような形でローカル色のある体験を組み込むのも手段である。もちろん出題テーマは予測できないので，いくつかのパターンを用意しておく。

☐ **求める教師像** 各自治体で異なる。自分の教師観との結びつきも意識する。

☐ **自治体の調査** 過去数年間に行われた調査や報告書には目を通しておく。

☐ **教育委員会のHP** 受験自治体の動向や方針を探る上で不可欠と言えるだろう。

学習指導

教師は授業で勝負すると言われるように，学習指導は教職の要である。そのため出題テーマでも多く扱われている分野である。読み手に，この受験者には子供の教育を任せられるという印象を持たせる必要が

ある。学習指導の手順や体験を綴るだけでなく，具体的な方策や指導理念を示し，教師としての資質能力を表現しなければならない。

●学力と学習意欲

学ぶことの意義や楽しさを子供たちに実感させ，学習意欲を高める指導ができるかが問われる出題テーマである。ここでは，子供の実態や生活が把握できているか，教師としての力量は十分に備えているかが問われる。PISAなどの学力調査の結果から，学習指導の工夫が必要となる現状の把握，授業の工夫や改善策を具体的に論じていくと良いだろう。知識・技能の習得と思考力・判断力等の育成のバランスの視点も忘れないこと。

アプローチのポイント

■学習指導要領の記述を活用する

今回の学習指導要領改訂の主な改善事項は，すべて学力と学習意欲に関係すると言える。学習指導要領の記述から具体的な手だてを検討する道筋も悪くない。

■志望校種や教科に即する

具体的な事例や対策を挙げる時には，志望校種や教科をイメージする。一般論ではなく，教師(自分自身)としての立場からの論述が大切になる。

■自分自身に置き換える

私たちは，自分が「おもしろい」「楽しい」と思えば，学習意欲が高まる。児童生徒が「おもしろい」「楽しい」と思う工夫を，学習指導の中に入れる。

□ **確かな学力**　豊かな心・健やかな体とともに「生きる力」を構成する要素である。

□ **個に応じた指導**　特性や個性の育成・指導の個別化・学力差などの意味を含む。

□ **学力低下**　各種の学力調査にみる学力も大切である。学力とは何かという問題が背後にある。

●授業論

　教科指導や授業のあり方などを出題テーマに取り入れ，受験者の授業実践力を推しはかろうとするパターンである。この類の出題テーマ対策では，学力低下の現状や教師の資質能力の向上が背景として浮かぶ。そこから教師としての努力や具体策へとつなげていく展開が一般的である。児童生徒が楽しいと感じる授業を組み立てる工夫が欠落していると，漠然とした論述になってしまう。独自の視点や方策を加味した具体策を示そう。

アプローチのポイント

■学力低下と授業力の関係

　各種調査に触れながら自分の認識の客観性を示した後に，授業改善の方策を述べる。志望校種や教科を意識して，指導内容や方法の工夫を考えておこう。

■「わかる授業」は児童生徒の意識変化を生む

　1コマ授業が終了した時，児童生徒が何か「ふ〜ん」「なるほど」と思わなければ，それは「わかる授業」とは言えない。「ふ〜ん」と思わせるための工夫を考える。

■具体策は具体的に

　指導方法の工夫は，児童生徒との関わり方まで踏み込む。なぜ個別指導や習熟度指導を行うのか，どのような場面で行うのか，教科もイメージしておく。

□ 授業力　教材研究・指導技術・計画性だけでなく，使命感や子供理解も含む。
□ 学ぶことの楽しさ　中教審答申の文言にある。「わかった」「できた」の心の動きである。
□ ほめる　ほめられた経験は印象に残る。児童生徒の努力や達成をほめよう。

●体験学習や総合的な学習の時間の体験

社会の変化に伴い，児童生徒の体験活動が少なくなり，学校におい

て体験を指導する場面が多くなっている。教師としては，指導するだけでなく，体験による学習の可能性も把握しておかねばならない。社会奉仕や職場体験などは豊かな人間性を育成し，社会の一員としての自覚と資質の基礎となるはずである。論述の展開としては，体験が求められる背景分析→体験の意義→自身の取り組み→学ばせるべき事柄や決意という流れだろう。

アプローチのポイント

■背景の把握と分析

すぐに体験の意義に触れるのではなく，背景の分析も必要である。学校教育法や中教審答申および学習指導要領に示された体験活動などにも触れておくと良いだろう。

■自分の得意分野に引き込む

体験活動の範囲は，社会奉仕，自然，勤労，職業体験など多岐に及ぶ。自分の経験した(指導できる)体験に限定して具体的な実施案や留意点を示す。

■体験活動は多くの人の協力が必要

教育課程に体験活動を取り入れる場合は，複数の人の協力が必要である。教職員だけでなく地域や保護者との連携も視野に入れた構想を考えておくと良いだろう。

- □ **集団宿泊活動**　自然体験活動とともに，小学校で重点的に推進する体験活動である。
- □ **職場体験(インターンシップ)**　中高で推進される体験的なキャリア教育である。
- □ **ボランティア**　活動から学ぶ内容や姿勢，活動の意義，活動の精神なども大切である。

生徒指導

指導力のある教員を求める声が高い現在，論作文でも指導能力を問う出題テーマが多くある。読み手は，生徒指導の場面において，受験者がどのような対応を試みるか，意欲と資質は十分に備えているかを

判断する。領域は，児童生徒の問題行動から，学級経営や進路指導までと広範囲である。もちろん現在の諸事情も踏まえる必要がある。

●問題行動

　教師として，児童生徒の問題行動に対して，適切な対応力と指導力を有しているかを試す場合の出題テーマである。ここ数年は，いじめや不登校に限らず，非行化や孤立化なども扱われている。論述は，原因把握や事前状況の分析→経過中の対応→解決への対策を示すという流れで構成することになるだろう。一般論ではなく，教師(担任)として，児童生徒の成長に責任を持つという立場で，できる限りの対応と対策を具体的に考察する。

アプローチのポイント▮▮▮▮▮▮▮▮▮▮▮▮▮▮▮▮▮▮▮▮▮▮▮▮▮▮▮▮▮▮▮▮▮▮▮

■児童生徒の立場に立って指導

　特にいじめなどの問題行動の場合は，実態に即して児童生徒の立場を意識した取り組みが必要である。生徒指導にあたる心構えがここにある。

■家庭と地域社会との連携

　教師の努力のみにより問題行動が解決するケースは多くない。学内だけでなく，家庭や地域社会および関係機関との連携が必要である。この視点も加味する。

■いつもネットワークを意識する

　大切なのはネットワーク。担任と児童生徒，児童生徒同士，教師同士，担任と保護者など。1つのネットワークが壊れても，他が残れば問題は大きくならない。

□ **早期対応**　何事においても早期対応が解決を早め，再発を防止するはずである。

□ **仲間づくり**　児童生徒にとって，学級を楽しく自分の居場所にするように心がける。

□ **教師への信頼**　教師の人格や熱意，それらが児童生徒から信頼を得る要素と言える。

●学級経営

　学級の雰囲気は，各担任の学級経営に対する考え方や取り組み姿勢によって大きく異なる。もちろん，皆さんも教師となれば，当然のように自分の学級を持つことになるだろう。そこで求められるのは，自身の学級経営観である。児童生徒は学校生活の大半の時間を，自分の学級で過ごす。児童生徒が学級内に自分の居場所を見つけられ，個性や能力を発揮できれば，学級が楽しい場になる。そうすると，教師の学級経営も自然と軌道に乗る。

アプローチのポイント

■学級は基礎的な集団

　学級は生活や学習の集団であり，児童生徒自身も集団自身も成長するという視点が大切である。成長の速度や方向は，担任である教師の指導力によるのである。

■志望校種の担当学年をイメージ

　取り組み姿勢や新学期の指導などを問われた場合，担当学級を具体的にイメージする。経営方針や学級目標および保護者との協力などが見えてくる。

■信頼関係と人間関係が基礎

　教師への信頼と教師および児童生徒同士の人間関係の善し悪しが学級の価値を決める。関係が確立すれば，けじめや他者を認め合う意識も生まれるはずである。

□ **自己実現**　活動を通して力を発揮し成長しようとする欲求を学級で実現させる。

□ **学級王国**　教師や保護者との連携で，閉鎖的な学級王国からの脱却を心がける。

□ **危機管理**　子供の安全確保や防犯意識を高め，同時に教師の意識向上も大切になる。

■■ 近年の新しい出題テーマ─────────

　社会状況や環境の変化により，ここ数年では，キャリア教育・規範意識・情報化社会などを正面に据えた出題テーマも増加傾向にある。これらの対策であるが，最初になぜこのような分野からの出題テーマが組まれるのかという出題意図を検討する。その上で，意図に沿った内容を組み立てればよいのである。論述の流れとしては，現状把握と分析，そして対策や自分の体験と事例，まとめとして自分の決意と教師としてできる実践などと進むはずである。一般論や抽象論に終始しないように，独自の経験や具体例を加味する必要もある。

　また，志望校種別や教科別および志望者の経験を加味した特例選考により，出題テーマを変化させる自治体もある。それらの傾向を概観してみる。

　志望校種別のうち，特別支援学校では，教師観や指導力を問う出題テーマが多く見られる。他校種と独立して設定している意味を考え合わせると，専門性の高さが求められているはずである。養護教諭と栄養教諭の場合は，保健室登校や食育などの事例への対応や指導の具体策が問われるケースが多いようである。

　教科別に出題テーマを設定する自治体は多くはない。そのようなテーマが出題された場合，論作文としてかなり難しい対応が必要となる。教科の専門知識と学習指導方法および指導上の留意点などの知識と技術が求められる。単元案や学習指導案を論作文で表現するようなイメージである。

　志望者の経験を加味した特例選考とは，一定の条件を満たした社会人経験者・教職経験者・国際貢献経験者・スポーツや芸術活動表彰者などが，採用試験を受験する際に一部筆記試験を免除される制度である。この特例選考では，論作文がかなり重視されている。論作文では，志望者自身の経験について問われる傾向があるようである。そのため，各特例選考の区分ごとに課される出題テーマは異なっている。いずれにしても，自身の経験を教育現場でどう活かすか，経験を指導に組み込みどんな成果が期待できるか，などの観点が中心になると思われる。

論作文合格のファーストステップ

■■ 教員採用試験の論作文──────

　論作文試験を行う目的は，学力検査──特に客観テスト──では判定しがたい資質について，考査・評価するところにあり，受験者の答案を多角的に考査し，将来，教職員として教壇に立つにふさわしい資質を見出そうとするものである。それは，そういう資質をうかがわせるような内容があるかどうか，ということだけに限らない。一字一字の書き方，句読点の打ち方などにも，教員にふさわしい資質はうかがえるのである。

　さて，具体的に，教員採用試験の論作文試験について述べてみよう。教員採用試験における論作文は，だいたい以下のように分類できる。

> A：小論文──論説文・評論文
> B：作文───感想文・解説文・手紙文

　このうち，「『チョウ』と読む漢字はたくさんあるが，その中から1つを選んで，それに関連した題をつけて論文を書け」,「『未来』という語を用いて題名をつけ，それについて論述せよ」というようなものを除けば，ほとんどが課題作文である。

■■ 論文と作文──────

　「論作文」というのは，「論文」と「作文」の意味であり，各種の採用試験や大学の入試で行っている「論文」あるいは「小論文」は，800字から1200字程度の〈論文形式の作文〉という意味である。もちろん，「小論文」というような呼称は，時間や字数に制約のある，特殊な条件を考えての仮称である。

　では，論文形式とは何か，それは問題の提起と，論証性をもった論旨の展開と，それに基づく結論を有する文章の構成をいうのである。だから，「小論文」には，上に述べた3つの部分による構成が不可欠の

条件となる。感想を述べたり，説明をしたりしただけの文章は，「論文」の範疇に属さない。

■■ 論作文を書く手順――――――――

　すでに述べたように，教員採用試験における小論文・作文は，1．課題作文であり，2．字数の制限，あるいは目安が示され，3．時間の制約がある。さらに，4．それを書く場所(試験場)が限定され，5．監督者がおり，6．厳密な評価がくだされることを前提としている。

　教員採用試験における小論文・作文の時間的制約は，40分から90分の間，字数は600字ないし800字というのが一般的である。

　大学生の叙述能力は，400字(原稿用紙1枚)当たり，15分前後というのが普通である。したがって，60分間・800字という条件のもとで書く場合，実際に叙述に使う時間はせいぜい30分程度ということになる。そうすると，残りの30分は実際には書いていない時間ということが了解されよう。出題者はそれを十分承知していて，叙述以外の30分をどう使うか，いや，どう使わなければならないか，を含めて問うているのである。

　書ききれない人ほど急ぐものである。大学における，学年末試験のときを思い出してみればよい。試験開始の合図とともに，鉛筆の音が聞こえ始める。それでいて，2，3分もすると手を止めて，頭を抱え込む人のなんと多いことか。

　800字の叙述に必要な時間は30分程度，与えられた時間は60分である。仮に叙述後の推敲に10分をあてるとしても，叙述前にはなお，20分の余裕があるはずだ。それを十分に承知しておくことが望ましい。叙述前の20分間をどう使うか，そこにも出題者の意図がある。また，その20分間で，合否は決まる，といっても過言ではあるまい。

　そこで論作文を書くための合理的な手順というものを考えてみなければならない。

　読者の中には，消防署の職員(消防士)が，始業時に，消防車の操作訓練をしているのをみかけた人があるだろう。毎朝，きまった手順で，

それを繰り返しておくことが，有事の時に効果があるからである。また，自動車教習所に通ったことのある人は，発進前の手順をうるさく言われた経験があるだろう。ドアを開ける前に，後方の確認をおこたったために，大きな事故を招いたという事実は少なくない。

　論文や作文を書く場合も，合理的な手順をふむことによって，好首尾を期待することができるのである。以下，その手順について述べてみよう。

①題意の把握

　　前述のごとく，教員採用試験における論作文は，ほとんど課題作文である。したがって，与えられた課題が，何をどのように述べることを求めているかを把握することが第1のポイントとなる。課題には，「あなたが中学校または高等学校で教えを受けた先生の中で，最も印象の深い先生について，その理由をあげて具体的に述べなさい」(埼玉)というようなものもあれば，「強さについて」(山形)というようなものもある。

②題材をさぐる

　　文章を具体的に展開するためには，効果的な題材を選ばなければならない。書ききれない人は，課題を一見して，瞬時に思いついた題材にとびついて，いきなり書き始めることが多い。時間をかけて題材をさぐり題意に沿って，それを選択していないと，叙述を中断せざるを得なくなる。

　　題材は，読み手にとってもわかりやすいものでなければならないが，何よりも自身にとって確かなものであることが重要である。したがって，まず，自身の内部から周辺にかけて，それをさぐることが望ましい。

　　特殊な事実や不確かな伝聞などはできるだけ避け，読み手にも興味がもてるような，そういう題材を選ぶことが望ましい。

③主題の決定

　　叙述を通して，何を述べるかを決めることである。自身の体験や見聞を列挙するだけで，答案作成者の存在感のない文章は，論説文

とはいえないのである。選択した題材について，答案作成者が最も述べたいと考える事柄，すなわち，これこれのことについて，私はこう考える，あるいはこうあるべきだと思う，というようなことを叙述前に決めておくことが必要なのである。

主題を明確に意識しながら書くために，それを1センテンスにまとめることが難しいようだったら，まだ主題は十分にかたまっていないのである。また，その際に議題とのかかわりをもう一度確かめてみることも必要である。

④構想を練る

文章の中で述べようとすること(主題)を効果的に表現するために，文章をどのように組み立てたらよいかを考えなければならない。つまり，アウトラインを考えることである。

アウトラインを作るとき，問題提起を含む書き出しの部分，説明や例証の展開の部分と，結論や感想などを述べる結びの部分に分けて考える。各種の就職試験のための作文参考書では，種々の構成法をあげて解説を加えているが，わずか原稿用紙2枚程度のものであるから，あまり難しく考えて気負うこともなかろう。論作文形式以外で，例えば，「思い出す人」というような課題でも，その人との出会いを記す書き出しの部分，思い出を記す展開の部分，感想を記す結びの部分というふうに分けて考えるのが無難である。また，段落の数も，800字程度のものなら，書き出しと結びの部分は1ないし2，展開の部分は2ないし3くらいが適当である。これを図示すれば下のようになる(数字は段落を示す)。

ア．書き出しの部分	① 書き出し
	② 問題提起(発端，出会い)
イ．展開の部分	① 事件a(経過，説明，描写など)
	② 事件b
ウ．結びの部分	① 結論(感想，展望)

展開の部分は(長)論文でいう本論にあたる部分であり，ここでは書

き出しの部分で取り上げた事柄や問題についた実例などをあげ，読み手に対して，自身の見解を理解させ，説得するための論述を試みる。いわゆる議論文は，書き手のものの見方や考え方などを主張するところに意味があるのだから，自身の見解を堂々と述べることが望ましい。また，感想文では結びの部分に記す感想や展望を読み手に納得してもらうために，できるだけ理屈は避け，事実をありのままに述べることが望ましい。

■■ 叙述する──────

　叙述主題文を念頭において，アウトラインに従って一気になすのがよい。途中で手を休めるようだと，文章は思わぬ方向へ流れてしまうことになりかねない。そのためにも，叙述前に十分な時間をかけておくことが必要である。

　なお，試験における筆記具は鉛筆を勧める。それも少しやわらかめの，Bあるいは2B程度のものがよかろう。ボールペンの類は，使いなれていても，訂正には不便である。したがって，叙述後の訂正などは全く考えないか，あるいは絶対の自信をもって書く場合以外は用いないほうがよい。自信をもって，堂々と書くのはよいことだが，試験の答案として書くのだから，若者らしい真摯な態度や謙虚な姿勢を感じさせる方がより効果的である。

■■ 推敲をする──────

　書きあげた文章は，時間の許す限り読み返してみることが必要である。試験の答案として書いた文章だから，大幅な加筆や訂正は難しい。したがって，用字・用語や句読点などに重点をおいて，慎重に推敲を重ねることが望ましい。

　前述のごとく，叙述はアウトラインに従って，一気になすものだから，後で読み返してみると，思わぬ誤字や脱字，あるいは文のねじれなどに気が付くものである。

　加筆や訂正などによって，文字がマス目をはみ出したりすることを，

恐れる人もあるようだが，推敲の有無は採点上の大きなポイントだから，必ず行いたい。

■■ 論作文評価の基準————————

　試験の答案として書く論作文であるから，その評価の基準を意識して書くことも必要である。教員採用試験における論作文評価の基準というようなものは，いずれの都府県でも公表していない。今後もそれを公表することはなかろう。それで，「学習指導要領」国語科の表現(作文)についての指導事項などを参考に，一般的な評価基準を考えてみよう。

①形式的な面からの評価

　a　表現法に問題はないか。

　b　語句は文脈に応じて適切に使われているか。

　c　文(センテンス)の構造や語句の照応などに問題はないか。

　d　文章に推敲の跡がうかがえるか。

②内容的な面からの評価

　a　題意の把握は的確か

　b　自身の考え方やものの見方をまとめ，主題や論旨が明確に表現されているか。

　c　論点が整理され，段落に分けて論理的に構成されているか。

③総合的な面からの評価

　a　教育(教師)についての関心はどうか。

　b　教師に必要な洞察力や創造力，あるいは教養や基礎学力は十分であるか。

　c　ものの見方や考え方は教師として望ましい方向にあるか。

　大体，以上のような評価基準が考えられる。これは，あらゆる議題に対して共通というものではなく，それぞれの議題によって，そのポイントの異同がある。また，それぞれの都道府県によって，このうちのどこに重点をおくか，それも同一ではないだろう。

知っておきたい論作文の文章技術

■■ はじめに──────

　私たちは，日常会話の中で，話しことばゆえに許される妙な表現を
しょっちゅうしているが，それを別に気にもとめない。とめていたら
会話にならなくなってしまう。それなのに，テレビを見ているときな
ど，解説者たちのそんな表現を耳にすると，とても気になる。

例1「私は，あのピッチャーとこのバッターとは，とても相性がい
　　いんですよね」

例2「ここでカーブは，どうしても投げれにくいでしょう」

例3「彼はとてもおもしろい一面ねばり強いんです」

例4「傍目八目とはよくいったもので…」

　揚げ足を取るつもりで取り上げたのではない。こんな表現のおか
しさに気付き，これを己の表現勉強の教材にするくらいの言語生活
をしてほしい，というつもりなのである。

■■ 文の基本──────────

　文とは，書きことばで(話しことばは，これを書きことばに直した表
現で考える)，多くは句点「。」，まれには疑問符「？」や感嘆符「！」
などで終わる，ひとまとまりの表現をいう。ひとまとまりの表現とは，
ふつういくつかの単語が集まり，表現しようとする考え・感情が伝達
可能な状態であることをいう。

　こんなことは常識だ，と誰でもがいうはずだ。

　それは確かなのだが，しかし，この常識である〈文〉を実際に書く
となると，やさしいようで難しい，ということも，また事実なのであ
る。

　文は思想表現の基礎的な単位である。主題・構成等がどんなに優れ
ていても，その基礎が不完全であっては，文書全体の印象はきわめて

215

悪いものになってしまう。作文は短文練習から，という人もいる。

　まず，作文の基礎として，文の構成の基本を確認することから始めよう。それは何かといえば，これも〈文の基本は主語・述語の関係にある〉というごくあたりまえのことである。つまり，すべての文は，その中心の要素をとりあげれば，

　　ア．何はどうした。

　　イ．何はどんなだ。

　　ウ．何はなんだ。

のいずれかになる，ということである。

[例5] 私は日ごろ詩を書いたり，散文を綴ったりしているが，いずれの場合においても最も難しいのは，自分が一番力を入れて書こうとしていること，いわば思い詰めて考え，人に伝えたいと思っている一番大事なことをどう表現するかという問題である。(大岡信『ことばの力』から)

　　この文の中心部分は，「最も難しいのは，どう表現するかということである」であり，ウの例となろう。

[例6]

　①本章の課題は，言語教育学との関連という観点から，教育についてのべるということである。

　②教育方法学は，教育学のひとつの分枝であるが，十分に整理された学問分野ではない。

　③その上，(教育方法学は)対象の領域が非常に広い。

　④この広い領域について包括的に述べていくことは困難であるうえに，言語教育については，(私は)ほとんど研究していないので，問題をしぼっていきたいと思う。

(杉山明男『教育方法学』)

①，②文はウ，③文はイ，④文には，イとアが含まれている。

　ここでは，まず文が先に示したように，基本の形をもっていることを再確認しておこう。これを意識して作文することである。そうしないと，何がどうなのか，わけのわからない文が出来てしまうことがあ

216

るのだ。このわけのわからなくなってしまう例を，次章で述べること
にする。

　なお，　例6　にある(　　)内の語は，筆者が補ったものである。つ
まり〈主語の省略〉例である。それについても次章でふれる。

■■■ 主語と述語の関係─────────

　書きことばにおいては，一文を統括する述語が省略されることはま
ずないが，　例6　のように，主語が省略されることは，ままある。

　例7　(私は)山鳩は姿も好きだが，あの間のぬけた太い啼声も好きだ。
(私は，それを)世田谷新町の家でも聴いたし，時々行った大仁湯泉
でもよく聴いた。(山鳩は)いつも二羽で飛んでいる。(私の)今ゐる
熱海大洞台の山荘では住ひが高い所にあるので，丁度眼の高さの空
間を(山鳩が)二羽飛びすぎるのを(私は)よく見かけ，(私には，その
山鳩の飛ぶ姿は)眼に馴染みになってゐた。

　　志賀直哉『山鳩』の冒頭部分である。(　　)内は筆者が補った。
主語の極端に省略された例である。ここでは，主語の省略が文章に
張りをもたせている。　例5　例6　でわかるように，主語は，必要
に応じて的確に入れる，ということである。入れすぎてうるさくな
ってもよくないし，落としてしまって文章にならないようでも困る。

　例8　私の出来る限りのところまで調査し，私は机上の山と積まれた
カードを整理しながら，いずれ時機が来たら発表しようと思ってい
た。(学生作文から)

　　文法的には間違っていない。しかし，読んですっきりしないのは，
用語の未整理ということもあるが，やはり「私」の多出であろう。
自己主張の強い人に多い例だが，一人称の主語は，省いた方がよい
場合が多い。また，　例6　にあったように，繰り返しの主語も省略
すべきである。

　　以上は，文法的に間違いというのではなく，よくない例であるが，
次に示す〈主語・述語の不照応〉の例は，　例1　も同じだが，正し
くない例である。

例9 日本人の文章の特色としてよく指摘されるのは，表現に感情の豊かさはあっても，一文が幾通りかに解釈できるようなことがあって，論理性に乏しいのである。(雑誌から)

例10 感心したのは，住民は恵まれているらしく，どこへ行っても街の様子が非常に生き生きしていることといったら，驚くばかりだった。(雑誌から)

例11 研究会の発足は，その間際になって困難な問題が続出し，4月3日には間に合うまいと我々もあきらめていたのだが，一方で，不十分な状況下でもそうせざるを得ない事情があって，ついに発足に踏み切ったのである。(パンフレットから)

例9 の場合，「指摘されるのは」に対応する述語がない。「——乏しいということ(点)である」などとしなければならない。例10 の場合は，本来二文で表現すべきところを，一文で無理にまとめてしまったために起きた混乱の例である。例11 は，一文が長すぎて，「発足は，発足に踏み切ったのである」というおかしな表現になってしまった例である。このように，一文が長すぎると，途中でもとの形を見失ってしまうことがある。注意しよう。

次に，わかりにくい例をあげよう。それは，主語と述語が離れすぎているために起こることが多い。

例12 私は，テレビは確かに，視聴者を事件の起こりつつある現場に案内してくれるのだが，はたして私が自分の目で見るのと同じものを与えてくれるであろうかと，うたがわしく思う。(雑誌から)

「私は，うたがわしく思う」と，間違いではないが，両者の間隔がありすぎてわかりにくい結果になっている。

■■ 修飾語と被修飾語の関係——————

文を構成する基本的な成文は，主語と述語であった。これが肉体であるとすれば，修飾語は衣服である。身につける衣服によって，文章は美しくも見苦しくもなる。しかし，私たちは文学作品を創るのではない。より正確な文章を作ることを目的としているのである。したが

って，修飾語も，その目的にあうような用い方でなければならない。
次に注意すべきいくつかの例を示してみよう。

例13 人口15万を擁するこの都市には，不思議に昔ながらの悠長な気
  配と，京訛りのある言葉とで，人々は排気ガスや騒音にも屈託しな
  かった。(雑誌から)

例14 大きな袋をもった男が，部屋から出て来た。(雑誌から)

　　例13 では，「人口15万を擁するこの都市は」を受ける，被修飾
語がみつからない。宙に浮いている修飾語の例である。例14 の
「大きな」も，どこにかかってよいかわからない。修飾語は，でき
るだけ被修飾語の近くに，という原則からいえば「袋」にかかるが，
やはりあいまいである。まぎらわしい修飾といわざるをえない。

例15 彼は，まんざら歌を歌うのが好きらしく，レコードを聴きなが
  ら，足でひそかに拍子をとっていた。(雑誌から)

　　これはいわゆる〈副詞の対応〉の関係がおかしい例である。「ま
んざら——きらいではないらしく」などの呼応がなければならない。

```
必ずしも・全然・まんざら…………否定
おおかた・たぶん・おそらく………推量
まさか・よもや…………………………否定推量
たとい・万一……………………………仮定
ちょうど・まるで………………………比況
```

などが，この類である

例16 もっとも人間社会において大切とされる心のつながりというも
  のが，まったく現代においては忘れられている。(学生作文から)

例17 裁判所は，私たち国民が法律によって自由に楽しい生活を営ん
  でいくのを守ってくれるところである。(雑誌から)

　　例16 の「もっとも」「まったく」の修飾語は，被修飾語の近く
におくべきである。例17 では，「法律によって」が，形の上では
「営んでいく」「守ってくれる」のいずれにもかかってしまう。修飾
語の位置の問題である。

例18 私は，いつも思ったことを頭でまとめずに言うことが多く，相手を困らせることがよくある。(学生作文から)

重複した修飾語の例である。「いつも」「多く」と，時間・量を表すことばが重複して用いられている。どちらかをとるべきである。

■■ 接続の関係────────

例3 をここにもう一度引いてみる。「彼はとてもおもしろい一面ねばり強い」

これは，いわゆる重文で，「彼はおもしろい」と「彼はねばり強い」とが，「一面」で結びつけられているのである。彼に「おもしろい一面」と「ねばり強い一面」があるのをいいたかったわけだが，「一面」でつなげるのは不適当である。

例19

①われわれが作るイメージというものは，簡単に申しますと，人間が自分の環境に対して適応するために作る潤滑油の一種だろうと思うのです─略─

②ところが，われわれの日常生活の視野に入る世界の範囲が，現代のようにだんだん広くなるにつれて，われわれの環境はますます多様になり，それだけに直接てのとどかない問題について判断し，直接接触しない人間や集団の動き方，行動様式に対して，われわれが予測あるいは期待を下しながら，行動せざるをえなくなっている。

③つまりそれだけわれわれがイメージに頼りながら行動せざるをえなくなっている。

④しかもその際われわれを取り巻く環境がますます世界的な拡がりをもってくるということになると，イメージと現実がどこまでくい違っているか，どこまで合っているかということを，われわれが自分で感覚的に確かめることができない。

⑤つまり自分で原物と比較することができないようなイメージを頼りにして，われわれは毎日毎日行動しあるいは発言せざるをえな

くなる，こういう事態になっているんじゃないかと思います。

⑥いいかえればわれわれが適応しなければならない環境が複雑になるに従って，われわれと現実との間には介在するイメージの層が厚くなってくる。

⑦潤滑油だったものがだんだん固形化して厚い壁をつくってしまうわけであります。

(丸山眞男『日本の思想』)

　長い例であるが，あえてここに載せたのは，論説文の特色をよく示していると思ったからである。文脈を指示する語(接続語)を文頭において，論理的な発展展開をはっきりさせている。各文文頭の接続語の働きを示してみよう。

　　②文頭の「ところが」は，逆接

　　③文頭の「つまり」は，補足説明

　　④文頭の「しかも」は，添加

　　⑤文頭の「つまり」は，要約

　　⑥文頭の「いいかえれば」は，換言

となる。⑦文は，「つまり」と補われてよいところ。しかし，それだけではない。この一文は，「潤滑油」という語の照応が接続の関係を示しているように，一文との対応で補足された，遠いつながりをもつものと理解される。

　 例19 は，接続語が的確に多用されている例だが，必要以上に用いると，かえって読みにくく，幼稚な印象を与える。また，誤って用いると，文脈は乱れ，論理に矛盾が生じてしまう。とにかく，接続語を用いるにしても用いないにしても，文と文とが論理的な接続関係をもっていること，これが大切なことである。

　 例20 　Kさんは勢いよく燃え残りの薪を湖水へ遠く拋った。薪は赤い火の粉を散らしながら飛んで行った。それが，水に映って，水の中でも赤い火の粉を散らした薪が飛んで行く。上と下と，同じ弧を描いて水面で結びつくと同時に，ジュッと消えて了ふ。そしてあたりが暗くなる。それが面白かった。皆で拋った。Kさんが後に残った

おき火を櫂で上手に水を撥ねかして消して了った。

　志賀直哉『焚火』の終わりの方の一段である。接続語を補ったら死んでしまう文である。

■■ 文末表現────────

　表現の統一ということがよくいわれる。それは，①「だ」調，②「である」調，③「です・ます」調のいずれかで統一し，混用は避けるべきだ，というのである。

　一般に，
　常体(普通体)
　　「だ」調
　　「である」調
　敬体(丁寧体)
　　「です・ます」調

のような分類がなされるが，同じ常体の「だ」調と「である」調の混用も，「だ」調がややくだけた感じを与えるという理由で，避けるべきだとされる。一応，確かな指摘といえよう。まずそのつもりで練習すべきである。

　しかし，後にあげる 例21 もそうだが，書くことを職業にしている人の文章をみると，「だ」調・「である」調の自然な混用の姿をよくみかける。慣れたらあまりこだわらない方がよい。

　文末表現の問題は，常体・敬体だけのことではない。平井昌夫氏は『文章表現法』の中で，文末表現のタイプを30に分けている。そのうちのいくつかを紹介してみよう。

　たとえば「断定の言い方」でも，次のような種類があげられている。

　①断定・指定の言い方
　　──です(雨降りです)
　　──ます(雨が降ります)
　②軽い断定の言い方
　　──と思います(雨が降ると思います)
　　──と信じます(雨が降ると信じます)

③強い断定の言い方

　──にちがいありません(雨が降るにちがいありません)

　──はずです(雨が降るはずです)

④疑わしい断定の言い方

　──かもしれません(雨が降るかもしれません)

　このほか，「推量の言い方」「予想の言い方」「説明の言い方」「伝聞の言い方」等々をあげ，書き手の気持ちの微妙な表し方にふれている。述語は文末にあって，一文を総括する，これは文法的に確かなことだ。しかし，表現効果という面からみると，単なる総括ではまずい。単調ではない，広がりのある文末表現を工夫しよう。

例21　現代では美文というものは流行らない。そんなものは流行らない方が無論よいのであるが，美文の蔑視が文章というものの蔑視に進んでいる傾向があるのは争われないと思う。多くの文学者が，巧みに書こうとするより正確に観察しようとしている。そういう傾向は空々しい美文から離れるという点で結構なことだが，そういう道をあまり進みすぎると，文章というものが，いや言葉というものが，観察者と観察対象との間をつなぐ単なる中間項のようなものになってしまっているのに₁気がつかない₂でいる，₃というところまで₄陥ちてゆくものだ。

(小林秀雄『現代文芸論』)

　文末に1～4の線を引いてみた。これを平井昌夫氏のいうタイプに当てはめてみると，次のようになる。

　1＝否定の言い方

　2＝軽い断定の言い方

　3＝存在・説明の言い方

　4＝断定・指定の言い方

　変化があって味わいがある。よくある悪い例は，たとえば，常体であり，「断定・指定の言い方」である「である」が，いくつもいくつも続くという文章である。

223

■■■ 句読点の付け方――――――――

　文書は文字だけから成っているのではない。句読点を代表とする符号も，構成要素として大きな働きをしている。句読点の使用によって，文章は読みやすくなり，より正確な伝達が可能になる。しかし，句読点の打ち方には，これといった法則はない。一応のあり方は後で示すが，かなり自由ではある。

例22　すると，老婆は，見開いていた眼を，一層大きくして，じっとその下人の顔を見守った。瞼の赤くなった，肉食鳥のような，鋭い眼で見たのである。それから，皺で，ほとんど，鼻と1つになった唇を，何か物でも噛んでいるように動かした。細い喉で，尖った喉仏の動いてゐるのが見える。その時，その喉から，鴉の啼くやうな声が，喘ぎ喘ぎ，下人の耳へ伝はって来た。

(芥川龍之介『羅生門』)

例23　中央教育審議会の生涯学習分科会　制度問題小委員会(座長○○○○・○○大学学長)は26日の会合で3年ごとに区切られている現行の中学，高校の学校制度を見直す必要があるとの意見が大勢を占めた。同小委は今期(第13期)中教審議委員の任期が切れる11月16日までにあと3回会合を開いて中間報告をまとめ，△△文科相に提出するが，来期中教審では教育内容の改善とともに中学と高校の区切りの方の問題が焦点となりそうだ。(新聞から)

　小説と新聞記事の極端な二例である。読点の多少という極端な相違は，一方は文学的効果という点，他方は，一挙に全体を見わたせる紙面であり，読点をそれ程必要としないという点から生じた結果，と考えてよかろう。

　私たちが書く論作文においては，もう少し常識的な線が考えられなければならない。次に，句読点の打ち方の，常識的な線を示しておこう。〈例〉は省いたものもある。

▼句点

1　1つの文の終わりに打つ。

〈例〉吾輩は猫である。

2　「　」や(　)で囲まれる文の終わりにも，打つのを原則とする。

　　〈例〉近所の人がみな「おめでとう。」と言った。

3　余情・余韻の「……」を用いた場合は，原則として，そのあとに打つ。

　　〈例〉「笑え。」とでもいうように……。

4　箇条書きの場合は，文の場合でも，また，「——こと・とき・場合」などで終わる項目の列記の場合でも，原則として打つ。ただし，列記するものが簡単な語句などの場合は打たない。

▼読点

1　述語の部分が長い場合には，主語のあとに打つ。

　　〈例〉日本人は，論理よりも愛情を楽しみ，論理よりも感情をことのほか愛するのである。

2　修飾語がいくつも重なる場合，それぞれの修飾語のあとに打つ。

　　〈例〉まっかな，まんまるい，山の端に出た月。

3　話を隔てて被修飾語がある場合，修飾語のあとに打つ。

　　〈例〉やせた，針金のような腕をしていた。

4　文の中止の箇所に打つ。ただし，接続助詞を用いた場合は打たない。

　　〈例〉幕があき，劇は始まった。

5　文頭の接続語(接続詞・接続助詞など)や副詞のあとには，原則としてその語の下に打つ。ただし，文が短い場合は，ふつう打たない。

　　〈例〉だから，才能の不足を言う前に，どれだけ努力をしたかを自らに問うことが大事だと思う。

6　読み誤りの生ずるおそれのある場合，それを避けるために打つ。

　　〈例〉静かな夜，空を見上げる。

7　同格の関係で語句が並ぶ場合に，打つ。

　　〈例〉癪にさわる事，憤慨すべき事は塵芥のごとくたくさんある。

8　独立語(呼びかけ・返事・感動の語など)のあとに打つ。

　　〈例〉秋，そう，秋の夜ふけだった。

9 　提示した語のあとに打つ。
　〈例〉富士山，それは日本を象徴する山だ。
10 　主格の助詞が省略された場合，その位置に打つ。
　〈例〉私，せいいっぱいがんばります。
11 　文の成分を倒置した場合に打つ。
　〈例〉なんだ，そのざまは。
12 　会話文・引用文などを「　」で囲んで，「と」で受けた場合，それが述語に直接続かないときは，「と」のあとに打つ。
　〈例〉「起きなさい。」と，母が言った。

■■ 段落の設け方

　文と文のつながりが確かな文章であっても，私たちの考え・感情を長文で表現する場合には，そこにもう少し小さな一区切り，つまり段落が必要となる。書き手の立場からいえば，段落を設けるということは，主題を効果的に表現するために立てた構想を，分析的に実践する，という意味がある。読み手の立場からいうと，段落があるということは，①視覚的に，読みやすい文章だという印象をもち，②一段落ごとに思考の整理をする余裕が生じ，内容が理解しやすくなる，ということとであろう。

　そこで，まず，読み手に「読みやすい文章だ」という印象を与えるにはどうしたらよいか，ということだが，1つの課題として段落の長さの問題がある。

　実際の論作文の制限字数は，ほとんどが600・800・1200のいずれかである。学術論文のような，固い長い文章を書くわけではないのであるから，一段落の目安としては，おおよそ長くて300字程度ではなかろうか。ただし，その段落の，文章の中での役割によって，長さは当然違ってくる。

　森岡健二氏は『文章構成法』の中で，段落の種類を7つに分けて詳述されている。それは，「主語段落」「導入の段落」「結びの段落」「つなぎの段落」「補足の段落」「強調の段落」「会話の段落」の7つである。

これを，字数の関係からのみ借用すれば，主要段落は当然長く，他の段落は短いということになろう。主要段落外の段落は，せいぜい100字が限度ではなかろうか。

そうすると，段落の数もおおよそ定まってくる。800字の文章で，段落には，長短の変化があったほうがおもしろいのである。

さて，次は，先程②としてあげた「一段落ごとに思考の整理……」について考えてみよう。読者にとって「内容を理解しやすく」するためには，それなりの段落の設け方が必要になってくる。単に長さだけを基準として設定するわけにはいかない。そこには，内容的に，変化・展開がなければならない。先にも引いた『文章表現法』の中から，論作文に関係深い3つを引用してみよう。

・感想文では，気分や見地や立場や対象を変えるときに，段落が変えられます。
・説明文では，新しい考えや新しい段階へ移るときに，段落が変えられます。
・論作文では，新しい論点へ移るときに，段落が変えられます。

要するに，書き手が，その変化・展開を明確に意識して書いているかどうか，という頭の中の整理が問題となるのである。

終わりに大切だと思える3つのことにふれておこう。
それは，
　①段落内の統一
　②中心文の提示
　③段落相互の関係
ということである。

例24 実地踏査の資料も読まず，実地踏査もせず，地図だけで売地の価値判断をすると，どうなるだろうか。この場合，判断の根拠は地図だけになってしまうが，地図は正確度の点からいっても，精密度の点からいっても，さまざまの書き表し方ができる。立地条件の悪いところを省いて，いい面だけを表すことも可能である。結局，地図だけで判断する限り，その判断が地図の表し方に左右されること

は当然である。

　土地の売買の場合は，多くの人が実地踏査をするであろうから，あまり問題はない。しかし，ふしぎなことに，ことばの場合は，実地踏査をしないことが意外に多いのである。アービング・リーは，このことについて興味ある例をあげている。ある朝，かれは(…略…)

(森岡健二『事実とことば』)

　最初の段落は，初めの一文で「——地図だけで売地の価値判断をすると，どうなるだろうか」と，問いかけの形で問題を提起し，終わりの一文で，「——その判断が地図の表し方に左右されることは当然であろう」と結論を出している。この段落が，二段落でいう「土地の売買の場合」という小主題に統一されていることは説明するまでもあるまい。また，中心文が，初めと終わりにあって，段意がとりやすくなっているのも明らかだ。

　二段落は，いわゆる「つなぎの段落」である。前段が「土地の売買の場合」であったことを確認し，これから述べる後段が「ことばの場合」であることを予告して，極端な飛躍による混乱を避けているのである。そして，「ある朝，かれは——」と，「ことばの場合」が始まる。ここにはっきりとした段落相互の緊密な関係があり，自然な形で，切れ，つながっているのがわかるであろう。

　3つのことを整理しておこう。

①段落内の統一

　　小主題によって統一されているか。その一段に，複数の小主題が混在していないか。その段落内の時間・空間は一定か。

②中心文の提示

　　始め，または終わりは適当な位置だが，その段階の中心文が明示されていると，段意がとりやすい。長い段落のときは，前後に繰り返すのもよい。

③段落相互の関係

　　それぞれ独立している段落と段落とのつながりに，無理(極端な飛

躍など)がないか。また，どういう意味のつながり(たとえば，逆説・例示など)であるかが明らかであるか。

■■ 終わりに――――――――

　これまで，より正確な表現のためにということを念頭において文章表現の基礎に関して述べてきた。「構成」「表現技巧」「書き出し」などの問題は，より効果的な表現のために，というテーマのもとに次の段階の課題となろう。

　この辺で，より効果的な表現のための，1つのヒントを示して，しめくくりとしよう。

　三題噺というのがある。客が自由に出す3つの題を取り上げて，落語家がその場で1つの落語をつくりあげるものである。なかなかおもしろい話のできあがることがある。

　1つの文章を構成する文や段落は，それぞれが主題に向かって進んでいくのだが，その進み方には，およそ次の3通りがある。

　①主題に向かって直進するもの。

　②やがては主題に到着するのだが，遠回りをしているもの。一見，主題とは無関係な感じの文や段落のことである。

　③主題とは反対の内容をもつもの。

　袋小路に入り込んでしまう人には，直進型が多い。文章の初めに結論をもってくる方法は，読み手に安心感を与え，それはそれでよいのだが，発展性がなくては困る。次の段階に，②や③を利用してみてはどうか。そうすることによって思考は進み，それこそ，自分自身の中に思わぬ発見をすることさえある。

合格するための論作文

■■■ 問われるのは，あなたの人間性・教師力─────

　教員採用試験では，あなたが教員になった場合，あなたに子供を教え導く力量や資質があるのか，あなたに当該都道府県等の教育を任せることができるのかが試される。

　その中で，論作文では，あなたが教育に対してどの程度の意欲をもっているのか，また，どんな考えをもっているのか，人柄はどうかという，あなたの人間性や教師としての本来備えている力が問われるのである。

　したがって，論作文問題には知識や計算力を問うような絶対的な正解はないのである。回答は人それぞれに異なるということである。

　論作文で書いた内容は，教員になろうとするあなたという人間の表明である。人は同じ出来事に出会っても，それに対しての見方や考え方・感じ方が異なり，さらに，それについての表現も異なるわけだから論作文の設問に対して書いた内容が異なるのは当然のことである。

　教員は子供を教え導き，育てることが主な仕事であるので，知識や技術も必要なのは当然なのだが，それ以上に，子供と心と心をいかに触れ合わせるかが大事なことである。したがって，論作文では，どれだけ知っているかではなくて，子供との心と心の触れ合いを，いかに踏みこんで書いているかで，模範的な回答になっているかどうかの程度が決まるのである。そして，そこには自ずと，あなたの人間性にかかわる教育に対する情熱や教育に対する見方や考え方，人間としての教養なども表明されているのである。まさに，「文は人なり」ということである。

　同じ設問であっても，その内容を肯定的にとらえて書く人もいれば否定的立場で書く人もいるのが自然であり，仮に肯定的立場で書く人同士でも，書いた内容の深さや浅さ，視野の広さや狭さ，具体的か抽

象的かなど，その人なりの人間性が現れてくるものである。

■■■ 何を書くか，いかに書くか————————

　前述したように「文は人なり」で，書くことによっていかに自分ら
しさをにじみ出せるのかが試されるわけだから，「何を書くのか」と
「いかに書くのか」ということが大切になる。

　もちろん，「何を書くか」がわからなければ，書きようがないので
「いかに書くか」までは至らない。しかし，一般的に考えて，「何を書
くか」は，日々練習で力を入れているが，「いかに書くか」は意外と
意識されていない場合が多く，あいまいで，適当に済まされているの
ではないだろうか。

　「何を書くか」で，設問をよく理解し，相対して書いていけばまずは
合格圏内に入ると思われる。その中でも抜きん出て，合格安全圏に入
るためには，「いかに書くか」を学ぶことである。

　論作文では，教員としての優等生的な見解にとどまらず，いじめ・
不登校・学力向上など困難な課題に立ち向かっていける教員としての
意志・抱負・識見が問われる。

　国家や社会が求める教員としての資質や能力を踏まえ，子供や父母
の期待に応え，子供を指導・育成するのだから，知識は必要条件では
あるが，知識があるだけでは問題は解決できず，物識りの域にとどま
ってしまう。

　自分が思い描いている理想的な教育を目指して，見通しを立てて問
題をとらえ，解決の筋道を考え，学校という組織の一員として，校長
を中心とした，他の教職員と協力して，問題を解決し，一人ひとりの
子供を育てるという，抱負や識見をもつ必要がある。

　学校の最終責任者は校長であり，学校は校長の経営方針に基づいて
運営され，日々の実践に当たる。教員は校長の意図や指導・助言を受
けて子供と向かい合い，子供を指導し，育てるわけだから，他の教職
員の理解や承認が得られなければ，どんなに素晴らしいと思われるア
イデアや行動であっても自分だけの独りよがりになってしまい，学校

には受け入れてもらえない。

　自分よりももっと広い視野で考えている教員もいれば，別な対応の
ほうがよいと考える教員もいることを考え，ものごとの是非だけでな
く，視野の広狭，考えの深浅，方法の多様性なども省みて，自分の抱
負や識見をより確実なものにするよう心がけることである。

　教員は学者や評論家ではなく，教育における実践当事者である。も
し，書いた内容に子供を思いやる心情が感じられないならば，論理的
に模範的なものでも，傍観者の弁と同じである。

　論作文を書く際，自分の考えをもった上で，子供をその考えの中心
に置き，子供と共に自分の生きる問題として書けば，個性的で，明晰
な，力強い論作文になるであろう。

■■ 論作文作成にあたってのポイント───────

　模範的な論作文とは，設問に対して，ズレずに正対していて，明確
に，具体的に自分の考えが書かれている答案である。

　しかし，実際には，設問のねらいとズレていたり，くり返しが多か
ったり，文と文のつながりに飛躍があったりするなどの問題点が数多
く見受けられる。

　論作文の作成にあたっては，これらの問題点の改善・克服が必要と
なってくる。

　そこで，下記のような点に留意することが大切である。

〈設問に正対するために〉

　　設問に正対し，その意図を正しく理解するためには，あたりまえ
　のことではあるが，気持ちを落ち着けて設問をよく読むことである。
　　その上で，次のことに気をつけることだ。
　○設問文のキーワードをとらえる
　　　設問文で，何について書くのかは，文中のキーワードをとらえ
　　ることである。キーワードがわかり，それに沿って書いていけば
　　設問の意図からズレることはない。
　○設問の出された背景を考える

　設問で問われた問題や課題は，現在学校で解決を迫られている問題であったり，これからの社会に必要とされる資質や能力であったりする。さらに，その問題点は学校が主に担うものであったり，家庭や地域・社会が責任を負うべきものであったりする。また主に学力にかかわるものだったり，生活指導にかかわるものだったりもするので，設問の内容と背景をわきまえることが重要である。

○自分の好み・思い込みにひきずりこまない

　設問を読んで，キーワードを把握し，何を書けばよいかがわかった時，その内容について何らかの直感が働くことがある。しかし，その直感は自分の興味・関心による自分好みによる先入観による場合が多く，客観的に見すえたものではないため，いろいろなことを書いても，ねらいの中心よりは，そのまわりを堂々巡りしがちである。直感は大切にしながらも，背景や前提条件に関連する事柄などをも考え，設問にズレずに正対するよう心がけることである。

　また，設問に正対していながら，書いていくうちに，自分の思い込みの方へひきずりこんでしまう場合もある。

　この場合，前提条件や関連する事柄が欠けていたり，具体性のない，学校の実践に結びつかない論になったり，極めて特定的・断片的な場合を想定していたりするので，留意したい。

○設問のねらいの受け止め方が大ざっぱで表面的にならないようにする

　大ざっぱで表面的な受け止め方をして書いた論作文は，人の心を打たない。その上，雑な人柄として評価されかねない。

　教育問題について，その解釈・理解の仕方と，自分が教員だったらどうするかという立場に立った解決策について，常日頃から考えておくとよい。

○設問のねらいの受けとめ方が，一面的で狭すぎないようにする

　一面的な受け止めと視点から書かれた論文は，大事なこと，出

題者が是非ふれてほしいことにふれずじまいになる場合が多い。自分の考えが述べられていなかったり，独善的になったりしがちなので，ふだんから心することである。

○設問の狙いを受け止め，自分はどうするか

　よく「学校は〜することが大切である」「教員は〜する必要がある」といった論作文が見受けられる。これだと第三者的な立場で書いていると評価されてしまう。これを「私は〜する」と自分を主語にして書くと，当事者意識が高いと評価される。自分の生きる問題として受け止めるよう心がけることである。

〈わかりやすい，すっきりした表現にする〉

○くり返しや重複をさける

　論作文を書いている中で，答案が終わりの方に近づくと，それまで書いていることが物足りなく思えたり，今まで書いたことをふり返るゆとりがなかったりして，あれも，これもと，同じような内容をくり返し書きがちである。

　同じような内容の重複を整理することにより，すっきりした文になり，わかりやすくなる。

○一般的な語句や内容は，具体的な内容にかえる

　論作文では，一般的な語句を使ったり，一般的な内容表現がよく見受けられる。それらの語句や内容表現は抽象的なため，その具体的な事柄や内容は人によって異なり，さまざまなとらえ方ができる。自分の意図を正確に理解してもらうためには，具体的な内容表現にする必要がある。

　例えば，「学力向上を図る」を「読解力や計算力を高める」とか「学習意欲を高め，理解力を伸ばす」に替えると，より具体的になり，自分の考えが正確に伝わりやすくなる。

○ごちゃごちゃな表現を整理し，すっきりさせる

　論作文を一読して，ごちゃごちゃ内容表現だったり，意味がとりにくい場合がある。このような論作文には，仮説や提言が実践や方策をはさんで前と後にくり返されていたり，また，ずるず

ると続けられたりしていることが多い。

　文のまとまりを単純に，「そこで」→「たとえば」→「これからは」とか，「たとえば」→「そこで」→「これからは」などと，統一づけて書くようにすれば，すっきりとわかりやすくなる。

○センテンスの長さを簡潔にする

　センテンスがやたら長いことがよくある。これは自分の考えをよくわかってもらおうとするあまり，一文の中に多くの思い・内容を加えることから生ずる難点であり，自分の考えがまだよく整理されていない場合が多い。

　センテンスは短くするように心がけ，複文で長く，ややこしくなりそうなものは，2〜3の単文にし，「そして」「それから」「それは」などのつなぎ言葉で結ぶようにすると，簡潔でわかりやすい論作文になる。

■■ 今，求められている教師力

　日本の教育の方向や内容を決める中央教育審議会の答申「新しい時代の義務教育を創造する」には，「新しい義務教育の姿」の中で，教師力が重視され，次のように書かれている。

　学校の教育力，すなわち，「学校力」を強化し，「教師力」を強化し，それを通じて，子供たちの「人間力」を豊かに育てることが改革の目標である。

　さらに，「あるべき教師像」として，下記のことが示されている。

〈教職に対する強い情熱〉

　教師の仕事に対する使命感や誇り，子供に対する愛情や責任感などのことである。また，教師は，変化の著しい社会や学校，子供たちに適切に対応するため，常に，学び続ける向上心をもつことも大切である。

〈教師の専門家としての確かな力量〉

　「教師は授業で勝負する」と言われるように，この力量が「教育のプロ」たる所以である。この力量は，具体的には，子供理解力，児

童・生徒指導力，集団指導の力，学級作りの力，学習指導・授業づくりの力，教材解釈の力などから成るものと言える。

〈総合的な人間力〉

　　教師には，子供たちの人格形成にかかわる者として，豊かな人間性や社会性・常識と教養・礼儀作法などをはじめ，人間関係能力・コミュニケーション能力などの人間的資質を備えていることが求められる。また，教師は，他の教師や事務職員・栄養職員など，教職員全体と同僚として協力していくことが大切である。

　　また，東京都教育委員会は「授業力」の向上について，以下の6つの構成要素をあげている。

○使命感・熱意・感性

　　ものごとを豊かに感じ取り，児童・生徒が身に付けるべき力を把握し，自らの資質や能力をも高める努力をすること

○児童・生徒理解

　　実態把握のための専門性をもち，児童・生徒一人一人の状況を深く理解すること

○統率力

　　広い視野で全体を見渡し，児童・生徒の信頼を得て，学習集団を1つにまとめ，学習のねらいや方針に沿って導くこと

○指導技術

○教材解釈・教材開発

○指導と評価の計画の作成・改善

論作文予想課題集

Q1 これからの教育では，これまで以上に教師が子供一人ひとりに向き合うことが求められます。このことについて，あなたはどのように考えますか。また，あなたは子供たちとどのように向き合いますか。具体的に述べなさい。

解題 ■■■■■■■■■■■■■■■■■■■■■■■■■■■■■■■■■■■

　設問では，「これまで以上に教師が子供一人ひとりに向き合うことが求められます」とある。なぜその必要があるかをプラス志向で捉えるのである。

　急激に変遷する世の中であれば，子供たちも多様化している。教育は個の可能性を追求し，そして育成するのである。学校という集団教育はその一つの手段である。教師は新たな時代を創造する子供を育成するため，「個性尊重」や「能力開発」といった前向きな考え方で臨むことである。そこに個に応じた教育の必要性がある。

　志望校種の教師として，近未来に何をするかと問われているのである。教科科目の授業の中での個に応じた指導方法を忘れてはならない。専門職教員としての筆者の人柄をにじませるのである。

■POINT■

1. 「これまで以上に」の理由を，子供の学力低下や家庭教育力の低下，あるいは校内暴力の多発化などとしない。なぜならば，教育は未来志向の営みだからである。それらの問題がなくなれば「一人ひとりと向き合う」必要性がなくなるという論理になってしまうからである。

2. 「一人ひとりに向き合う」の理由づけは，中央教育審議会の答申や学習指導要領にあるからとはしない。筆者の教師としての使命感や情熱，専門職教員の信念として述べるのである。

3. 「一人ひとりに向き合う」とは，個人面談をするということではな

い。授業の全体指導の中でも，一人ひとりと向き合うことができる
はずである。いや，それができなければ専門職教員ではないともい
える。

4 志望校種の子供の特性を，どのように踏まえて向き合うかである。
養護教諭志望であっても校種を特定して述べるのである。

5 特別支援学校教員は，発達段階より障害種を踏まえた配慮が求め
られる。

Q2 子供の教育における学校の果たすべき役割の中で，あなたが最も
大切だと考えることは何ですか。その理由を踏まえて述べなさい。
また，その役割を果たすために，あなたは教師としてどのように
取り組みたいかを2つ以上の視点から具体的に述べなさい。

解題

教育基本法には，「教育の目的」として，

①人格の完成を目指し

②平和で民主的な国家及び社会の形成者として必要な資質を備え

③心身ともに健康な国民の育成を期す

とある。

また，「教育の目標」として5本の柱を掲げている。

1 幅広い知識と教養を身に付け，真理を求める態度を養い，豊か
な情操と道徳心を培うとともに，健やかな身体を養う。

2 個人の価値を尊重して，その能力を伸ばし，創造性を培い，自
主及び自律の精神を養うとともに，職業及び生活との関連を重視
し，勤労を重んずる態度を養う。

3 正義と責任，男女の平等，自他の敬愛と協力を重んずるととも
に，公共の精神に基づき，主体的に社会の形成に参画し，その発
展に寄与する態度を養う。

4 生命を尊び，自然を大切にし，環境の保全に寄与する態度を養
う。

5 伝統と文化を尊重し，それらを育んできた我が国と郷土を愛するとともに，他国を尊重し，国際社会の平和と発展に寄与する態度を養う。

この「教育の目標」を達成させるために，学校という集団教育の場で，どのように計画的にそして組織的に指導をするかである。

■POINT■

1 教育基本法を読み直すとよい。そして，学校教育の役割，教師の使命の再確認をすることである。

2 教師としてすべきことを具体的にであるから，子供の発達段階を踏まえた取り組み方を問うているのである。志望校種の子供の特質を踏まえての論述である。

3 教員採用試験の論文であるから，この設問は教師としての信念を問うているのである。「〜したい」の願望であったり，「〜するつもりでいる」「と思っている」のようなあいまいな表現であってはならない。

4 テーマは「取り組みたいか」であるが，教員採用試験論文であるから，その回答は「私はこのようにする」と明確に答えることである。また理由も教育基本法にあるからではなく，教育者としての筆者の信念を述べるのである。

Q3 教育改革が進む中，新しい時代にふさわしい「信頼される学校」「信頼される教師」が求められます。あなたが考える「信頼される教師像」について具体的に述べなさい。

解題 ■■■

「教育改革が進む」というが，現在どのように改革が行われているのであろうか。その一つの今日的教育課題には「生きる力」の育成がある。なぜ今，「生きる力」なのかを考えるとよい。国際的学力調査PISAの結果から，新しい学力観として「確かな学力」が挙げられている。現行の学習指導要領にも，この「生きる力」や「確かな学力」が

従来の学習指導要領から継承されている。

　この「生きる力」とは何かをはっきりさせ，「確かな学力」との関係も明確にしておくことである。これは教員採用試験を受験する者の基本課題であり，信念として自分の言葉で表現できなければならない。

　新しい時代にふさわしい，信頼される学校や教師とはどのような存在であろうか。それは子供なり保護者と立場を替えて考えるとよい。筆者が高校生だったらどのような教師を信頼するかを考えるのである。保護者だったらどうであろうかなどである。

　誰からも信頼される教師，それは本務に全力投球する教師ではなかろうか。その本務とは何であろうか。教育基本法を参考にして，「私はこのように考えている」という，はっきりした信念を構築しておくことである。

▊POINT▊

1　「信頼される学校」もまた「信頼される」教師も不易な教育課題であり，今日だから必要だというものではない。いつの時代でも必要なのである。

2　「信頼」は児童生徒からだけではなく，保護者からも地域住民からも得られなければならない。だが，児童生徒からの信頼がなくては保護者からも地域住民からも信頼は得られない。

3　「コミュニケーションが必要だから」といって，教室に頻繁に顔を出す教師に信頼感を抱くであろうか。学級だよりを数多く発行すれば信頼されるであろうか。

4　小学生と高校生とでは，信頼する教師像は異なる。小・中・高校生それぞれの発達段階での心理理解が必要である。

5　己の児童生徒時代の恩師の姿を思い浮かべるとよい。「私ならこうする」という改善策が思い浮かぶであろう。

Q4 現行の学習指導要領では，「生きる力」の育成が目標の一つとして貫かれています。この「生きる力」を育む基本方針として「確かな学力の向上」「豊かな人間性の育成」「健康・体力の育成」が挙げられ，これらの土台として「基本的な生活習慣の形成」が不可欠です。あなたは教師としてこの課題にどのように取り組みますか。あなたの考えを具体的に述べなさい。

解題 ■■

　小学校，中学校，高等学校などすべての学習指導要領で，「生きる力」の理念は従来の学習指導要領から踏襲されている。この「生きる力」とは，テーマで挙げている3点，すなわち知・徳・体を主体的に管理増進させる能力なのである。

　ここで問われているのは，「基本的な生活習慣の形成」である。「生きる力」は主体的な探究心であるから，習慣形成がされてこそ主体的な発展が期待できるのである。このことを筆者はどのように考えるのか，自分の言葉で表現するのである。

　「基本的な生活習慣」とは，食事・睡眠・排泄・清潔・衣類の着脱の5つが一般的であるが，それ以外にも，生活態度として時間を守る，約束を守る，きちんと挨拶ができるなどがある。

　「基本的な生活習慣」は，就学時までに家庭でしっかりと身に付けさせたいことである。それが十分にできていないと，子供は学習に集中できなくなり，学習効果の期待は薄い。このことから「基本的な生活習慣」を身に付けさせることは，学校教育充実の「土台づくり」なのである。

■POINT■

1 「基本的な生活習慣」の内容にしても方法にしても，発達段階によって大きく異なる。少なくとも志望校種を明示して，その児童生徒の課題を取り上げることである。

2 小学校の学級担任として，あるいは高校の学級担任や教科科目担当としてと，はっきりと絞り込むとよい。

3 筆者だったらどうするかと問われているのである。家庭教育や社会教育を批判しても回答にはならない。一人の教師として，どのように取り組むかを述べる。

4 高校生は，基本的生活習慣については概ね心得ている。だが実践が伴わないのである。そのような生徒への指導をどうするかである。それも「生きる力」の育成となる。

Q5 現行の学習指導要領では，各教科等を貫く重要な視点として言語活動を挙げています。あなたは，言語活動の重要性をどうとらえていますか。また，それを充実させるために，どのような取組を行いますか。これまでの実践を踏まえ，あなたの考えを述べなさい。

解題 ■■

　現行の学習指導要領では，従来の学習指導要領から授業時間を増加して学習量を復活させ，さらに全教科で「言語活動」の充実を求めている。これは「対面型」コミュニケーション力といえる。

　最近の子供たちの言語生活が，種々のゲームや携帯電話その他のメディアの発達により大きな影響を受けていることが指摘されている。2009年に行われた高校1年生対象のOECDのPISA調査では，読解力は前回の2006年の調査と比べると平均得点が大幅に上昇し読解力を中心に我が国の生徒の学力は改善傾向にあるとされたが，トップレベルの国々と比べるとまだ下位層が多い。また読解力については，必要な情報を見つけ出し取り出すことは得意だが，それらの関係性を理解して解釈したり，自らの知識や経験と結び付けたりすることがやや苦手であるとされている。

　改善の方策として，例えば，小学校の算数では数，式，図を用いて考え，説明させる。理科では分析，解釈，推論を促す。中学校の社会科では地図や資料を読み取り，論述や意見の交換をさせる。音楽の授業では，根拠をもった批評をさせるのである。

　この育成の基本姿勢は「正解は一つではないとし，異なる意見を聞く。なぜそうなるかを理解し，自分の意見も理由をつけて説明し，協力して課題解明に努める」といえよう。

　回答文としては，前文で学習指導要領が求めている「言語活動」とはどのようなものであるかを明確にする。そして次に，なぜ言語活動の充実が求められているかの理由を述べる。これは今日的教育課題として問われているが，言語活動能力は社会人としては当然備えていなければならない不易なものでもある。さらに，言語活動能力の育成にいかに取り組むかの結論をここで述べる。

　本文では，前文で述べた結論を具体的にどのような実践をするかを，異なる二つの視点から述べる。教科の授業と特別活動とするなどである。ここでは教師としてどのように関わるかを具体的に述べるのである。

■POINT■

1 「これまでの実践を踏まえる」とは，経験談を述べるのではない。実践の結果得たものは何で，その得たものを近未来にどのように活かすかを述べるのである。

2 「あなたの考えを」とあるが，これは「あなたならどのような考えで，何をするかを具体的に」と問うているのである。「〜したい」「〜するつもりである」という願望や予定を問うているのではない。

3 教員採用試験の論文は，次の2点を加味する。
　①論文で対象としている子供の発達段階(志望校種にあわせる)の特性を踏まえて述べる。
　②筆者らしさ，筆者の人柄をにじませる。

Q6 「確かな学力」を育むために，いろいろな角度から授業改善が図られています。児童生徒にとって「魅力ある授業」とはどのような授業でしょうか。あなたの経験を踏まえた具体的な取り組み方を述べなさい。

解題 ■■

　「確かな学力」は，平成15年10月の中央教育審議会答申で，「生きる力」の知の側面として示された。それは主体的に学習に取り組む意欲と判断力，それに表現力などの行動実践力である。なぜこの「確かな学力」が求められているのか，まずこのことをはっきりさせることである。

　なぜ「確かな学力」かを，プラス志向で考えることである。「新しい時代を拓く」とか，「21世紀を展望し」などに即した考え方をするのである。

　「魅力ある授業」といっても，発達段階によって「魅力」の抱き方が異なる。小学校低学年児や中学年児は，「楽しい授業」に魅力を感じるであろう。それが中学生になると「わかる授業」であり高校生になると「成就感の得られる授業」となる。この違いは筆者自身の経験からもいえることではなかろうか。

　テーマに「経験を踏まえて」とあるので，中学生時代の授業のことを思い出すのもよい。前任校での教職経験を活かすのもよい。ただここで問うているのは思い出話ではない。「踏まえて」であるから経験で得たものを，どのように活かすかである。

■POINT■

1️⃣ テーマは「魅力ある授業」であるが，この「魅力」は「楽しい」「わかる」「成就感のある」など，発達段階によって変わってくる。志望校種の子供の実態を把握して，その子供たちにどのような手を差し伸べるかである。

2️⃣ 「経験を踏まえて」を誤って読みとっている回答が多い。教員採用試験論文は，過去に何をしたかではない。近未来に何ができるか，

を問うているのである。貴重な経験をどう活かすかを考えることである。

Q7 最近，子供の自制心や規範意識の低下が指摘されています。あなたは今まで，子供の行動様態をどのように見つめてきましたか。また，規範意識を高めるために，子供とどのように向き合っていきますか。具体的に述べなさい。

解題■■■■■■■■■■■■■■■■■■■■■■■■■■■■■■■■■■■■■■■

　文部科学省は平成22年9月に，平成21年度の小中高校の「問題行動」調査結果を発表している。それによると暴力行為件数が小・中学校において過去最高で，幅広い年代で暴力が深刻化しているという。この調査結果は「自制心や規範意識の低下」と分析できる。ある新聞では原因を次の3点にあるとしている。

　①愛情を注がれずに育ち，自己肯定感がない。

　②集団と折り合いをつける力が育っていない。

　③勉強のできない子はダメという価値観を押しつけられ，自己肯定感が低くなって日々のむかつきにつながっている。

　筆者は「子供の自制心や規範意識の低下」をどのように受け止めているかをはっきりさせる。論文であるから，持論を論理的に述べるのである。設問では「どのように見つめてきたか」であるから，経験を問うてもいるのである。

　回答は評論を求めているのではない。「私はこのようにする」と，筆者の取り組み方を述べるのである。自制心や規範意識は短期間に成果の上がるものではない。教師には忍耐力が必要なのである。

■POINT■

1　「子供の自制心や規範意識が低下している」という指摘である。筆者の目に，この現実がきちんと認識できているのであろうか。学校の現状の把握をすることである。

2　志望校種の教員としてどうするかを述べるのである。小学生では，

低学年児と高学年児を同一視することはできない。発達段階を考慮することである。

3 問われているのは，規範意識を高める方策である。指定字数が800字以上であるなら，具体的な方策を視点を異にして2つ挙げるとよい。教科科目の中はもちろんのこと，あらゆる学習活動の場でも育めるであろう。

4 最終段落では，この設問に関する自己研修課題を挙げるとよい。その課題解明にどのように取り組むかを簡潔に述べるのである。志望校種の子供理解等である。

5 自制心は道徳心や礼儀と通ずる点はあるが，規範意識となるとルールや法規を守るということである。道徳や礼儀は精神的，習慣的なもので，罰則のあるなしの問題ではない。

Q8 社会の情報化が急速に進み，コミュニケーションの方法や手段が多様化，複雑化しています。その中で児童生徒の携帯電話の扱い方が問題化しています。あなたは教師として児童生徒のコミュニケーション能力を高めるために，どのような取り組みをしますか。あなたの経験を踏まえて具体的に述べなさい。

解題＝＝＝＝＝＝＝＝＝＝＝＝＝＝＝＝＝＝＝＝＝＝＝＝＝＝＝＝＝＝＝＝＝＝＝

問われていることは，児童生徒の携帯電話の扱い方の問題化を受けて，①コミュニケーション能力とは何か　②あなたのコミュニケーション能力を高める取り組み方の2点である。

①の「コミュニケーション」の本来の意味は，思想や情報などの伝達である。だが今日ではもっと広く，「二者以上の間に共通なものが成立する過程のすべて」である。すなわち一方的なものではなく，共通理解の要素も含まれている。携帯電話は伝達機器という狭義であるが，向き合っての会話であれば広義と解せる。

コミュニケーション能力は新しい時代を創造する若者になくてはならぬ資質能力である。その一つの手段として携帯電話が出現し，急速

に普及したのである。一方で，それは児童生徒にも普及し，その扱い方が問題となっている。すなわち教育が後手に回ってしまったのである。

学校としての取り組み方が問われているが，これは全校体制で取り組む問題であって，書き手一人では解決できない。ここで問われているのは，②なのである。②を論じるためには①をはっきりさせなければならないのは当然である。

■POINT■

1 まず，①について述べ，このことと児童生徒の携帯電話の扱い方が問題化している理由を述べる。

2 この問題を受けての②であって，携帯電話の扱い方を問うているのではない。

3 ②をどうするかの結論を前文で述べ，結論の具体策を本文として述べると筋が一貫するであろう。

4 社会の情報化を急速に進めた要因の一つに，携帯電話の普及があることは確かである。だがその普及が急速であったために，教育が後手に回ってしまったといえる。このことを踏まえて②をどのようにするかを述べるのである。

5 志望校種の教師として，何をするかである。特別支援学校の教師として，あるいは養護教諭として述べることもできよう。発達段階を踏まえた具体策である。

Q9 特別支援学校の児童生徒の障害が重度・重複化，多様化している中，あなたは一人ひとりの教育的ニーズをどのように把握しますか。また，その教育的ニーズを踏まえ，適切な指導及び必要な支援を行うために，あなたは教育活動の中でどのように取り組みますか。具体的に述べなさい。

解題■■■■■■■■■■■■■■■■■■■■■■■■■■■■■■■■■■■■■■■

特殊教育が特別支援教育となり，特別支援学校と組織替えがされた

247

理由に,「障害の重度・重複化,多様化に対応し,一人ひとりに応じた指導を一層充実する」とある。障害のある子に対する教育課題は,個によって異なるのである。

個に応じた教育が行えるように,「個別の教育支援計画」と「個別の指導計画」が作成される。前者は関係機関の連携による乳幼児期から学校卒業後まで一貫した支援を行うための教育的支援の目標や内容を盛り込んだものである。後者は,小学校等において必要に応じ,児童生徒一人ひとりのニーズに応じた指導目標や内容・方法等を示してある。

「個別の指導計画」には,①子供の実態　②年間の目標　③学期ごとの指導内容と手立て,評価　④年間の評価　⑤次年度の課題　などを織り込む。

「個別の指導計画」の指導内容や教材教具を項目として挙げる。

A　主体的に活動できる単元・題材のテーマ,内容等の設定

B　個々に合わせた活動・工程の選択,工夫

C　自立的に取り組める遊具,道具・補助具の用意,工夫

D　繰り返しがあり,見通しをもちやすい単元や題材の工夫

E　意欲的,主体的に取り組めて満足感・成就感をもてるための支援の工夫

F　主体的,自立的に活動するための支援的対応の工夫

▓POINT▓

[1] このテーマは,筆者ならどうするかと問うているのである。障害種を特定し,具体的な取り組み方を述べるのである。

[2] 一人ひとりのニーズに応じた指導を二つの視点から具体的に述べる。「個別の指導計画」の計画書作成と実践などである。

[3] 特別支援学校は,視覚障害,聴覚障害,知的障害,肢体不自由,病弱・身体虚弱を有する児童生徒に,小・中・高校に準ずる教育を施す。

[4] 特別支援学校学習指導要領の理解は当然である。

[5] 特別支援学校は小学部・中学部・高等部と,発達段階で分かれて

いる。だが発達段階よりも，障害の重度・重複化，多様化への対応が待たれている。

Q10 「生きがい」について，考えることを述べなさい。

解題■■

　この設問は教員採用試験の論文として問われているのである。ということは，教師として筆者は，設問の「生きがい」をどのように読み取るかである。教師としてであるから，目前には児童生徒がいる。

　その「生きがい」は，次の2点に分けられる。

　①教師としての己の「生きがい」を，子供とどう結びつけるかである。

　②教師として，子供に「生きがい」をどのように抱かせるかである。

　①は，教職に就いて全力投球をすることに「生きがい」を見出すこともある。また，恩師の姿に触発されて教職を志望し，夢を達成させることによって「生きがい」を見出すとするなどである。

　②は学習に夢中に取り組ませたり，成就感を抱かせて子供たちに「生きがい」を感じ取らせるのである。

　ただこの抽象題といわれる形式の設問は，出題意図が明確ではない。そこで筆者の論述の方向づけを明確に示すことが必要である。このことが曖昧であると，主張が途中で空中分解してしまう。設問を筆者の書きやすい土俵に引き込むことである。

■POINT■

1　前文で「生きがい」をどのように解したかを述べる。このような抽象題では，この前文をどのように構成するかで，評価の大勢は決まるといえよう。

2　この論文は教員採用試験として課されている。「私はこのようにする」と述べ，近未来にどんな実践をするかを述べる。

3　この論文が対象としている子供は，志望校種の児童生徒である。

その子供の発達段階を踏まえた具体的な取組を述べる。

4 この論文は，教員採用試験として課されているのである。筆者の人柄をにじみ出させて，「私はこのようにする」と具体的に述べるのである。

Q11 次の文章を読んで，教員を目指す一人として思うことを述べなさい。

　　子供の心は素直である。だからわからないことがあればすぐに問う。「なぜ，なぜ」と。

　　子供は一生懸命である。熱心である。だから与えられた答えを，自分でも懸命に考える。

　　考えて納得がゆかなければ，どこまでも問いかえす。「なぜ，なぜ」と。

　　子供の心には私心がない。とらわれがない。いいものはいいし，わるいものはわるい。だから思わぬものごとの本質をつくことがしばしばある。

　　　　　　　　　　　　　(松下幸之助「もっと大切なこと」による)

解題■■■■■■■■■■■■■■■■■■■■■■■■■■■■■■■■■■■■

　読解力は，一般的には文章などを読み解く能力を指す。特に日本では，国語教育においては「教材としての文章の内容を正確に読み取る」という意味合いで用いられることが多かった。

　しかし近年は「PISA型読解力」と表現されるものが取り上げられ，従来の用法と区別されている。文部科学省によれば，この両者の違いを踏まえ，後者の「PISA型読解力」の特徴を次のようにまとめている。

①テキストに書かれた情報を理解するだけでなく，「解釈」し，「熟考」することを含む。

②テキストを単に読むだけでなく，テキストを利用したり，テキストに基づいて自分の意見を論じたりすることが求められている。

③テキストの内容だけでなく，構造・形式・表現法も評価の対象とな

る。

④テキストには，文学的な文章や説明的文章などの「連続型テキスト」
　だけでなく，図・グラフ・表などの「非連続型テキスト」を含んで
　いる。

　この文章の「子供」とは小中高校生のすべてを指しているのであろ
うか。小学生から高校生まで，すべて子供が素直であるとも読み取れ
る。本当にそう言えるであろうか。

　数年前には，クラスメイトをカッターナイフで殺害した12歳の小学
生もいた。また親を殺害したという高校生の事件も多発している。文
部科学省は平成22年9月に，平成21年度の小中高校の「問題行動」調
査結果を発表している。それによると暴力行為件数が小・中学校にお
いて過去最高となり，幅広い年代で暴力が深刻化している。これらの
事件から「心は素直」とか「心には私心がない」とどう結びつけるの
であろうか。

　カッターナイフを振り回すのも暴力行為に走るのも，子供の素直な
姿ともいえる。「なぜ，なぜ」と納得いくまで問い質すのも，本心を
丸出しにしているからである。それが時には他人に迷惑をかけている
のである。自分の気持ちに忠実なために，他人に迷惑をかけているこ
とに気付かないのである。

　家庭という個人教育の場で過ごしてきた幼児が，就学して学校とい
う集団教育の場で様々な経験を積んでいく。そこで他人への対応の仕
方を学ぶのである。

　「生きる力」の中に豊かな人間性がある。これは「他人と協調し，
他人を思いやる心や感動」である。この他人との協調を学ぶことによ
って「いいものはいい，悪いものは悪い」の判断基準が構成されてい
く。

　日本の歴史的教育観は「素直であること」であり「和をもって貴し」
であったが，それが国際化などにより「はっきりと意志表示を」と変
わってきた。それによって「自分に正直であること」が強調されたの
である。ところが行き過ぎて，「わがまま」とか「自己中心的行為」

251

も見られるようになる。そこで，学校ではどうするかである。

　以上のことを総合し，目前にいる志望校種の子供とどのように向き合うかを述べるのである。

■POINT■

1 この文章の主張と，若者の暴力行為の多発化の問題は矛盾とも言える。このことをどう解するかである。

2 「素直」とか「ものごとの本質をつく」としている。この文章を否定する必要はない。筆者の考えを述べるのである。

3 常に今日的教育課題と関連させ，課題解明への考えを明らかにする。

4 志望校種の児童生徒に対してどのように働きかけるかとし，絞り込むことである。そうすることによって具体的な取り組みができるであろう。

第4部

面接試験対策

面接試験の概略

■■ 面接試験で何を評価するか——————————

　近年，「人物重視」を掲げた教員採用候補者選考試験において，最も重視されているのが「面接試験」である。このことは，我が国の教育の在り方として，アクティブラーニングの実施，カリキュラム・マネジメントの確立，社会に開かれた教育課程の実現等，次々と新しい試みが始まっているため，学校教育の場においては，新しい人材を求めているからである。

　ところが，一方で，現在，学校教育においては，様々な課題を抱えていることも事実であり，その例として，いじめ，不登校，校内暴力，無気力，高校中退，薬物乱用などがあり，その対応としても，多くの人々による意見もあり，文部科学省をはじめとする教育行政機関や民間機関としてもフリースクールなどで対応しているが，的確な解決策とはなっていない状況にある。このことに関して，その根底には，家庭や地域の教育力の低下，人間関係の希薄化，子供の早熟化傾向，過度の学歴社会及び教員の力量低下等，正に，様々な要因が指摘されている。したがって，これらの問題は，学校のみならず，家庭を含めた地域社会全体で，対応しなければならない課題でもある。

　しかし，何といっても学校教育の場においては，教員一人一人の力量が期待され，現実に，ある程度までのことは，個々の教員の努力で解決できた例もあるのである。したがって，当面する課題に適切に対応でき，諸課題を解決しようとの情熱や能力が不可欠であり，それらは知識のみの試験では判断できかねるので，面接によることが重視されているのである。

①人物の総合的な評価

　面接試験の主たるねらいは，質問に対する応答の態度や表情及び言葉遣いなどから，教員としての適性を判定するとともに，応答の

内容から受験者に関する情報を得ようとすることにある。これは総合的な人物評価といわれている。

そのねらいを十分にわきまえることは当然として，次にあげることについても自覚しておくことが大切である。

○明確な意思表示

○予想される質問への対応

○自らの生活信条の明確化

○学習指導要領の理解

○明確な用語での表現

②応答の基本

面接試験では，面接官の質問に応答するが，その応答に際して，心得ておくべきことがある。よく技巧を凝らすことに腐心する受験者もいるようであるが，かえって，紋切り型になったり，理屈っぽくなったりして，面接官にはよい心象を与えないものである。そこで，このようなことを避けるため，少なくとも，次のことは意識しておくとよい。

○自分そのものの表現

これまで学習してきたことを，要領よく，しかも的確さを意識し過ぎ，理詰めで完全な答えを発しようとするよりも，学習や体験で得られた認識を，教職経験者は，経験者らしく，学生は，学生らしく，さっぱりと表現することをすすめる。このことは，応答内容の適切さということのみならず，教員としての適性に関しても，面接官によい印象を与えるものである。

○誠心誠意の発声

当然のことであるが，面接官と受験者とでは，その年齢差は大変に大きく，しかも，面接官の経歴も教職であるため，その経験の差は，正に雲泥の差といえるものである。したがって，無理して，大人びた態度や分別があることを強調するような態度をとることは好まれず，むしろ謙虚で，しかも若々しく，ひたむきに自らの人生を確かなものにしようとする態度での応答が，好感を持

たれるものである。

③性格や性向の判別

　組織の一員としての教員は，それぞれの生き方に共通性が必要であり，しかも情緒が安定していなければならない。そのため，性格的にも片寄っていたり，物事にとらわれ過ぎたり，さらには，協調性がなかったり，自己顕示欲が強すぎたりする人物は敬遠されるものである。そこで，面接官は，このことに非常に気を遣い，より的確に査定しようとしているものなのである。

　そのため，友人関係，人生観，実際の生き方，社会の見方，さらには自らに最も影響を与えた家庭教育の状況などに言及した発問もあるはずであるが，この生育歴を知ろうとすることは，受験者をよりよく理解したいためと受け取ることである。

④動機・意欲等の確認

　教員採用候補者選考を受験しているのであるから，受験者は，当然，教職への情熱を有していると思われる。しかし，面接官は，そのことをあえて問うので，それだけに，意志を強固にしておくことである。

○認識の的確さ

　教員という職に就こうとする意志の強さを口先だけではなく，次のようなことで確認しようとしているのである。

　ア　教員の仕事をよく理解している。

　イ　公務員としての服務規程を的確に把握している。

　ウ　立派な教員像をしっかり捉えている。

　少なくとも上の3つは，自問自答しておくことであり，法的根拠が必要なものもあるため，条文を確認しておくことである。

○決意の表明

　教員になろうとの固い決意の表明である。したがって単に就職の機会があったとか，教員に対する憧れのみというのは問題外であり，教員としての重責を全うすることに対する情熱を，心の底から表現することである。

　以上が，面接試験の最も基本的な目的であり，面接官はこれにそってさまざまな問題を用意することになるが，さらに次の諸点にも，面接官の観察の目が光っていることを忘れてはならない。

⑤質疑応答によって知識教養の程度を知る

　筆記試験によって，すでに一応の知識教養は確認してあるわけだが，面接試験においてはさらに付加質問を次々と行うことができ，その応答過程と内容から，受験者の知識教養の程度をより正確に判断しようとする。

⑥言語能力や頭脳の回転の早さの観察

　言語による応答のなかで，相手方の意思の理解，自分の意思の伝達のスピードと要領のよさなど，受験者の頭脳の回転の早さや言語表現の諸能力を観察する。

⑦思想・人生観などを知る

　これも論文・作文試験等によって知ることは可能だが，面接試験によりさらに詳しく聞いていくことができる。

⑧協調性・指導性などの社会的性格を知る

　前述した面接試験の種類のうち，グループ・ディスカッションなどはこれを知るために考え出されたもので，特に多数の児童・生徒を指導する教師という職業の場合，これらの資質を知ることは面接試験の大きな目的の1つとなる。

■■ 直前の準備対策————————

　以上からわかるように，面接試験はその人物そのものをあらゆる方向から評価判定しようとするものである。例えば，ある質問に対して答えられなかった場合，筆記試験では当然ゼロの評価となるが，面接試験では，勉強不足を素直に認め今後努力する姿勢をみせれば，ある程度の評価も得られる。だが，このような応答の姿勢も単なるポーズであれば，すぐに面接官に見破られてしまうし，かえってマイナスの評価ともなる。したがって，面接試験の準備については，筆記試験のように参考書を基礎にして短時間に修練というふうにはいかない。日

頃から,

> (1)　対話の技術・面接の技術を身につけること
> (2)　敬語の使い方・国語の常識を身につけること
> (3)　一般常識を身につけて人格を磨き上げること

が肝要だ。しかし, これらは一朝一夕では身につくものではないから, 面接の際のチェックポイントだけ挙げておきたい。

(1)　対話の技術・面接の技術

　　○対話の技術

　　　①言うべきことを整理し, 順序だてて述べる。

　　　②自分の言っていることを卑下せず, 自信に満ちた言い方をする。

　　　③言葉に抑揚をつけ, 活気に満ちた言い方をする。

　　　④言葉の語尾まではっきり言う練習をする。

　　　⑤短い話, 長い話を言い分けられるようにする。

　　○面接技術

　　　①緊張して固くなりすぎない。

　　　②相手の顔色をうかがったり, おどおどと視線をそらさない。

　　　③相手の話の真意をとり違えない。

　　　④相手の話を途中でさえぎらない。

　　　⑤姿勢を正しくし, 礼儀を守る。

(2)　敬語の使い方・国語常識の習得

　　○敬語の使い方

　　　①自分を指す言葉は「わたくし」を標準にし, 「僕・俺・自分」など学生同士が通常用いる一人称は用いない。

　　　②身内の者を指す場合は敬称を用いない。

　　　③第三者に対しては「さん」を用い, 「様・氏」という言い方はしない。

　　　④「お」や「ご」の使い方に注意する。

　　○国語常識の習得

　　　①慣用語句の正しい用法。

②教育関係においてよく使用される言葉の習得

さて本題に入ろう。面接試験1カ月前程度を想定して述べれば，その主要な準備は次のようなことである。

○直前の準備

①受験都道府県の現状の研究

受験する都道府県の教育界の現状は言うに及ばず，政治・経済面についても研究しておきたい。その都道府県の教育方針や目標，進学率，入試体制，また学校数の増加減少に関わる過疎化の問題等，教育関係刊行物や新聞の地域面などによく目を通し，教育委員会に在職する人やすでに教職についている先生・知人の話をよく聞いて，十分に知識を得ておくことが望ましい。

②教育上の諸問題に関する知識・データの整理

面接試験において，この分野からの質問が多くなされることは周知の事実である。したがって直前には再度，最近話題になった教育上の諸問題についての基礎知識や資料を整理・分析して，質問にしっかりとした応答ができるようにしておかなければならない。

③時事常識の習得と整理

面接試験における時事常識に関する質問は，面接日前2カ月間ぐらいのできごとが中心となることが多い。したがって，この間の新聞・雑誌は精読し，時事問題についての常識的な知識をよく修得し整理しておくことが，大切な準備の1つといえよう。

○応答のマナー

面接試験における動作は歩行と着席にすぎないのだから，注意点はそれほど多いわけではない。要は，きちんとした姿勢を持続し，日常の動作に現れるくせを極力出さないようにすることである。最後に面接試験における応答態度の注意点をまとめておこう。

①歩くときは，背すじをまっすぐ伸ばしあごを引く。かかとを引きずったり，背中を丸めて歩かないこと。

②椅子に座るときは深めに腰かけ，背もたれに寄りかかったりしない。女子は両ひざをきちんと合わせ，手を組んでひざの上に乗せる。男子もひざを開けすぎると傲慢な印象を与えるので，窮屈さを感じさせない程度にひざを閉じ，手を軽く握ってひざの上に乗せる。もちろん，背すじを伸ばし，あごを出さないようにする。

③上目づかいや横目，流し目などは慎しみ，視線を一定させる。きょろきょろしたり相手をにらみつけるようにするのも良い印象を与えない。

④舌を出す，頭をかく，肩をすくめる，貧乏ゆすりをするなどの日頃のくせを出さないように注意する。これらのくせは事前にチェックし，矯正しておくことが望ましい。

　以上が面接試験の際の注意点であるが，受験者の動作は入室の瞬間から退室して受験者の姿がドアの外に消えるまで観察されるのだから，最後まで気をゆるめず注意事項を心得ておきたい。

面接試験を知る

面接試験には採点基準など明確なものがあるわけではない。面接官が受験者から受ける印象などでも採点は異なってくるので，立派な正論を述べれば正解という性質のものではないのである。ここでは，面接官と受験者の間の様々な心理状況を探ってみた。

面接試験で重要なことは，あたりまえだが面接官に良い印象を持たせるということである。面接官に親しみを持たせることは，確実にプラスになるだろう。同じ回答をしたとしても，それまでの印象が良い人と悪い人では，面接官の印象も変わってくることは十分考えられるからである。

「面接はひと対ひと」と言われる。人間が相手だけに，その心理状況によって受ける印象が変わってきてしまうのである。正論を語ることももちろん重要だが，良い印象を与えるような雰囲気をつくることも，同じく重要である。それでは，面接官に対してよい印象を与える受験者の態度をまず考えてみよう。

■■ 面接官の観点

〈外観の印象〉
- □健康的か。
- □身だしなみは整っているか。
- □清潔感が感じられるか。
- □礼儀正しいか。
- □品位があり，好感を与えるか。
- □明朗で，おおらかさがあるか。
- □落ちつきがあるか。
- □謙虚さがうかがえるか。
- □言語が明瞭であるか。

□声量は適度であるか。
□言語・動作が洗練されているか。
〈質疑応答における観点〉
①理解力・判断力・表現力
　□質問の意図を正しく理解しているか。
　□質問に対して適切な応答をしているか。
　□判断は的確であるか。
　□感情におぼれず，冷静に判断を下せるか。
　□簡潔に要領よく話すことができるか。
　□論旨が首尾一貫しているか。
　□話に筋道が通り，理路整然としているか。
　□用語が適切で，語彙が豊富であるか。
②積極性・協調性(主に集団討論において)
　□積極的に発言しているか。
　□自己中心的ではないか。
　□他者の欠点や誤りに寛容であるか。
　□利己的・打算的なところは見受けられないか。
　□協力して解決の方向へ導いていこうとしているか。
③教育に対する考え方
　□教育観が中正であるか。
　□人間尊重という基本精神に立っているか。
　□子供に対する正しい理解と愛情を持っているか。
　□教職に熱意を持っているか。
　□教職というものを，どうとらえているか。
　□考え方の社会性はどうか。
④教師としての素養
　□学問や教育への関心はあるか。
　□絶えず向上しようとする気持ちが見えるか。
　□一般的な教養・常識・見識はあるか。
　□専門に関しての知識は豊富か。

　　□情操は豊かであるか。

　　□社会的問題についての関心はどうか。

　　□特技や趣味をどう活かしているか。

　　□国民意識と国際感覚はどうか。

⑤人格の形成

　　□知，情，意の均衡がとれているか。

　　□社会的見識が豊かであるか。

　　□道徳的感覚はどうか。

　　□応答の態度に信頼感はあるか。

　　□意志の強さはうかがえるか。

　　□様々な事象に対する理解力はどうか。

　　□社会的適応力はあるか。

　　□反省力，自己抑制力はどの程度あるか。

■■■ 活発で積極的な態度────────────

　意外に忘れてしまいがちだが，面接試験において確認しておかなくてはならないことは，評価を下すのが面接官であるという事実である。面接官と受験者の関係は，面接官が受験者を面接する間，受験者は面接官にある種の働きかけをすることしかできないのである。面接という短い時間の中で，面接官に関心を持ってもらい，自分をより深く理解してもらいたいのだということを示すためには，積極的に動かなくてはならない。それによって，面接官が受験者に対して親しみを覚える下地ができるのである。

　そこで必要なのは，活発な態度である。質問にハキハキ答える，相手の目を見て話すといった活発な態度は確実に好印象を与える。質問に対し歯切れの悪い答え方をしたり，下を向いてぼそぼそと話すようでは，面接官としてもなかなか好意的には受け取りにくい。

　また，積極的な態度も重要である。特に集団面接や討論形式の場合，積極性がないと自分の意見を言えないままに終わってしまうかもしれない。自分の意見は自分からアピールしていかないと，相手から話を

振られるのを待っているだけでは，発言の機会は回ってこないのである。言いたいことはしっかり言うという態度は絶対に必要だ。

ただ，間違えてほしくないのは，積極的な態度と相手の話を聞かないということはまったく別であるということである。集団討論などの場で，周りの意見や流れをまったく考えずに自分の意見を繰り返すだけでは，まったく逆効果である。「積極的」という言葉の中には，「積極的に話を聞く」という意味も含まれていることを忘れてはならない。また，自分が言いたいことがたくさんあるからといって，面接官が聞いている以外のことをどんどん話すという態度もマイナスである。このことについては次でも述べるが，面接官が何を聞こうとしているかということを「積極的に分かろうとする」態度を身につけておこう。

最後に，面接試験などの場であがってしまうという人もいるかもしれない。そういう人は，素の自分を出すということに慣れていないという場合が多く，「変なことを言って悪い印象を与えたらどうしよう」という不安で心配になっていることが多い。そういう人は，面接の場では「活発で積極的な自分を演じる」と割り切ってしまうのも1つの手ではないだろうか。自分は演じているんだという意識を持つことで，「自分を出す」ということの不安から逃れられる。また，そういうことを何度も経験していくことで，無理に演技しているという意識を持たなくても，積極的な態度をとれるようになってくるのである。

■■ 面接官の意図を探る────────

面接官に，自分の人間性や自分の世界を理解してもらうということは，面接官に対して受験者も共感を持つための準備ができているということを示さなくてはならない。面接官が興味を持っていることに対して誠意を持って回答をしているのだ，ということを示すことが重要である。例えば，面接官の質問に対して，受験者がもっと多くのことを話したいと思ったり，もっとくわしく表現したいと思っても，そこで性急にそうした意見や考えを述べたりすると，面接官にとって重要なことより，受験者にとって重要なことに話がいってしまい，面接官

は受験者が質問の意図を正確に理解する気がないのだと判断する可能性がある。面接官の質問に対して回答することと，自分の興味や意見を述べることとの間には大きな差があると思われる。面接官は質問に対する回答には関心を示すが，回答者の意見の論述にはあまり興味がないということを知っておかなくてはならない。面接官は，質問に対する回答はコミュニケーションと受け取るが，単なる意見の陳述は一方的な売り込みであることを知っているのである。

　売り込みは大切である。面接の場は自分を分かってもらうというプレゼンテーションの場であることは間違いないのだから，自分を伝える努力はもちろん必要である。だから，求められている短い答えの中で，いかに自分を表現できるかということがキーになってくる。答えが一般論になってしまっては面接官としても面白くないだろう。どんな質問に対しても，しっかりと自分の意見を持っておくという準備が必要なのである。相手の質問をよく聞き，何を求めているかを十分理解した上で，自分の意見をしっかりと言えるようにしておこう。その際，面接官の意図を尊重する姿勢を忘れないように。

■■ 相手のことを受容すること──────────

　面接官が受験者を受容する，あるいは受験者が面接官に受容されるということは，面接官の意見に賛同することではない。また，面接官と受験者が同じ価値観を持つことでもない。むしろ，面接官が自分の考え，自分の価値観をもっているのと同じように，受験者がそれをもっていることが当然であるという意識が面接官と受験者の間に生まれるということであろう。こうした関係がない面接においては，受験者は自分が面接官の考え方や価値観を押しつけられているように感じる。

　更に悪いのは，受験者はこう考えるべきだというふうに面接官が思っていると受験者が解釈し，そのような回答をしていることを面接官も気付いてしまう状態である。シナリオが見えるような面接試験では，お互いのことがまったく分からないまま終わってしまう。奇抜な意見

を言えばいいというものではないが，個性的な意見も面接の中では重要になってくる。ただ，その自分なりの意見を面接官が受容するかどうかという点が問題なのである。「分かる奴だけ分かればいい」という態度では，面接は間違いなく失敗する。相手も自分も分かり合える関係を築けるような面接がいい面接なのである。

「こちらがどう思おうと，面接官がどう思うかはどうしようもない」と考えている人もいるかもしれないが，それは間違いである。就職試験などにみられる「圧迫面接」などならしかたないが，普通に面接試験を行う時は，面接官側も受験者のことを理解したいと思って行うのであるから，受験生側の態度で友好的になるかならないかは変わってくるのである。

▓▓ 好き嫌い────────────

受容については，もう1つの面がある。それは自分と異なった文化を持った人間を対等の人間として扱うということである。こうした場合のフィードバックは，個人の眼鏡のレンズによってかなり歪められたものになってしまう。また，文化の違いがないときでも，お互いを受容できないということは起こりうる。つまり，人格的に性が合わないことがあるということを認めなくてはならない。しかし，面接という場においては，このことが評価と直結するかというと，必ずしもそうではない。次に述べる「理解」というのにも関係するのだが，面接官に受験者の意見や考えを理解してもらうことができれば，面接の目標を果たせたことになるからだ。

もちろん，「顔や声がどうしても嫌い」などというケースもあり得るわけだが，面接官も立派な大人なわけであるし，そのことによって質問の量などが変わってくるということはまずない。「自分だけ質問されない」というようなケースはほとんどないし，あるとしたらまったく何か別な理由であろう。好き嫌いということに関しては，それほど意識することはないだろう。ただ，口の聞き方や服装，化粧などで，いやな感じを与えるようなものはさけるというのは当然である。

■■ 理解するということ────────

　一人の人間が他者を理解するのに3つの方法がある。第一の方法は，他者の目を通して彼を理解する。例えば，彼について書かれたものを読み，彼について他の人々が語っているのを聞いたりして，彼について理解する。もっとも面接においては，前に行われた面接の評価がある場合をのぞいては，この理解は行われない。

　第二の方法は，自分で相手を理解するということである。これは他者を理解するために最もしばしば使う方法であり，これによってより精密に理解できるといえる。他者を理解したり，しなかったりする際には，自分自身の中にある知覚装置，思考，感情，知識を自由に駆使する。従って理解する側の人間は，その立場からしか相手を理解できない。面接においては，教育現場で仕事に携わっている視点から物事を見ているので，現場では役に立たないような意見を面接官は理解できないということである。

　第三の方法は，最も意味の深いものであると同時に，最も要求水準が高いものでもある。他者とともに理解するということである。この理解の仕方は，ただ両者共通の人間性のみを中心に置き，相手とともにいて，相手が何を考え，どう感じているか，その人の周囲の世界をどのようにみているかを理解するように努める。面接において，こうした理解までお互いに到達することは非常に困難を伴うといえるだろう。

　従って，面接における理解は，主に第二の方法に基づいて行われると考えられる。

■■ よりよく理解するために────────

　最後に面接官が面接を行う上でどのような点に注目し，どのように受験者を理解しようとするのかについて触れておこう。

　まず話し過ぎ，沈黙し過ぎについて。話し過ぎている場合，面接官は受験者を気に入るように引き回される。また，沈黙し過ぎのときは，両者の間に不必要な緊張が生まれてしまう。もっとも，沈黙は面接に

おいて，ときには非常に有用に機能する。沈黙を通して，面接官と受験者がより近づき，何らかを分かち合うこともある。また，同じ沈黙が，二人の溝の開きを見せつけることもある。また混乱の結果を示すこともある。

　また面接官がよく用いる対応に，言い直し，明確化などがある。言い直しとは，受験者の言葉をそのまま使うことである。言い直しはあくまでも受験者に向けられたもので，「私はあなたの話を注意深く聞いているので，あなたが言ったことをもう一度言い直せますよ。私を通してあなたが言ったことを自分の耳で聴き返してください」という意思表示である。

　明確化とは，受験者が言ったこと，あるいは言おうとしたことを面接官がかわって明確にすることである。これには2つの意味があると考えられている。面接官は受験者が表現したことを単純化し意味を明瞭にすることにより，面接を促進する。あるいは，受験者がはっきりと表現するのに困難を感じているときに，それを明確化するのを面接官が手伝ってやる。そのことによって，受験者と面接官とが認識を共有できるのである。

面接試験の秘訣

社会情勢の変動とともに年々傾向の変動が見られる面接試験。これからの日常生活でふだん何を考え，どういった対策をすべきかを解説する。

■■ 変わる面接試験────────

　数年前の面接試験での質問事項と最近の面接試験の質問事項を比較してみると，明らかに変わってきている。数年前の質問事項を見てみると，個人に関する質問が非常に多い。「健康に問題はないか」「遠隔地勤務は可能か」「教師を志した理由は」「卒論のテーマは」「一番印象に残っている教師は」などといったものがほとんどである。「指導できるクラブは何か」というものもある。その他には，「今日の新聞の一面の記事は何か」「一番関心を持っている社会問題は何か」「最近読んだ本について」「今の若者についてどう思うか」「若者の活字離れについて」「日本語の乱れについて」「男女雇用機会均等法について」「国際化社会について」「高齢化社会について」といった質問がされている。そして，教育に関連する質問としては，「校則についてどう考えるか」「〜県の教育について」「学校教育に必要なこと」「コンピュータと数学教育」「生徒との信頼関係について」「社会性・協調性についてどう考えるか」「生涯教育について」「登校拒否について」といったものが質問されている。また「校内球技大会の注意事項」「教室でものがなくなったときの対処法」「家庭訪問での注意事項」「自分ではできそうもない校務を与えられたときはどうするか」「無気力な子供に対してどのような指導をするか」といった質問がされていたことが分かる。

　もちろんこれらの質問は今日も普遍的に問われることが多いが，さ

らに近年の採用試験での面接試験の質問事項では,「授業中に携帯メールをする生徒をどう指導するか」,「トイレから煙草の煙が出ているのを見つけたらどうするか」,「生徒から『先生の授業は分からないから出たくない』と言われたらどうするか」といった具体的な指導方法を尋ねるものが大幅に増えているのである。では,面接試験の質問内容は,どうしてこのように変化してきたのであろうか。

■■ 求められる実践力

　先にも述べたように,今日,教師には,山積した問題に積極的に取り組み,意欲的に解決していく能力が求められている。しかも,教師という職業柄,1年目から一人前として子供たちの指導に当たらなくてはならない。したがって,教壇に立ったその日から役に立つ実践的な知識を身に付けていることが,教師としての前提条件となってきているのである。例えば,1年目に担任したクラスでいじめがあることが判明したとする。その時に,適切な対応がとられなければ,自殺という最悪のケースも十分予想できるのである。もちろん,いじめに対する対処の仕方に,必ずこうしなくてはならないという絶対的な解決方法は存在しない。しかし,絶対にしてはいけない指導というものはあり,そうした指導を行うことによって事態を一層悪化させてしまうことが容易に想像できるものがある。そうした指導に関する知識を一切持たない教師がクラス経営を行うということは,暗闇を狂ったコンパスを頼りに航海するようなものである。

　したがって,採用試験の段階で,教師として必要最低限の知識を身に付けているかどうかを見極めようとすることは,至極当然のことである。教師として当然身に付けていなければいけない知識とは,教科指導に関するものだけではなく,教育哲学だけでもなく,今日の諸問題に取り組む上で最低限必要とされる実践的な知識を含んでいるのである。そして,そうした資質を見るためには,具体的な状況を設定して,対処の仕方を問う質問が増えてくるのである。

■■ 面接試験の備え────────

　実際の面接試験では，具体的な場面を想定して，どのような指導を
するか質問されるケースが非常に多くなってきている。その最も顕著
な例は模擬授業の増加である。対策としては，自己流ではない授業案
を書く練習を積んでおかなくてはならない。

　また，いじめや不登校に対する対応の仕方などについては，委員会
報告や文部科学省の通達などが出ているので，そうしたものに目を通
して理解しておかなくてはいけない。

■■ 面接での評価ポイント────────

面接は人物を評価するために行う。

①面接官の立場から

　ア．子供から信頼を受けることができるであろうか。

　イ．保護者から信頼を受けることができるであろうか。

　ウ．子供とどのようなときも，きちんと向き合うことができるであ
　　ろうか。

　エ．教えるべきことをきちんと教えることができるであろうか。

②保護者の立場から

　ア．頼りになる教員であろうか。

　イ．わが子を親身になって導いてくれるであろうか。

　ウ．学力をきちんとつけてくれるであろうか。

　エ．きちんと叱ってくれるであろうか。

■■ 具体的な評価のポイント────────

①第一印象(はじめの1分間で受ける感じ)で決まる

　服装，身のこなし，表情，言葉遣いなどから受ける感じ

②人物評価

　ア．あらゆるところから誠実さがにじみ出ていなければならない。

　イ．歯切れのよい話し方をする。簡潔に話し，最後まできちんと聞
　　く。

ウ．願書等の字からも人間性がのぞける。上手下手ではない。

エ．話したいことが正しく伝わるよう，聞き手の立場に立って話す。

③回答の仕方

　ア．問いに対しての結論を述べる。理由は問われたら答えればよい。理由を問われると予想しての結論を述べるとよい。

　イ．質問は願書や自己PRを見ながらするであろう。特に自己PRは撒き餌である。

　ウ．具体的な方策を問うているのであって，タテマエを求めているのではない。

■■ 集団討論では平等な討議

①受験者間の意見の相違はあって当然である。だからこそ討議が成り立つのであるが，食い下がる必要はない。

②相手の意見を最後まで聞いてから反論し，理由を述べる。

③長々と説明するなど，時間の独り占めは禁物である。持ち時間は平等にある。

④現実を直視してどうするかを述べるのはよい。家庭教育力の低下だとか「今日の子供は」という批判的な見方をしてはならない。

面接試験の心構え

■■ 教員への大きな期待────────

　面接試験に臨む心構えとして，今日では面接が1次試験，2次試験とも実施され，合否に大きな比重を占めるに至った背景を理解しておく必要がある。

　教員の質への熱くまた厳しい視線は，2009年4月から導入された教員免許更新制の実施としても制度化された(2022年7月廃止予定)。

　さらに，令和3年1月に中央教育審議会から答申された『令和の日本型学校教育』の構築を目指して〜全ての子供たちの可能性を引き出す，個別最適な学びと，協働的な学びの実現〜」では，教師が教師でなければできない業務に全力投球でき，子供たちに対して効果的な教育活動を行うことができる環境を作っていくために，国・教育委員会・学校がそれぞれの立場において，学校における働き方改革について，あらゆる手立てを尽くして取組を進めていくことが重要であるとされている。

　様々な状況の変化により，これからますます教師の力量が問われることになる。さらに，子供の学ぶ意欲や学力・体力・気力の低下，様々な実体験の減少に伴う社会性やコミュニケーション能力の低下，いじめや不登校等の学校不適応の増加，LD(学習障害)，ADHD(注意欠陥/多動性障害)や高機能自閉症等の子供への適切な支援といった新たな課題の発生など，学校教育をめぐる状況は大きく変化していることからも，これからの教員に大きな期待が寄せられる。

■■ 教員に求められる資質────────

　もともと，日本の学校教育制度や教育の質は世界的に高水準にあると評価されており，このことは一定の共通認識になっていると思われる。教師の多くは，使命感や誇りを持っており，教育的愛情をもって

子供に接しています。さらに，指導力や児童生徒理解力を高めるため，いろいろな工夫や改善を行い，自己研鑽を積んできている。このような教員の取り組みがあったために，日本の教員は高い評価を得てきている。皆さんは，このような教師たちの姿に憧れ，教職を職業として選択しようとしていることと思われる。

　ただ一方で，今日，学校教育や教員をめぐる状況は大きく変化しており，教員の資質能力が改めて問い直されてきているのも事実です。文部科学省の諮問機関である中央教育審議会では，これらの課題に対し，①社会構造の急激な変化への対応，②学校や教員に対する期待の高まり，③学校教育における課題の複雑・多様化と新たな研究の進展，④教員に対する信頼の揺らぎ，⑤教員の多忙化と同僚性の希薄化，⑥退職者の増加に伴う量及び質の確保の必要性，を答申している。

　中央教育審議会答申(「教職生活の全体を通じた教員の資質能力の総合的な向上方策について」2012年)では，これからの教員に求められる資質能力を示してる。

(i)　教職に対する責任感，探究力，教職生活全体を通じて自主的に学び続ける力(使命感や責任感，教育的愛情)

(ii)　専門職としての高度な知識・技能
　・教科や教職に関する高度な専門的知識(グローバル化，情報化，特別支援教育その他の新たな課題に対応できる知識・技能を含む)
　・新たな学びを展開できる実践的指導力(基礎的・基本的な知識・技能の習得に加えて思考力・判断力・表現力等を育成するため，知識・技能を活用する学習活動や課題探究型の学習，協働的学びなどをデザインできる指導力)
　・教科指導，生徒指導，学級経営等を的確に実践できる力

(iii)　総合的な人間力(豊かな人間性や社会性，コミュニケーション力，同僚とチームで対応する力，地域や社会の多様な組織等と連携・協働できる力)

　また，中央教育審議会答申(「今後の教員養成・免許制度の在り方について」2006年)では，優れた教師の3要素が提示されている。

① 教職に対する強い情熱
　　教師の仕事に対する使命感や誇り，子どもに対する愛情や責任感など
② 教育の専門家としての確かな力量
　　子ども理解力，児童・生徒指導力，集団指導の力，学級づくりの力，学習指導・授業づくりの力，教材解釈の力など
③ 総合的な人間力
　　豊かな人間性や社会性，常識と教養，礼儀作法をはじめ対人関係能力，コミュニケーション能力などの人格的資質，教職員全体と同僚として協力していくこと

　さらに中央教育審議会答申(「これからの学校教育を担う教員の資質能力の向上について～学び合い，高め合う教員育成コミュニティの構築に向けて～」2015年)では，新たにこれからの時代の教員に求められる資質能力が示された。

(i)　これまで教員として不易とされてきた資質能力に加え，自律的に学ぶ姿勢を持ち，時代の変化や自らのキャリアステージに応じて求められる資質能力を生涯にわたって高めていくことのできる力や，情報を適切に収集し，選択し，活用する能力や知識を有機的に結びつけ構造化する力などが必要である。
(ii)　アクティブ・ラーニングの視点からの授業改善，道徳教育の充実，小学校における外国語教育の早期化・教科化，ICTの活用，発達障害を含む特別な支援を必要とする児童生徒等への対応などの新たな課題に対応できる力量を高めることが必要である。
(iii)　「チーム学校」の考えの下，多様な専門性を持つ人材と効果的に連携・分担し，組織的・協働的に諸課題の解決に取り組む力の醸成が必要である。

　時代の変革とともに，アクティブ・ラーニングやチーム学校など，

求められる教師の資質や能力も変わっていく。時代に対応できる柔軟性のある教師が求められる。

■■■ 面接試験の種類とその概要─────────

　面接は，基本的に個人面接，集団面接，集団討論，模擬授業の4種類に分けられるが，現在，多様な方法で，その4種類を適宜組み合わせて実施しているところが多くなっている。例えば，模擬授業の後で授業に関する個人面接をしたり，集団討論と集団面接を組み合わせている。また模擬授業も場面指導・場面対応などを取り入れているところが増えてきた。

　文部科学省の調査によると，面接官は主に教育委員会事務局職員や現職の校長，教頭などであるが，各自治体は，これに加えて民間企業担当者，臨床心理士，保護者等の民間人等を起用している。次にそれぞれの面接の概要を紹介する。

受験者1人に対して，面接官2～3人で実施される。1次試験の場合は「志願書」に基づいて，2次試験の場合は1次合格者にあらかじめ記入させた「面接票」に基づいて質問されることが一般的で，1人当たり10分前後の面接時間である。

　1次試験と2次試験の面接内容には大差はないが，やや2次試験の方が深く，突っ込んで聞かれることが多いと言える。

　質問の中でも，「教員志望の動機」，「教員になりたい学校種」，「本県・市教員の志望動機」，「理想の教師像・目指す教師像」などは基本的なことであり，必ず聞かれる内容である。「自己アピール」とともに，理由，抱負，具体的な取組などをぜひ明確化しておく必要がある。

　また，「志願書」を基にした質問では，例えば部活動の経験や，卒業論文の内容，ボランティア経験などがある。必ず明確に，理由なども含めて答えられるようにしておくことが必要である。そのために「志願書」のコピーを取り，突っ込んで聞かれた場合の対策を立てておくことを勧める。

集団面接 集団面接は受験者3〜8名に対して面接官3名で実施される。1次試験で実施するところもある。したがって個人面接と質問内容には大差はない。例えば，「自己アピール」をさせたり，「教員として向いているところ」を聞いたりしている。

ただ1次試験の面接内容と違うところは，先に述べたように，多くの自治体が2次試験受験者に対してあらかじめ「面接票」を書かせて当日持参させて，その内容に基づいて聞くことが多い。したがって，記載した内容について質問されることを想定し，十分な準備をしておく必要がある。例えば，「卒業論文のテーマ」に対して，テーマを設定した理由，研究内容，教師として活かせることなどについて明確化しておく必要がある。ボランティア経験なども突っ込んで聞かれることを想定しておく。

今日では集団面接は受験番号順に答えさせるのではなく，挙手をさせて答えさせたり，受験者によって質問を変えたりする場合が多くなっている。

集団面接では，個人面接と同様に質問の内容自体は難しくなくても，他の受験生の回答に左右されないように，自分の考えをしっかりと確立しておくことが重要である。

集団討論 面接官3名に対して，受験者5〜8名で与えられたテーマについて討論する。受験者の中から司会を設けさせるところと司会を設けなくてもよいところ，結論を出すように指示するところと指示しないところがある。

テーマは児童生徒への教育・指導に関することが中心で，討論の時間は30〜50分が一般的である。

採用者側が集団討論を実施する意図は，集団面接以上に集団における一人ひとりの資質・能力，場面への適応力，集団への関係力，コミュニケーション力などを観て人物を評価したいと考えているからである。そして最近では，個人面接や集団面接では人物を判断しきれないところを，集団討論や模擬授業で見極めたいという傾向が見受けられる。よって受験者仲間と討論の練習を十分に行い，少し

でも教育や児童生徒に対する幅広い知識を得ることはもちろんのこと，必ず自分の考えを構築していくことが，集団討論を乗り切る「要」なのである。

模擬授業 一般に模擬授業は教科の一部をさせるものであるが，道徳や総合的な学習の時間，学級指導などを行わせるところもある。

時間は8分前後で，導入の部分が一般的であるが，最近は展開部分も行わせることもある。直前に課題が示されるところ，模擬授業前に一定の時間を与え，学習指導案を書かせてそれを基に授業をさせるところ，テーマも抽選で自分である程度選択できるところもある。また他の受験生を児童生徒役にさせるところ，授業後，授業に関する個人面接を実施するところなど，実施方法は実に多様である。

ある県では，1次合格者に対して2次試験当日に，自分で設定した単元の学習指導案をもとに授業をさせて，後の個人面接で当該単元設定の理由などを聞いている。またある県では，授業後の個人面接で自己採点をさせたり，授業について質問している。

学級指導を行わせる自治体もある。例えば，福祉施設にボランティアに出かける前の指導や修学旅行前日の指導，最初の学級担任としての挨拶をさせるものなどである。

模擬授業は，集団討論と同様，最近は非常に重要視されている。時間はわずか8分前後であるが，指導内容以上に，与えられた時間内にどれだけ児童生徒を大切にした授業をしようとしたか，がポイントである。それだけに受験生は「授業力」を付ける練習を十分にしておくことが必要である。

 場面指導 ロールプレイング 模擬授業の一方法と言えるが，設定される課題が生徒指導に関することや，児童生徒対応，保護者対応・地域対応に関するものが主である。個人面接の中で設定される場合もある。

最近の児童生徒の実態や保護者対応などが課題になっていることを受けて，多くのところで実施されるようになってきた。

　例えば，「授業中に児童が教室から出て行きました。あなたはどうしますか」とか「あなたが授業のために教室に行ったところ，生徒たちが廊下でたむろして教室に入らないので指導して下さい」，「学級の生徒の保護者から，明日から学校に行かせないとの連絡がありました。担任としてどうするか，保護者に話してください」など，教員になれば必ず直面するテーマが設定されている。

　日頃から，自分が教員になった場合の様々な場面を想定して，自分の考えや対応の方法などの構築を進めていくことが必要である。そのためには，集団討論や模擬授業と同様に十分な練習を行うことが必要である。

■■ 面接試験に臨むために準備すること———————

準備のための基本的な視点は次の3点である。

(1)　面接会場の多くは学校の教室である。暑い最中での面接であるから，心身の状態をベストにして臨むことが極めて重要である。

　面接のためだけでなく，教職自体が予想以上に心身のタフさが求められることを念頭において，日頃から試験当日に向けて心身の健康の保持に留意すること。

(2)　面接は人物評価の「要」となっているだけに，受験者は「自分をアピールする・売り込む」絶好の機会と捉えて，当日に向けての十分な準備・対策を進めることが極めて大切である。

(3)　自分の受験する自治体の教育施策を熟知し，多様な面接内容などに対処できるようにすることが大切である。

試験対策前の事前チェック

■■ 面接試験の準備状況をチェックする────

　まず面接試験に向けた現在の準備状況を20項目の「**準備状況のチェック**」で自己チェックし，その合計得点から準備の進み具合について調べ，これからどのような準備や学習が必要なのかを考えよう。「はい」「少しだけ」「いいえ」のどれかをマークし，各点数の合計を出す。
(得点：はい…2点，少しだけ…1点，いいえ…0点)

Check List 1 準備状況のチェック

	はい	少しだけ	いいえ
① 態度・マナーや言葉づかいについてわかっている	◯	◯	◯
② 自分の特技や特長が説明できる	◯	◯	◯
③ 自分なりの志望の動機を答えられる	◯	◯	◯
④ 自己PRが短時間でできる	◯	◯	◯
⑤ 自分の能力や教員としての適性について説明できる	◯	◯	◯
⑥ 教育に対する考えを明確に説明することができる	◯	◯	◯
⑦ 自分の目指す教師像について説明できる	◯	◯	◯
⑧ 教師として何を実践したいか説明できる	◯	◯	◯
⑨ 希望する校種が決まっている	◯	◯	◯
⑩ 卒論の内容について具体的に説明できる	◯	◯	◯
⑪ 面接試験の内容や方法についてわかっている	◯	◯	◯
⑫ 面接の受け方がわかっている	◯	◯	◯
⑬ 面接試験で何を質問されるのかわかっている	◯	◯	◯
⑭ 模擬面接を受けたことがある	◯	◯	◯
⑮ 集団討議でディスカッションする自信がある	◯	◯	◯
⑯ 模擬授業での教科指導・生徒指導に自信がある	◯	◯	◯
⑰ 受験要項など取り寄せ方やWeb登録を知っている	◯	◯	◯
⑱ 書類など何をそろえたらよいのかわかっている	◯	◯	◯
⑲ 書類などの書き方がわかっている	◯	◯	◯
⑳ 試験当日の準備ができている	◯	◯	◯

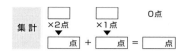

集計 　[　] ×2点 ▼ [　]点 ＋ 　[　] ×1点 ▼ [　]点 ＝ 0点 [　]点

診断

0〜14点	15〜29点	30〜40点
少々準備不足である。他の受験者に遅れを取らないように頑張ろう。	順調に準備が進んでいる。さらに本番に向けて準備を進めよう。	よく準備ができている。自分の考えを整理して，本番に備えよう。

■■■ 教職レディネスをチェックする

　教員採用試験を受験する前に，教員になるための準備がどの程度できているだろうか。教員の職務に必要とされている様々な能力や適性について，まずは確認してみることが必要である。

　教員の職務に必要な能力・適性を，(1) **事務処理**，(2) **対人関係**，(3) **教育力・指導力** に分け，それぞれについて，教員になるための準備の程度について考えてみたい。次のチェックシートを使って，自分の教職に対するレディネス(準備性)を評価してみる。CとDの項目については，改善のためのアクションプラン(行動計画)を考えるとよい。

(1) 事務処理能力をチェックする

　教育事務は教育活動の中でも，生徒指導を支える重要な役割を果たすものである。学校としてのあらゆる教育計画を企画・立案したり，生徒指導のための資料を収集・整理し，活用できるようにまとめたりすることも，事務処理の優れた能力がなければ実践していくことはできない。教職レディネスとしての事務的能力について，以下の項目をAからDで評価する。

Check List 2 事務処理能力のチェック

A：十分できる　B：できる　C：あまりできない　D：できない

① 言われたことを正しく理解し，実行できる　　　Ⓐ─Ⓑ─Ⓒ─Ⓓ

② 計画的に行動し，適正に評価することができる　Ⓐ─Ⓑ─Ⓒ─Ⓓ

③ 根気強く資料を作ったり，検討することができる　Ⓐ─Ⓑ─Ⓒ─Ⓓ

④ 物事を正確で丁寧に処理できる　　　　　Ⓐ——Ⓑ——Ⓒ——Ⓓ

⑤ 計算を速く間違いなくできる　　　　　　Ⓐ——Ⓑ——Ⓒ——Ⓓ

⑥ 記録を付けたり, データを解釈することができる　Ⓐ——Ⓑ——Ⓒ——Ⓓ

⑦ 文字や数字などを速く正確に照合できる　　Ⓐ——Ⓑ——Ⓒ——Ⓓ

⑧ 文章を理解し, 文章で自分の考えを伝えられる　Ⓐ——Ⓑ——Ⓒ——Ⓓ

⑨ データをグラフ化したり, 考えを図式化できる　Ⓐ——Ⓑ——Ⓒ——Ⓓ

⑩ 分析したり, まとめたり, 計画を立てられる　Ⓐ——Ⓑ——Ⓒ——Ⓓ

(2)　対人関係能力をチェックする

　教育は人と人との関わりを通して行われるものであり, 児童・生徒は教師の人格や対人関係能力などによって大きな影響を受けるものである。児童・生徒への適切な指導や保護者との連携, 地域との関わり, 先輩教員とのコミュニケーションなど対人関係能力は教職にとって欠くことのできない基本的な要素だと言える。教職レディネスとしての対人関係能力について, 以下の項目を前述と同様にAからDで評価してみよう。

Check List 3 対人関係能力のチェック

A:十分できる　B:できる　C:あまりできない　D:できない

① 考えていることをうまく言葉で表現できる　　Ⓐ——Ⓑ——Ⓒ——Ⓓ

② あまり神経質でなく, 劣等感も少ない　　　　Ⓐ——Ⓑ——Ⓒ——Ⓓ

③ 社交性があり, 誰とでも協調していくことができる　Ⓐ——Ⓑ——Ⓒ——Ⓓ

④ 初対面でも気楽に話すことができる　　　　　Ⓐ——Ⓑ——Ⓒ——Ⓓ

⑤ 相手に好感を与えるような話しぶりができる　Ⓐ——Ⓑ——Ⓒ——Ⓓ

⑥ 奉仕的な気持ちや態度を持っている　　　　　Ⓐ——Ⓑ——Ⓒ——Ⓓ

⑦ 何事にも, 機敏に対応できる　　　　　　　　Ⓐ——Ⓑ——Ⓒ——Ⓓ

⑧ 相手の気持ちや考えをよく理解できる　　　　Ⓐ——Ⓑ——Ⓒ——Ⓓ

⑨ 相手の立場になって考えたり, 行動できる　　Ⓐ——Ⓑ——Ⓒ——Ⓓ

⑩ 他人をうまく説得することができる　　　　　Ⓐ——Ⓑ——Ⓒ——Ⓓ

(3)　教育力・指導力をチェックする

　教師としての教育力や指導力は, 教員の職務上, もっとも重要な能力であると言える。教師として必要な知識や指導方法などを知ってい

ても，実際にそれらを活用して指導していけなければ何にもならない。教育力・指導力は，教育活動の中で生徒指導を実践していくための教職スキルであると言うことができる。教職レディネスとしての教育力・指導力について，以下の項目をAからDで評価してみよう。

`Check List 4` **教育力・指導力のチェック**

A：十分できる　B：できる　C：あまりできない　D：できない

① 責任感が強く, 誠実さを持っている　　Ⓐ─Ⓑ─Ⓒ─Ⓓ
② 児童・生徒への愛情と正しい理解を持っている　Ⓐ─Ⓑ─Ⓒ─Ⓓ
③ 常に創意工夫し, 解決へと努力することができる　Ⓐ─Ⓑ─Ⓒ─Ⓓ
④ 何事にも根気強く対応していくことができる　Ⓐ─Ⓑ─Ⓒ─Ⓓ
⑤ 正しいことと悪いことを明確に判断し行動できる　Ⓐ─Ⓑ─Ⓒ─Ⓓ
⑥ 人間尊重の基本精神に立った教育観を持っている　Ⓐ─Ⓑ─Ⓒ─Ⓓ
⑦ 教科に関する知識や指導方法などが身に付いている　Ⓐ─Ⓑ─Ⓒ─Ⓓ
⑧ 問題行動には毅然とした態度で指導することができる　Ⓐ─Ⓑ─Ⓒ─Ⓓ
⑨ 研究や研修に対する意欲を持っている　Ⓐ─Ⓑ─Ⓒ─Ⓓ
⑩ 教科に関する知識や指導方法などが身に付いている　Ⓐ─Ⓑ─Ⓒ─Ⓓ
⑪ 授業を計画したり実践する力がある　Ⓐ─Ⓑ─Ⓒ─Ⓓ
⑫ 教育公務員としての職務を正しく理解している　Ⓐ─Ⓑ─Ⓒ─Ⓓ
⑬ 学習指導要領の内容をよく理解できている　Ⓐ─Ⓑ─Ⓒ─Ⓓ

■■■ **面接の心構えをチェックする**────────

　面接への心構えはもうできただろうか。面接試験に対する準備状況をチェックしてみよう。できている場合は「はい」，できていない場合は「いいえ」をチェックする。

`Check List 5` **面接の心構えのチェック**

はい　　いいえ

① 面接に必要なマナーや態度が身に付いているか　◯─◯
② 面接でどのような事柄が評価されるかわかっているか　◯─◯
③ 面接にふさわしい言葉づかいができるか　◯─◯
④ 受験先のこれまでの面接での質問がわかっているか　◯─◯
⑤ 話をするときの自分のくせを知っているか　◯─◯

⑥ 教員の仕事について具体的に理解しているか　　　　　　◯――――◯

⑦ 必要な情報が集められているか確認したか　　　　　　　◯――――◯

⑧ 志望した動機について具体的に話せるか　　　　　　　　◯――――◯

⑨ 志望先の教育委員会の年度目標などを説明できるか　　　◯――――◯

⑩ 志望先の教育委員会の教育施策について説明できるか　　◯――――◯

■■ 面接試験の意義――――――――

　教員採用試験における筆記試験では，教員として必要とされる一般教養，教職教養，専門教養などの知識やその理解の程度を評価している。また，論作文では，教師としての資質や表現力，実践力，意欲や教育観などをその内容から判断し評価している。それに対し，面接試験では，教師としての適性や使命感，実践的指導能力や職務遂行能力などを総合し，個人の人格とともに人物評価を行おうとするものである。

　教員という職業は，児童・生徒の前に立ち，模範となったり，指導したりする立場にある。そのため，教師自身の人間性は，児童・生徒の人間形成に大きな影響を与えるものである。そのため，特に教員採用においては，面接における人物評価は重視されるべき内容と言える。

■■ 面接試験のねらい――――――――

　面接試験のねらいは，筆記試験ではわかりにくい人格的な側面を評価することにある。面接試験を実施する上で，特に重視される視点としては次のような項目が挙げられる。

(1)　人物の総合的評価

　面接官が実際に受験者と対面することで，容姿，態度，言葉遣いなどをまとめて観察し，人物を総合的に評価することができる。これは，面接官の直感や印象によるところが大きいが，教師は児童・生徒や保護者と全人的に接することから，相手に好印象を与えることは好ましい人間関係を築くために必要な能力といえる。

(2)　性格，適性の判断

　面接官は，受験者の表情や応答態度などの観察から性格や教師としての適性を判断しようとする。実際には，短時間での面接のため，社会的に，また，人生の上からも豊かな経験を持った学校長や教育委員会の担当者などが面接官となっている。

(3)　志望動機，教職への意欲などの確認

　志望動機や教職への意欲などについては，論作文でも判断することもできるが，面接では質問による応答経過の観察によって，より明確に動機や熱意を知ろうとしている。

(4)　コミュニケーション能力の観察

　応答の中で，相手の意志の理解と自分の意思の伝達といったコミュニケーション能力の程度を観察する。中でも，質問への理解力，判断力，言語表現能力などは，教師として教育活動に不可欠な特性と言える。

(5)　協調性，指導性などの社会的能力(ソーシャル・スキル)の観察

　ソーシャル・スキルは，教師集団や地域社会との関わりや個別・集団の生徒指導において，教員として必要とされる特性の一つである。これらは，面接試験の中でも特に集団討議(グループ・ディスカッション)などによって観察・評価されている。

(6)　知識，教養の程度や教職レディネス(準備性)を知る

　筆記試験において基本的な知識・教養については評価されているが，面接試験においては，更に質問を加えることによって受験者の知識・教養の程度を正確に知ろうとしている。また，具体的な教育課題への対策などから，教職への準備の程度としての教職レディネスを知ることができる。

個人面接・集団面接対策

　面接の形式には様々な工夫があり，個人面接の前半で模擬授業を実施したり，グループで共同作業をさせたりと各都道府県でも毎年少しずつ変更している。具体的な内容は受験先の傾向を調べる必要があるが，ここではその基本的な形式として個人面接と集団面接について解説する。

■■ 面接試験の形式────────────

個人面接

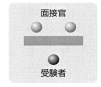

■**形式**　面接官が2〜3人程度

　1対1の単独面接はあまり実施されず，複数の面接官の判断により，客観性を高めている。面接官の間で質問の内容や分野を分担している場合と自由に質問する場合がある。また，質問しているときにその他の面接官が応答の仕方や態度を観察することがある。最近では模擬授業を組み入れるところも多くなってきた。

■**時間**　10〜20分程度

■**特徴**　受験者の個々の事情に即して質問することができ，問題点なども必要に応じて追求していくことができる。また，受験者の人柄をより深く理解することができ，個人的側面を評価するためには有効な方法としてほとんどの採用試験で実施されている。ただし，集団になったときの社会的な側面が判断しにくいことなどが難点とし

て挙げられる。

■**ポイント**　答えるときには，慌てずにゆっくりと自分のペースで話すようにし，質問した面接官に顔を向けるようにする。

集団面接

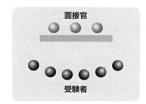 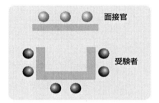

■**形式**　受験者が5〜8人程度で面接官が2〜5人程度

同じ質問を一人ずつ順番に答えたり，質問内容が一人ずつ変わったりする。

■**時間**　30〜40分程度

■**特徴**　質問内容は個人面接とさほど変わらないが，数人を同時に面接できるので時間が短縮でき，受験者の比較がしやすい。

受験者が複数なので緊張感が少ないが，他人の意見に影響されたり，ライバル意識が強くなり，余計なことをしゃべり過ぎることがある。

■**ポイント**　他の受験者の質問にも常に耳を傾け，いつ同じ質問をされてもいいように準備しておく。他の受験者と比較されるため，自分の意見をはっきりと話せるようにしておく。

■■■ **質問の内容**————————

①人柄

面接における人物の評価は，身近な話題を通して総合的に評価される。受験者の内面を知るためには，次のようなチェックポイントがある。

・明るさや素直さ，若々しさなどの性格面
・物事についての興味や熱意などの意欲面

- 生き方や価値観，物事についての考え方
- 基本的な常識や教養
- 社会人としての自覚

②自己紹介

　　履歴書，身上書やその他提出書類の内容と違っていては困る。学校生活での経験などをまじえて，わかりやすく自分を表現するようにする。

③教員志望の動機

　　受験する都道府県の特徴や教育施策などをよく調べて必要なところはまとめておくことが大切である。受験地のどこにひかれたのか，また，自分の特性から教職への適性について主張する。

④教師としての抱負

　　教師になって，やりたい事や夢について，短く話せるようにまとめておく。

■■ 個人面接・集団面接実施の手順とポイント──────

●手順と質問例

1　入室・着席
- 受験番号と名前を言ってから座ってください。

2　導入のための質問
- 自己紹介を簡単にしてください。
- 今日は，どのようにして面接会場まできましたか。
- 今日の面接のために，何か準備をしてきましたか。

3　一般質問(人柄・性格を判断)
- 大学でのクラブ・サークル活動について話してください。
- 大学のゼミではどんなことをしていましたか。
- 大学生活で一番思い出に残っていることは何ですか。

4　教職・教育に関する質問
- なぜ教師になりたいのですか。志望動機を聞かせてください。
- 教師になって何をしたいですか。

- あなたが考える理想の教師とはどのような教師でしょうか。
- 教育実習でどのような経験をしましたか。

5 生徒指導に関する質問
- クラスでいじめがあったとき，担任としてどうしますか。
- 不登校の生徒に対してどのように指導していきますか。
- 生徒の個性を生かす教育について，その方法と可能性は。

6 社会活動・ボランティア活動に関する質問
- あなたは今までにボランティア活動をしたことがありますか。
- ボランティア活動からどのようなことを学びましたか。
- 学校と地域との関わりをどう深めていきますか。

■■ 面接評価の観点

[1] 態度，礼儀

人物評価としての人柄を判断するときに，その人の態度や礼儀は評価を左右する大きなポイントである。第一印象といったものは，その後の質問内容や受験者の判定までもかえてしまうものである。

評価の観点
- 姿勢がきちんとして礼儀正しいか
- 落ち着きがあるか
- 品位があり，好感がもてるか
- 表情に好感がもてるか(明るく，誠実，意欲的)
- 謙虚さがうかがえるか

[2] 服装，身だしなみ

面接試験を受けるときには，きちんとした服装，身だしなみが重視される。採用試験にのぞむ意欲や誠意のあらわれとして評価されるものである。教師として相手から好感をもたれる服装，身だしなみは大切なことである。

評価の観点
- 清潔感のある服装か
- 教師として誠実さが表れる服装か

- 髪型をきちんとそろえてあるか
- 服の着こなしなど，身だしなみは整っているか
- 髭，爪，靴など気を配っているか

[3] 話し方

　自分の考えていることを正しく相手に伝えられなければ，教師としての仕事はできない。相手にわかりやすく，好感のもたれる話し方をすることが教師としての第一の条件ともいえる。

　評価の観点

- 言語が明瞭であるか
- 話の速度・声量が適切であるか
- 落ち着いてよく考えてから発言しているか
- 好感のもてる話し方か
- 敬語等きちんと使えているか

[4] 積極性

　何事にも積極的に取り組む人を教育現場では求めている。積極的に新しいことに取り組み，学ぼうといった姿勢がなければ，面接官としても採用の意欲がなくなってしまう。

　評価の観点

- 話し方に積極性が感じられるか
- 前向きな考え方ができるか
- 最後までやりぬく意志があるか
- 創造的に取り組もうとしているか
- 応答に意欲が感じられるか

[5] 協調性

　教育者として最も大切な資質の一つに，他の教師と協力して職務をやり遂げるといったことがある。相手の意見を聞き，自分の意見も伝えることができ，食い違いを歩み寄り，まとめていく能力はチームワークとして教育活動を実践していく上で，もっとも重要なものである。

評価の観点

- 相手の立場を理解しようとしているか
- 自分から協力しようとする姿勢をもっているか
- 相手に合わせて自分の考えを伝えられるか
- 協力して課題解決へ導こうとしているか
- 他者の誤りや欠点に寛容であるか

[6] 堅実性

どんなに積極的でアイディアにとんでいても，気紛れで無責任では人間としても失格といえる。やはり地道に努力し，誠実な人はだれからも信頼され，頼られるものである。

評価の観点

- 責任感があるか
- 真面目で誠実であるか
- 意志が強いか
- 地道に努力しているか
- 合理的に行動しようとしているか

[7] 表現力

自分の考えていることを筋道を立てて相手に理解できるように伝えられないようでは，児童・生徒や保護者を説得したり，指導や協力を得ることができない。表現力は児童・生徒との対応や情報交換，説明，説得など教師としての能力として評価されるものである。

評価の観点

- 論旨一貫し，筋道の通った話ができるか
- 簡潔に内容を説明できているか
- 用語が適切で，語彙が豊富であるか
- 自分の考えを適切に表現できているか
- 説得力のある話し方か

[8] 理解力・判断力

情報や状態を素早く的確に理解し判断することは，効果的な教育活動を実践するための大切な条件である。児童・生徒や保護者，ま

291

た先輩教師の言っていることが正しく理解できないようでは，教師としても務まらない。

評価の観点

- 質問の意図が正しく理解できているか
- 質問に対して適切な対応ができているか
- 的確な判断力をもっているか
- 感情に左右されず，冷静に判断できているか
- 自分勝手な解釈や早合点をしていないか

[9] 常識

教育活動を実践していくとき，一般的な社会常識は不可欠なものである。社会が学校教育に求めていることや，学校教育が果たす役割についても，政治，経済や教育事情など日常の出来事を通して理解を深め，幅広くバランスのよい知識を身につけておくことが大切である。

評価の観点

- 常識的な考え方ができているか
- 常識的な行動がとれているか
- 社会的問題についての関心はあるか
- 一般的な教養，常識，見識があるか
- 教育者としての常識的な価値判断ができるか

[10] 志望動機

志望する動機や理由が明確にしっかりとした内容で話ができなければ，採用試験の受験者としては失格である。

面接官は，なぜ本県(都道府市)で教員になりたいのか，率直に聞きたいはずである。自分の意思をはっきり伝えられるようにしよう。

評価の観点

- 自分の考えで明確に表現できているか
- 動機や理由がしっかりとしているか
- 本県(都道府市)で教師になる意欲がみられるか
- 他の質問との一貫性があるか

［11］資質

　教師として適性や資質は，教師として職務を遂行し，教育活動を実践していくときの意欲や実践力に大きな影響を与えるものである。この教職適性・資質は，受験者が教師に向くかどうかを判断する上で，重要な要素となるものである。

評価の観点
- 学問や教育活動への研究心や向上心があるか
- 児童・生徒と一緒にいることが好きか
- 道徳的価値観に基づいた行動ができるか
- 専門についての知識は豊富か
- 問題解決のための具体的な実践ができるか

［12］教育観

　教育者となるためには，人間尊重の基本精神に立って，児童・生徒に対する正しい理解と愛情をもっていなければならない。教職に対する熱意と共に正しい教育観をもっていることが教師の必要条件である。その人の人間性と共に教育の捉え方がポイントとなる。

評価の観点
- 教職に期待と熱意をもっているか
- 教員の職務に対して正しく理解しているか
- 人間尊重の基本精神に立った教育観をもっているか
- 子供への愛情と正しい理解があるか
- 教育の捉え方が偏っていないか

■■ 個人面接試験に対する対応の基本————————

①非言語的表現

○身形

　特別なことではないが，特異に感じられる服装や装飾品を身に付けることは，慎まなければならない。とくに服装については，個性の表現といわれるが，教員としてのわきまえを十分自覚して個性を発揮することである。

ア　服装

　面接官が見た第一印象が，すべてを決することにもなりかない。したがって，男子も女子もスーツが常識的である。また，ワイシャツやブラウスは，白いものの方が清潔感がある。もちろん，服装は，きちんとプレスの行き届いたものであるべきである。

イ　身だしなみ

　男子については，長髪や長いもみあげなどは好ましくないため，事前に理髪店で調髪しておくことであり，当日も，ひげはきちんと剃っておくことである。女子の場合，派手な色のマニキュアや濃いアイシャドウ・口紅は避けるべきで，イヤリングなどはつけない方がよい。化粧は，身だしなみ程度とし，極端なヘアカラーやパーマネントなどは論外である。基本は，子供たちの前での様子を示すということである。なお，事前に理髪店や美容院に行くことは，面接試験の前に，自らの様子を大きな鏡で確認できるということから，そのことでも意味のあることである。

〇態度

　人の触れ合いは，礼に始まり，礼に終わるとはいえ，自らの人物が評価されるということから，礼以前の仕草も評価の対象になる，と考えることが大切である。すなわち，当日の行動のすべてが評価されるという気持ちでいると，にわか仕込みではないという気分になれるものである。しかし，緊張は禁物である。

　そこで，最も大切なことは，面接官に安堵感を与えることが肝要であり，無意識のうちに，そのような感じにさせることである。そのことで，参考になるのが，日本人のお客さんの態度である。

　その様子を簡潔に示すと，「ドアをノックしても，応答があるか，家の人がドアを開くまで，勝手にドアを開けない。」「あいさつが終わっても，どうぞお上がりくださいといわれるまで，勝手に靴を脱いで上がらない。」「座敷に通されて，座布団があるのに，直ぐ座布団に座らない。」「座布団をはずして，帰りのあいさつをする。」等である。

ア　息遣いを整える

入室前の控え室において，練習しておくことであるが，息は吐き出した方が落ち着くということ，例えば，「ホッとした。」とか，「アー良かったネ。」と発言する時を思い出すと，必ず息を吐き出しているものである。したがって，「一，二」，「一，二，三」と頭の中で数えながら，息を吸ったり吐き出したりしていると，少しは吐く息の方が多いようで，気分は落ち着くものである。したがって，面接会場のドアの前で，「一，二」，「一，二，三」と頭の中で数えながら，息を整えることである。

イ　入室

ドアをノックして，応答があってから，ドアを開き，「よろしくお願いします。」とあいさつして動かない。

ウ　指示を待つ

名前の確認があった場合，かならず「はい。」といってから受け答えをする。提出書類があり，その提出を求められたときは，「はい。」といって，指示されたところに持っていき，書類を提出した後，その場に立っている。さらに，椅子を示して，座るようにといわれたとき，「はい。」といい，椅子のところに行き，椅子の左横に立つ。

エ　着席

「座りなさい。」との声がかかったら，「はい，失礼します。」といい，椅子の背もたれに手を当て，少し椅子を後に下げてから，なるべく深く着席する。

オ　目線

面接官は，必ず複数で三人の時は，中央に主担当者がいる場合が多いのであるが，その場合でも，中央を向きつつ，目線は隣の面接官との間の後の壁にあてることである。

カ　姿勢の安定

手は，軽く丸め親指を握りしめないようにし，足のつま先を支点にして，両かかとをゆっくり(準静的)2〜3cm上げる。止めてから，ゆっくり下げる。

キ　発言

　　着席後，3～4秒経つので，何らかの指示または発言を求められる
はずである。その際，発声した面接官の方を向き，はじめは，必ず
「はい。」といってから後を続けることである。

ク　面接終了後

　　面接官に，「これで面接を終わります。」といわれたとき，「はい。」
といって立ち上がり，半歩右に踏み出し，椅子をもとの位置にもど
して，直立し「有り難うございました。」と発声する。

ケ　ドアまでの行動

　　あいさつが終わった後，ドアの方に歩くとき，あること(その内容
は後述する。)を考えながら歩くことである。このことは，正に，
「考える人」なのであり，試験終了後の安堵感から，開放感に包ま
れたような態度では，決して歩かないはずである。

コ　退出

　　ドアのところで立ち止まり，再び面接官の方を向き，「有り難う
ございました。」とあいさつしてから退出する。

※ドアの方に歩くときに考えること：当日の朝，試験会場に来るまで
　の間に真心を込めて，発声練習した言葉である。それは，前日，試
　験会場の下見をしていても，当日の朝，駅の駅員さんや売店の人あ
　るいは交番のお巡りさんでも良いが，だれかに真剣に，会場までの
　道順を聞き，聞き終わった後の「有り難うございました。」である。
　この言葉と同じであったかと考えながら歩くのである。

②言語的表現

〇文字

　　このことは，自らに書けることがあればということであり，記述の
際は，どの欄についても一字一字正しい文字で書き，他の人が見て，
読みとれるようにすることである。この読みとれるとは，短時間で書
き手の意図することが直ちに分かることである。

　　したがって，小さな文字で，所狭しと文字を並べるのは，内容を生
かしてもらえないため，あまり利口な表現とはいえない。さらに記述

したことについては，聞かれると思い，記述する際，何を求めている
のかを十分考え，要点を明確にすることである。
ア　受験申込書
　　個人面接の際，面接官の手中にあるため，記述内容と応答内容に
　くい違いを生じさせないためにも，必ずその控えは持参することで
　ある。
イ　エントリーシート
　　個人面接の際，その会場で，用紙を渡されて記入し，提出する場
　合もある。したがって，受験申込書の控えを持参しているはずであ
　るから，それを参考にしながら作成することであり，しかも，その
　際の筆記用具も同じものが使えるよう持参することである。
○発声
　面接における主たる要素が発声である。発声の仕方は，十分慣れて
いるはずであるから，内容をよく考えて発声することである。つまり，
発声した内容の修正は，ほとんど無理なことであり，よしんば修正し
たとしても，修正した事実も評価されるのである。
　本来，面接における評価は，面接官の主観によるものであるから，
面接の場面でのすべてが評価の対象になると考えることで，問われて
いる事柄に，適切に対応しなければならない。しかも，発問は，受験
者だけに聞かせているのではなく，他の面接官にも聞かせているので
あり，その応答は一様に期待されているのである。したがって，十分
納得した上で応答しなければ，見当違いのものとなることがあり，そ
の結果，多数で評価しているため，評価がバラバラになり，総合評価
は，決して良くはならないものである。
ア　発声は，「はい。」から始める。
　　絶対に守ってもらいたい発声の1つは，発問が終わったら，「はい。」
　と発声することである。このことは，発問者に対する「了解」のサイ
　ンであり，他の面接官に対しては，応答の予告にもなるからである。
　　次に，「不勉強です。」や「後で勉強します。」などの言い訳は，
　発声しないようにすることである。そのような場合，分からないこ

とは，「分かりません。」とはっきり発声し，自信のないことであっても，自らに考えがある場合は，そのことを述べることである。ただし，そのことが誤ったことであるかもしれないが，そのような場合も，全体の雰囲気から，それまで好感を与えていれば，次の質問で，その誤りを指摘するようなものがあるはずであるから，そのとき，誤りがはっきりしたならば，きっぱりと訂正することである。その結果，その質問に対する応答というより，人柄を評価してくれると思われる。

 イ 応答は，簡潔に

  応答する際，その内容を分かってもらおうと熱中し，一生懸命説明しようとしないことである。つまり，応答は，「結論」から述べ，次に，「その理由」を述べることであり，面接官がもっと聞きたいと思うようになることが望ましい。つまり，対話的になるのがよいのである。

 ウ 言葉遣いの気配り

  これまでの生活においてや地域の人々との触れ合いにおいて，最も重要な手段は言葉であったはずである。このことは，「相手に分かってもらう。」，「理解してもらう。」をはじめ，相手の意思を理解したことを示すにしても，基本的には言葉を通じてであるからである。したがって，明瞭で，分かりやすい用語が求められるのは，当然で，さらに，時と場合に応じた言葉遣いができなければならなかったはずである。

  このように，これまでの生活を考えるまでもないことではあるが，言葉遣いにおいて大切なことで，最低限求められていることは，はっきりと発声し，とくに語尾をはっきりさせることである。

■■ 集団面接試験に対する対応の基本————————

①集団面接の形態

 ア 質疑応答の面接

  着席してから，質疑に入る前に点呼をとり，受験者の確認がある

はずである。その後，自己紹介という形で，それぞれに1分間ずつ時間が与えられる場合がある。ただし，このことは，必ずということではなく，各都道府県市によって異なる。それが終了してから，面接官が，予め用意してあった質問用紙を取り出し，質問内容を明らかにするという形式である。

　質問が読み上げられてからの応答であるが，必ず，わずかではあってもしばらくの時間が与えられるので，その間，じっくり考えることである。なお，応答についても，着席順であったり，挙手してという場合もある。また，指名によることもあるので，これらのことは指示に従うことである。

　なお，出題者は，その場での主担当者であるが，その内容については，他の担当者も手元にあるので，応答内容の査定については同等である。ところが，応答によっては，その内容に対する追加質問があるものである。その際は，主担当に限らず，すべての面接官がそれぞれ判断して発するので，応答に際して，主担当者のみならず他の面接官に対しても要注意である。

イ　意見陳述の面接

　着席してから質疑に入る前に点呼をとり，受験者の確認をすることは前述の場合と同じである。その後の自己紹介についても，同様であるが，これまでの傾向としては，こちらの形式での実施の例が多いようである。そこで，これらのことが終了した後であるが，すでに，着席した机の上に質問内容が記された用紙が配られているため，指示に従って，その内容を目にするのである。したがって，受験者は，それぞれが質問内容を知るということになる，という形式である。

　そこで，質問を読みとった後，必ず応答するまでの時間が与えられるので，その間，じっくり考えることである。その時間は，長くて3分で，多くは1分ぐらいと考えることである。その後の応答であるが，この形式の場合は，挙手してということが多い。それは，受験者自らの意見を陳述するのであるから，指示して発言を促すこと

は，当を得ていないからである。ただし，挙手がない場合は，着席順や面接官は受験者の状態を観察しているので，その様子で指名されることもある。

　なお，この形式においては，受験者に指示を与えている面接官が主担当者であるが，あくまでも受験者の最初の意見が重視され，その後の追加質問等は，どの面接官から発せられるかは一定しないものである。

②集団面接の対応

　集団面接には，「質疑応答」と「意見陳述」の2つの形式があり，それぞれの特徴がある。そのため，それぞれについての対応の仕方があるが，共通なことは，他の受験者と対比されるということである。このことは，それぞれの受験者の有する長所や短所が目立つということである。

　ところが，発言の機会もそれほど多くはないのである。つまり，多くて全体の時間は4，50分ほどであるから，それぞれの発言時間を考えるとき，その機会も3，4回が限度である。しかも，1回の発言時間も予め予告され「1分以内」とされるようである。このことは，受験者の心得不足によるが，一般的に発言時間が長いからである。しかも，要領を得ない発言内容の場合も多く，いわゆる面接官泣かせなのである。したがって，発言中であっても，発言を中断するよう催促されることがあるので，このことについては，訓練しておくことも大切なことである。

　なお，出題される課題等については，面接としては，個人面接があるので，そこで得られることを除いた教育に関する認識などの問いが多い。すなわち，当面する教育課題や学習指導に関すること及び生活指導に関することなどであるが，これらのことについては，改めて示すことにする。

ア　質疑応答の面接の対応

　　最も重要なことは，面接官が読み上げた質問をしっかりと記憶することである。ただし，メモを採ってもよいという場合もあるが，

ほとんどの場合，メモは許されないはずである。その後の与えられた時間，じっくり考える時は，他の受験者も同様な状態なのであるから，同席していることなどを意識することなく，与えられた質問を考えることである。

　発言については，的確に，しかも簡潔であることが肝要であるため，初めは，「はい。」からで，「結論」を述べ，その後「理由」を要領よく述べるようにすることである。また，応答によって，その内容に対する追加質問がある場合，他の受験者を意識せざるをえないが，その際は，他の受験者の発言内容に左右されることなく，あくまでも自らの意思表示に徹することである。なお，面接の時間内に，受験者間で互いに優劣を感じることもあり，そのことが面接官に与える印象にも違いがでていると思えるようなこともあるはずである。

　しかしながら，徹頭徹尾，自らの教師としての適性やその力量を熱意を込めて発言することであり，その姿勢を言語でなくとも示せるものであるから，その場の雰囲気にも影響されないことである。

イ　意見陳述の面接の対応

　目前に質問事項があるのであるから，その内容をしっかりと捉え，自らの応答を準備することである。できれば，応答の構造化ができると，大変有利になることも意識するとよい。つまり，応答をすべて一言で，ということではなく，むしろ段階を経てということである。

　発言については，当然のこととして，的確に，しかも簡潔であることが肝要であり，初めは，「はい。」からで，「結論」を述べ，その後「理由」を要領よく述べるようにすることである。そこで，応答の構造化ができていると，必ず，そのことに対する追加質問があるはずであり，その場合も，準備されている応答をすることになるため，他の受験者をあまり意識することもないのである。しかも，面接の限られた時間に，面接官にもっと発言を求めたいとの関心をもってもらえることにもなるので，それだけ，強く印象づけられる

ことにもなるのである。

　要するに，徹頭徹尾，自らの教師としての適性やその力量を熱意を込めて発言することであり，その姿勢を，適切な構想によって，示すことができるので，言語だけではないということを認識することである。さらに，その場の雰囲気にも影響されないように心掛けることである。

③集団面接の実際

　集団の面接であるから，個人の場合とは異なることもあるが，その基本は，同様であると考えることである。つまり，実際の場面になる前に少し手続き上の相違はあるが，入室以前まではほとんど同じなのである。

　受験者は，係員の呼び出しを受けたら試験会場に行き，決められた順番に入室する。指示に従って，座席のところに行き，面接官の方を見て，「よろしくお願いします。」と言う，さらに，「ご着席下さい」といわれたら，「失礼します。」といい，席を少し後に下げて，静かに着席する。

面：これから面接を始めます。まず初めに右側の方から，受験番号と氏名をおっしゃってください。そして，これからは，この順で，Aさん，Bさんと申しますので，心得ておいてください。なお，応答は1分以内でお願いしますが，時間の都合等で，こちらから指名することもあるので，了解してください。それでは，Aさんからどうぞ。

A：はい。○○番，○○です。

B：はい。○○番，○○。

C：　[Bはぶっきらぼうだな。] はい。○○番，○○と申します。

D：　[Cは丁寧すぎるな。] はい。○○番の○○です。

E：　[丁寧なほうがいいかな。] はい。○○番の○○でございます。

面：それでは，教職を志望した理由について，簡潔におしゃってください。Aさんからどうぞ。

A：はい。私の志望理由は，単純ですが，子供が好きであるというこ

とです。このことから，漠然とではありましたが，以前から教師に
なりたいとは思っていたのですが，教育実習に行ってみて，その決
意が固まりました。

B：はい。私の場合，中学校の先生の影響で，教師になりたいと思う
ようになりました。その先生は，若い英語の先生で，英語の詩の朗
読をしてくれたり，放課後は，野球部で鍛えてくれました。とても
魅力的な先生で，憧れを感じ，私もその先生のような教師になろう
と思いました。

C：はい。私の教職志望の動機は，率直に言えば，経済的に安定して
いるし，自分の時間を多く持てるからです。もちろん，一人でも多
くの子供たちに，文学のおもしろさを教えてあげたいと思ったこと
も，大きな理由の1つです。

D：はい。教職というのは，大変尊い仕事ですし，安定していて，両
親も賛成してくれましたので，教職を志望しました。

E：はい。私の小学校の時の先生なのですが，とても優しい先生でし
た。話が上手で，しかも熱心であり，休み時間も付きっきりで，私
たちを指導してくださいました。それで，私も大きくなったら，そ
の先生のようになろうと子供心に思ったからです。

面：次に，みなさんの教育実習の感想を聞かせてください。

A：はい。教えることの難しさを痛感しましたが，とても楽しかった
です。子供たちも喜んでくれていたようですし，休み時間など一緒
に遊んで，童心に返った気がしました。授業自体は，満足のいくも
のではなかったし，どう説明したら理解してもらえるのかというこ
とばかり考えていましたけれど，終わりの方では，ようやく落ち着
いて子供たちの反応を見られるようになりました。

　　最後に，学校を去るとき，「先生，頑張ってね。」，と子供たちに
言われて，本当に胸がジーンとして，絶対に教師になろうと改めて
思いました。

B：はい。私は，授業のいたらない分を若さでカバーしようと思って，
放課後，生徒たちといろいろ話をしたり，一緒に運動したりしまし

た。そして，最後の授業で，生徒に感想を書いてもらったのですが，その中に，「何でも聞いてくれて，お兄さんのような気がした。早く本当の先生になって，また，この学校に来てください。」というのがあって，とても嬉しかったことが，一番強く印象に残っています。つまり，こちらが一生懸命になって生徒に接すれば，向こうもちゃんとそれを分かってくれるのである，ということを実感しました。

Ｃ：はい。少ない教育実習の期間でしたが，少しでも文学のおもしろさを理解させたいと思い，生徒に好きな文学作品についてのディスカッションをさせたことが，とても面白かったです。つまり，子供の感じ方が，私にとってはとても新鮮で勉強になりました。また，最近の子供たちが如何に本を読んでいないかということも痛感し，強制的にでも文学作品に触れさせる必要を感じました。

Ｄ：はい。私は，ともかく，毎日が緊張の連続で，無我夢中でした。最初は，余裕など全くなく，ノルマを果たすのが，やっとという状態でしたが，次第に生徒の反応が分かるようになり，自分のペースで授業ができるようになりました。とにかく，一日一日が真剣勝負という感じで，教師というのは，本当に大変な職業だなと思いました。

Ｅ：はい。毎日がとても楽しかったというのが，私の感想です。子供というのは，本当に正直で，私の言うことが分からないときょとんとした顔つきをしますし，納得したときは生き生きとして目を輝かせます。そういう意味では，教師の影響というのは実に大きいものだと，怖い感じもしましたが，かえって，本当にやりがいのある仕事であると実感し，ファイトがわきました。

面：なるほど，みなさん，それぞれ教育実習でいろいろと感じられたようですね。さて，そこで，みなさんは，それぞれが自分なりの教師の理想像というものをお持ちであると思いますが，どんな教師になりたいと考えていらっしゃるのか聞かせてください。

Ａ：はい。私は，子供と一緒に遊べる教師になりたいと思っています。

ただ教えるだけではなく，ともに学び，ともに遊ぶ中で，子供たちの気持ちをつかんでいきたいと思うからです。

B：はい。私は，生徒が何でも相談できるような雰囲気を作りたいと思っています。親身になって生徒の悩みを聞いてあげられ，たとえ適切なアドバイスは与えられなくても，こちらの心が伝わるように誠心誠意，真心を尽くして，生徒とともに悩み，考えることができるような教師になりたいとも思っています。

C：はい。何が何でも，生徒から尊敬されるような教師になりたいです。そのためには，自分自身を常に磨き，より高める努力をしていかなければならないと思っています。少なくとも，生徒に質問されて，まごつくなどということは，絶対に避けたいと思っています。

D：はい。常に，一生懸命やるということが大切であると思います。このことは，授業は，もちろんですが，生徒一人一人を理解するにも，こちらが一生懸命であれば，きっとその気持ちが通じると思うのです。何事にも全力投球で，骨身を惜しまない教師になりたいのです。

E：はい。私は，優しい教師になりたいと思っています。とは言っても，けじめだけはきちんと付けさせたいと思っています。そして，子供たちが慕ってくれて，何でも話してくれるような，そんな教師が私の理想なのです。そのような教師になるためには，やはり真心を持って，一人一人の子供と接していくように，努力もしなければならないと思っています。

面：みなさんの教師としての心構えはよくわかりました。では，最後になるのですが，自らの性格について，具体的におっしゃってください。

A：はい。長所としては，明朗快活であることと，協調性があることであると思います。そして，短所としては，少しそそっかしいということでしょうか。

B：はい。私は，何事に対しても積極的に取り組み，実行できることであると思っています。また，細心さも持ち合わせていると思って

います。

C：はい。どちらかというと内向的な性格ですが，いざというときの決断力や判断力には優れている方であると思っています。

D：はい。長所としては，誠実さ，忍耐強さ，責任感の強さなどであるといえると思います。短所としては，些か積極性に欠けるところがあり，さらに社交性が少し乏しいのではないか，と思うときがあることです。

E：はい。率直さや明るさが長所だね，とよく人には言われるのですけど，自分ではおっとりした性格であると自覚しているのです。しかし，このおっとりということですが，少しおっとりしすぎて，少々間が抜けているのではないか，と感じることが時にはあります。

面：そうですか。まだ何か言い足りないと感じていらっしゃる方はいませんか。それでは，これで面接を終わります。ご苦労様でした。

　受験者は，静かに起立し，右側に半歩踏みだし，椅子を元に位置に戻して，「有り難うございました。」と礼を言う。その後，ゆっくりドアの所まで行き，もう一度，面接官の方を振り返り，「有り難うございました。」と言い，ドアを開けて，退出する。

■■ 個人面接・集団面接の準備・対策と主な質問内容————

(1)　面接に備えるための基本的な準備・対策

　個人面接と集団面接は質問内容には大きな違いはないが，次のような傾向がある。

> ■「人物重視」の視点に立って，人物に関する質問の比重が高い傾向にあること。そのために，多くの自治体で共通する基本的な質問内容があること。
> ■2次試験では個人面接を実施する自治体が多く，1次試験と同様の質問をした場合でも，2次試験では答えたことに対して突っ込んだ質問をしていること。

　以上のような傾向のある面接試験を乗り切るためには，次の準備や対策を進め，どのような質問にも対応できるように自分の「引き出し」

を1つでも多く作っていくことが「要」である。

■多くの自治体で共通する，人物に関する基本的な質問内容など
　を熟知し，いろいろな角度から突っ込んで質問されることを想
　定して，自分の考えを深め，構築していく。
　　その際，常に自分が教員であることをイメージ(想定)して，次
　の3点を基本に構築していく。
　　①なぜそう考えるのか
　　②教育・指導にどう生かす(生かせる)のか
　　③児童生徒に何を伝えるのか
■教職を目指す友人などとの活発な意見交換や教職教養の熟知，
　ボランティアなどの多様な経験を通して教職に関する知識理解
　を深め，自分の考えを構築していく。
■『面接ノート』をつくり，必ず予想質問ごとに考えたこと，深め
　たことを記録化していく。
■上記の準備・対策を通して，教職に就くことに対する自分の「志」
　や抱負を確かなものにしていく。

(2)　主な質問内容と準備・対策
①自分自身に関する十分な考えの構築
　最近実際に質問された主な質問内容と関連質問を紹介する。一見し
たところやさしい質問だが，採用者側にとっては極めて重要な質問内
容である。それだけに，受験者も教職への強い「志」や抱負の確立と
並行して，どのような質問にも対応できるように，自分の考えを十分
に構築していく必要がある。
Q　あなたが教員を志望する動機は何ですか。
　●あなたの経験を踏まえて，志望の動機を話して下さい。
　●教員を目指すにあたり，周囲の人はあなたにどのようなアドバイ
　　スをしましたか。
Q　あなたが本県・市の教員を目指す理由は何ですか。
　●本県・市のどこに共感をしたのですか。

●本県・市があなたを採用したらどのようなメリットがあります
か。

Q あなたの目指す教員像(理想の教員像)はどのようなものですか。

●あなたにとって，魅力のある教員とはどのような教員ですか。

Q あなたはなぜ小学校(中学校,高等学校)の教員を希望するのですか。

●あなたは小学生(中学生，高校生)にどのような教育をしたいと考
えていますか。

Q 自己アピールを1分以内でして下さい。

●あなたの「売り」は何ですか。具体的に話して下さい。

●あなたは，自分のどこが教員に向いていると思っていますか。

　次に，上記以外の基本的な質問内容と答えに対する突っ込んだ質問
の例を挙げる。突っ込んだ質問の答えの基本は，そのように考えた理
由を必ず明確にできるようにしておくことである。『面接ノート』に
記録化して自分の「引き出し」を構築すること。

Q あなたの長所，短所は何ですか。

●ではあなたは教員として，その短所をどう改善していきますか。

Q 今日求められる教員像について話して下さい。

●こんな教員にはなりたくないという教員像を話して下さい。また
なぜそう思うのですか。

Q あなたの社会体験・ボランティア体験を話して下さい。

●この体験から何を学びましたか。教員として何に生かせると思っ
ていますか。

Q あなたは挫折の経験がありますか。

●その挫折をどのように克服しましたか。その経験が教員としてど
のように生かせますか。

Q あなたの趣味・特技，資格について話して下さい。

●そこから教育に生かせることは何ですか。

Q あなたの卒業論文の内容を話して下さい。

●そのテーマを設定した理由は何ですか。教育にどのように生かせ
ますか。

②児童生徒や教育に対する理解と対応・対処策の構築

　もう一つの大きな質問の分野として，児童生徒や教育などに関する質問内容がある。そのような質問への準備や対策として，次の3点がある。

◆現在の教育の問題や課題を各種の報道や書物などから知り，自分の考えや取組の方策をまとめていく。
◆児童生徒の実態をボランティア活動など(教育実習や塾講師なども含む)を通して理解するとともに，例えば学習指導や生徒指導などの，教員としての教育・指導の方策をつくりあげていく。
◆中央教育審議会の関連する答申を熟読し理解を深め，自分の考えを構築していく「糧」とする。また，学習指導要領も熟読する。

　特に文部科学省に対する「答申」は，例えば不登校という教育問題に対して，その背景や現状，基本的な認識，具体的な取組など多岐にわたって述べられており，面接のみならず論作文，教職教養にも対応できるものである。学習指導要領についてもぜひ熟読することを勧める。

　次に過去に質問された内容と関連質問の一部を紹介する。そのように考えた理由などとともに自分の考えを構築して，『面接ノート』に記録化していくことが重要である。

Q　あなたは今日(本県・市)の子供達をどのように考えていますか。

　●あなたは今日の子供達のよいところは何だと思っていますか。

Q　あなたが最近，教育に関して関心のあることは何ですか。

　●あなたが最近関心のあることは何ですか。それを子供達にどのように伝えますか。

Q　あなたは子供達に「生きる力」を育てるために，どのような取組をしていこうと考えますか。

　●子供達の「生きる力」として必要な「力」は何であると考えますか。

Q あなたは担任として，日頃からいじめが起こらないようにどのような取組を行いますか。

　●あなたの学級でいじめが起こりました。担任としての対応・指導について話して下さい

Q あなたの学級で不登校者を出さないために，日頃からどのように学級づくりを進めますか。

　●保護者から，明日からうちの子は登校しないと連絡がきました。担任としてどう対処しますか。

Q あなたは学習指導において，子供達にどのようにして学ぶ意欲を育てたいと考えていますか。

　●学習意欲を起こさせる評価とはどのような評価ですか。

Q あなたは学校への携帯電話の持ち込み禁止の指導を行う場合，どのような指導を行いますか。

　●携帯電話の学校持込み禁止について，保護者に理解を得るために留意することは何ですか。

■■ 面接における質問に対する回答のポイント────

(1) 教育委員会が設定する面接の評価の観点

　次の表は，ある県が公表している面接の「観点別評価の表」である。他の県・市においてもほぼ同様であると考えられる。

《1次 集団面接》
1 態度
・明るさ・快活さが伝わってくるか
・謙虚さがあるか
・気配りができるか　等
2 教育観
・教育に対する熱意があるか

・物事を見通し，本質を捉える判断力はあるか

・子供への愛情はあるか　　等

3　将来性

・よいものを吸収しようとする力はあるか

・考え方に柔軟さはあるか

・現場で生かせるような特技はあるか　　等

《 2次　個人面接 》

1　態度

・身だしなみは教師として適切か

・人柄，性格は信頼できるか

・姿勢は正しいか

・立ち振る舞いは落ち着いているか　　等

2　明るさ・活力

・明るさ・快活さが伝わってくるか

・情熱や気迫が伝わってくるか

・困難や逆境に立ち向かう粘り強さはあるか

・説得力・表現力はあるか　　等

　この面接表から，次の2点について留意して面接に臨む必要があることがわかる。

①1次試験の集団面接と2次試験の個人面接の観点別評価の共通項がかなりあり，2次試験の個人面接では，1次試験と同じ質問であっても，突っ込んだ質問をすることによって人物をみようとしていること。

②集団面接においては「集団における個人」として相対的な評価もされるため，他の人の回答に惑わされたり，消極的な発言にならないように十分留意すること。そのために，集団面接の練習においても十分にして慣れておくこと。

(2) 質問に対する回答のポイント

　いくつかの基本的な質問を例に，回答のポイントと共通する留意点を紹介する。先に紹介したある県の「面接の観点」を参考にして考えてみること。特に2次試験においては，必ず答えたことに対する突っ込んだ質問があることを想定して準備しておくことが重要である。

Q　教員を志望する動機は何ですか

■「子供が好きだから」とか「子供とともに成長できるから」，「恩師の影響を受けて」，「部活動を経験させてやりたいから」と話す人がいる。そのような内容では「志望の動機」とは言えない。

■教員を志望するには当然「強い志」と抱負が求められる。よってそれに基づく明確な児童生徒達への教育観と具体的な教育・指導論が不可欠である。

　　自分の経験やそこから導き出された教員としての使命感や実践のビジョンなども，志望の動機のなかの自分のオリジナルな部分として，明確・的確に述べることが大切である。

Q　本県・市を志望する理由は何ですか

■「自然が豊かなところで教員をしたいと思ったから」とか「子供達が元気なところだと思ったから」と話す人，当該県・市の出身者では「生まれ育ったところで教員をしたいと思ったから」と答える人がいる。そのような回答も県・市の志望理由を答えたとは判断されない。

■今日，すべての県・市は「本県・市の求める教員像」や「教育重点施策」を公表しており，その教員像や重点施策の何に共感し，それに基づいて自分は児童生徒にどのような教育をしようとしているのか，という抱負や具体的な取組策を踏まえた志望理由を構築しておく必要がある。

　　そうでないと，「本県・市があなたを採用した場合のメリットは何ですか」とか「それなら他の県・市の先生でもよいのではないですか」という突っ込んだ質問には全く対応できない。受験地

の十分な熟知をすることが大切な基本である。

Q　なぜ小学校(中学校，高等学校)の教員になろうと思ったのですか

■「小学生に夢を育てたいから」とか「中学校が私に最も適していると思うから」も答えとは言えない。また，体育・スポーツに経験の豊富な人で，中学生(高校生)への部活動の豊かな体験をさせてやりたい趣旨のことを述べる人がいるが，部活動の指導だけが教員の仕事ではない。

■教員志望の動機とも関係があるが，小・中学生，高校生に対する教育観・指導観の明確化と，彼らに何を教えたいのかという強い具体的な内容をはっきりと的確に述べないと，「それなら小学生(中学生，高校生)の教員でなくてもいいのではありませんか」という質問には対応はできない。

Q　あなたの考える理想の(目指す)教員像は何ですか

■自分の考える理想の教員像を明確・的確に述べることが大切である。その場合，それを理想の教師像とした理由の質問を想定しておくことが必要である。例えば「恩師の姿」から理想の教員像を考えたのであれば，恩師の何に共感して理想の教員を描いたのか，また「児童生徒に信頼される教師」を挙げるのであれば，当然そのように考えた理由が必要である。

■この質問については，教員志望の動機とともに必ず自分の教育観などについても明確に構築すること。教員としての「志望の動機」や「志」，抱負にも関わるところである。

Q　最近の出来事であなたが関心のあることは何ですか

■この質問は一見「楽な質問」である。一昨年ある県の2次試験の個人面接で，その質問をされた受験生が「北京オリンピックです」と答えた。そこで面接官は「では生徒達に北京オリンピックの何を伝えますか」と突っ込んで聞かれた。残念ながらその人は突っ込んだ質問を想定していなかったために，答えられなかった。

　この質問のように，楽な質問であっても特に2次面接試験では，

すべての答えに対して突っ込んだ質問をしてくると想定しておかねばならない。

Q あなたの自己アピールをして下さい
■この質問は一見易しく思えるが，教員志望の「志」や抱負に関わるところなので，十分に自分の教員としてのアピールできるところを構築しておく必要がある。
　答えには誤答はあるが，それだけに話す内容に特に留意が必要である。
■例えば「小・中学校，高校と，9年間○○をしてきました」とか「人と接することが得意です」では，自己紹介のレベルである。9年間を通して，何を得たのか，何が教育に生かせるのか，教師として習得した力などを話す必要がある。また人と接することのどこが教員として優れ，その得意なことを教育や指導にどう生かせるのかを話すことが必要である。つまり，「自己アピール」のレベルを話すことが基本である。

(3) 集団面接に臨む場合の留意点
　集団面接と個人面接の質問や面接官の評価の観点も大差がないことを先ほど紹介したが，集団面接に臨むために留意しておくことが2点ある。
①集団面接の場合は，質問に対して，他の受験生が自分より先に，自分と同じような内容を答えることがあり得ること(順番制や挙手制の場合が考えられる)。
　その場合であっても，構築してきた自分の考えや具体策などを急遽変更しないで，自分の考えや具体策などを明確・的確に述べた方がよいこと。
　「私もAさんが話されたのとほぼ同じ考えですが，〜」と前置きして述べればよい。
②集団面接は他の受験生との相対的な評価の側面があり，自論や経験を長々と話さないこと。端的・的確に話す技術も教師には求め

られていることに留意する。

　特に，経験豊富な人，話し好きの人，自信のある質問に対して
は十分に気をつける。

■■ 面接にふさわしい言葉遣いや態度，回答の習得──────

　面接は，答えた内容だけでなく面接にふさわしい言動や回答も習得
しておく必要がある。ぜひ当日までに習得すること。

① 「若者言葉」で話したり，なれなれしい態度にならないよう気を
つけること。

　言葉遣いでは「〜じゃないですか」や「〜と思うんですよ」,「〜
れる」や「全然〜です」は禁句。「若者言葉」は答えに自信がある
場合などには口に出ることがあるので特に気をつけること。

　また面接官から「緊張しないで楽に」と勧められても，「目上の
人である採用者による面接」であることを決して忘れないこと。そ
れは当然，入・退室時のマナーにおいても同様であること。

② 話し方においても，教員としての資質の有無の視点から評価され
ていることに留意すること。

　長々と話してから結論を述べるのではなく，「私の教員志望の動
機は2点あります。1点目は…，2点目は…」のように，必ず端的に
結論を述べ，その理由などを的確・明確に話すようにすること。

集団討論対策

　教員採用試験で近年，社会性や人間関係能力，コミュニケーション能力などが特に重視されるようになってきた。学校教育が組織的に実践されていることからわかるとおり，集団の一員としての資質や組織的な役割意識，そして課題解決能力が求められているのである。集団討論はこれらの評価や教師としての適性を判断する手段として，全国的に採用試験で実施されるようになった。集団討論は，集団面接や集団活動などの名称で実施されたりもするが，1次試験で実施される場合よりも，主に2次試験で実施されることが多い。一般的には，小グループにテーマを与えて，一定時間の中で討論させる方法が実施されている。

■■ 集団討論の形式————————

[東京都の例]

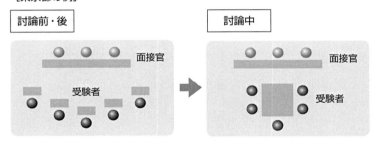

- ■**形式**　受験者が6〜8人程度で面接官が2〜4人程度
- ■**内容**　グループに課題を与え，1人1〜2分で意見を述べてから全体で自由討議に入る。司会者を受験生の中から選び進行させたり，司会者を決めないで進行させたりし，面接官は観察や評価に専念する。
- ■**時間**　30〜50分程度

■**特徴** 集団活動を通して，受験者の協調性や社会性，論理性や判断力など集団内での社会的能力を観察できる。これは面接官が評価に専念できる利点がある一面，あまり発言できない受験者の評価が十分にできないといった欠点もある。

■**手順**

1 グループで座り，討論のテーマが提示される。

2 各自テーマを読み，5分間程度で自分の考えをメモにまとめ討論の準備をする。

3 各自1分間程度でテーマについての意見を述べる。

4 全員意見を述べたら20分間の課題解決型討論を始める。

5 採点者は，受験者の討論を観察し評価する。

6 討論後，面接官からの質問に答える。

★**ポイント** 協調性や社会性といった社会的能力を中心に評価されるので，相手の意見を尊重しながら自分の主張を行うようにする。自分の意見に固執したり，他の意見に攻撃的に反論したりしないように注意する必要がある。

集団討論の意義

このようにして，面接前の態勢を整えるが，やはり，主担当者がいて，全体を取り仕切っているのであるから，面接の期間中，その人物の言動から目を逸らさないようにすることである。出題に関しては，次に述べることとするが，この集団討論での重要なことは，討論に入る前であり，その態勢をどのようにつくるかである。さらに，それぞれの意見交換ということになるので，最初の出会いの時のそれぞれの印象が強く残るということになる。

実施形式と攻略法

①面接官主導の討論

自己紹介という形で，それぞれに1〜2分間ずつ時間が与えられることが多い。このことで，その集団の様子が明らかになるが，面接官が

すべて指示するため，受験者がコの字型や円形になっている中心に，面接官が1人加わることになる。

　課題の提示は，面接官が課題を読み上げる方法や受験者各自に紙面が配られる場合，会場の掲示板に示してある場合などがあるが，ほとんどの場合は，後者2つの方法であるため討論中に課題を忘却することはないと考えられる。

　応答の形式等すべて，面接官の指示に従うことであるが，注意すべきことは，議論に熱中するあまり，発言時間を超過してしまうことである。この傾向についてはよく見られることであるため，面接官よりあらかじめ「発言時間は，1分以内」との指示もあるはずである。しかも，時間超過には発言中断の注意が発せられることになるため，自らの発言については要注意である。このとき，前述したことであるが，発言内容を「結論から」述べ，次に「その理由」とし，他の受験者がもっと聞きたいと思うようになることが望ましく，対話的になるのがよいのである。

②受験者相互の意見交換

　着席してから質疑に入る前に点呼をとり，受験者の確認があり，その後，自己紹介という形で，それぞれに1〜2分間ずつ時間が与えられることが多いのは，面接官主導の討論の場合と同様である。このことで，その集団の様子が明らかになるが，受験生がコの字型や円形になっている場合，面接官が加わることはないのである。

　そして，面接官から，「どなたか，司会になっていただけませんか。」といわれる場合と「これからは，それぞれ自由に意見を出し合って，討論をしていただきます。」という2つの形態があり，後者の傾向が強くなりつつあるようである。このことは，前者の場合，司会を決定するまでに手間がかかり，それぞれの討論時間が均一にならない，という事情があるからである。したがって，示された課題に対する最初の意見表明は，かなりの度胸も必要になるが，そのことが，全体の雰囲気を左右することにもなるため，慎重になるべきである。

■■ 集団討論試験に対する対応の基本──────

①集団討論の対応

　集団討論では，他の面接と異なり，受験者が集団の中でどのような能力を発揮し，また協調できるかなどが，とくに観察されているので，その観点について知っておくことが大切である。このことについての評価の観点の意味づけを示しておく。

ア　観察されていること

　○貢献度

　　課題解決に寄与することで，受験者が討論の機能をどの程度理解し，目的達成のためにどの程度貢献したのかを見るものである。発言の回数が多くても，自己中心的で課題解決に役立たない場合は，高い評価を得ることはできず，発言回数が少なければ，当然，低く評価されることになる。

　○協調性

　　これは協同して事に当たる状態を作り上げることに寄与することで，発言態度が独善ではなく，民主的であることや他の人の意見及び反対の立場の人の意見にも耳を傾ける態度が望まれる。とくに，発言の活発でない受験者を励ますような態度も評価される。

　○主導性

　　グループ全体を課題解決への方向付けをすることで，ただ単にリーダーシップを発揮するということではなく，全員を納得させながら問題解決の方向に導いていくことが求められている。したがって，より建設的な意見や信頼感のある発言などが，高く評価されている。

　○判断力

　　問題を十分理解し，正しい判断が行われているかどうかである。また，討議の過程において，自分の置かれている立場に対する状況判断が，適切であるかどうかなどが評価されている。

　○表現力

　　自らが主張しようとするところを適切な言葉や有効なエピソー

ドなどを加えて表現されているかどうかである。また，このグル
ープディスカッションは，討論とは言っても勝ち負けが問題とさ
れるわけではなく，面接試験なのであるから，あまり感情をむき
出しにした言葉遣いや他の人に対する冷たい言い方は，避けなけ
ればならないことであり，その配慮などが評価される。
　○企画性
　　　討論の進行に対して，計画的な発言が行われているかどうかで
　　ある。また，そのように進行させようと努力しているかどうかな
　　どについて，とくに，全体の状況に対する配慮が評価されている。
イ　評価を高める十ヶ条
　Ⅰ　油断をしない。
　Ⅱ　好感を与える。
　Ⅲ　対話的になる。
　Ⅳ　信頼感を与える。
　Ⅴ　演出を考えておく。
　Ⅵ　けじめを感じさせる。
　Ⅶ　気配りを感じとらせる。
　Ⅷ　全力投球の気構えをもつ。
　Ⅸ　健康的で，活気を感じさせる。
　Ⅹ　人間的な温かみを感じとらせる。
②集団討論の実際
　　受験者は，係員の呼び出しを受けたら試験会場に行き，決められた
順番に入室する。指示に従って，座席のところに行き，試験官の方を
見て，「よろしくお願いします。」と言う，さらに，「ご着席下さい」
といわれたら，「失礼します。」といい，席を少し後に下げて，静かに
着席する。
(面：面接官)
面：これから面接を始めます。まず初めに右側の方から，受験番号と
　　氏名をおっしゃってください。そして，これからは，この順で，A
　　さん，Bさんと申しますので，心得ておいてください。なお，応答

は1分以内でお願いしますが，時間の都合等で，こちらから指名することもあるので，了解してください。

　それでは，Aさんからどうぞ。

A：はい。○○番，○○です。(B〜F　略)

面：では，これからみなさんに幾つかの課題を与えますから，なるべく簡潔に自分の意見を述べてください。時間は○○分間です。時間が来ましたら，途中であっても打ち切ります。

　それでは，始めます。まず最初の課題ですが，皆さんは学習塾をどのように考えていらっしゃいますか。

A：はい。私は，一部の生徒にとって学習塾は有益であると思います。やはり，何人もの生徒の中には，理解の遅い生徒や学校の勉強だけでは物足りない生徒もいると思うからです。

D：はい。私もAさんと同様，授業についていけない生徒にとって，学習塾は有益だと思います。もちろん，そういう子供たちを見放すということではないのですが，限りのある授業時間の中で指導内容を消化しなければならないのですから，すべての生徒が理解するまで待つというわけにはいかないと思うのです。

B：はい。お二人がおっしゃることは理解できます。しかし，私は，やはり，学校が責任を持って，そういう生徒を指導すべきであると考えます。例えば，理解の特別遅い生徒には，補習をするとか，何かそれなりの方法は，あるのではないかと思います。

C：はい。学習塾に行きたくても行けない生徒もいるのですから，賛成できません。確かに，できない生徒が学習塾に行けば，それなりの成果はあるかもしれませんが，一方，高い月謝を払えない生徒には，その機会すらも与えられないというのは，不公平であると思います。

E：はい。私は，勉強というのは学校だけで十分であると思うのです。予習・復習は別として，学校から家に帰ってまで，机にしがみついている必要はないんじゃないでしょうか。朝から晩まで勉強，勉強では，遊ぶ時間もありませんし，性格にもゆがみがでてくると思い

ます。やはり，「よく学び，よく遊べ。」の精神が大切で，遊ぶ時間というのも子供には必要であると思いますし，学習塾は，子供のそのような時間を奪ってしまうことになりますから，反対です。

F：はい。皆さんのおっしゃるとおり，私も塾に行ってまで勉強する必要はないと思います。詰め込み主義というのは反対です。なんとなく，無理矢理，勉強をさせている感じですし，かわいそうな気がします。ただ，授業についていけないのは，やはり，自分でよく復習したり，本人の努力が必要なのではないでしょうか。まあ，そういう生徒の場合，塾に行ってもいいと思います。

D：はい。Bさんは，学校が責任を持って授業についていけない生徒も指導すべきである，とおっしゃいましたが，それは理想論であって，現実的には，不可能であると思うのです。確かに，本来は学校ですべきことですし，私もできる限りの努力はしたいと思いますが，一人一人ということになれば限度がある。ですから，有名校受験のため，必要以上に塾で勉強させるというのは私も反対ですが，補習という意味ならば行っても良いと思います。

A：はい。Eさんは，「よく学び，よく遊べ。」とおっしゃいましたが，実際には，そちらの方が多いと思います。できる生徒は，それぞれでもいいのでしょうが，できない生徒の場合，ある程度強制的にでも勉強させる必要があるのではないで……。(EがAの話を遮る)

E：それでは，Aさんは，できない生徒は強制的にでも，塾に行かせた方がいいとお考えなのですか。

A：はい。いえ，別にそうはいっていませんが，ただ，その……。

※Eさんのように人の話を遮ることは良くないことであり，さらに人の揚げ足を取るような態度も慎みたいところである。

■■ 集団討論におけるアドバイス───────

- はじめに各自自分の意見を述べるので，そのとき，他のメンバーの考えを簡単にメモしながら聞くと，後の討論のとき他の受験生がテーマをどのように捉えているのかがわかり，意見をまとめやすくな

る。

- テーマの内容によっては論じにくいものもあるが，教育問題に関連づけ，教師の視点から発言するとよい。
- 自分の考えばかりを言うのではなく，他の人の意見を聞き，それに対して自分はどう思うかを発言することが大切である。
- 自分と意見が違う場合には「私は……のように思いますが皆さんはどう思われますか」などと尋ねてみるとよい。
- 他の人の言っていることがよくわからなかったら，「○番の方，もう少し具体的に説明していただけますか」などのように聞くことも必要である。
- みんなで一緒にコンセンサス(共通理解)を得るといった気持ちを大切にする。
- 普段から友達同士で教育問題について，気楽に話をしたり，意見交換をしておくことが大切である。
- 他の受験者の意見に関連づけて発言するとよい。

　[例]　「○さんが言われたのに付け加えて，私は……と考えています」

　　　　「○さんと○さんが言われたことに私も賛成で，……を加えたいと思います」

　　　　「○さんは先ほど……のように言われましたが，私は……と考えています」

　　　　「○さんが言われることに関して，私の意見は……と考えています」

●言葉遣い

　面接試験だからといって，特に難しい言葉を使う必要はなく，日常使っている敬語を使った丁寧な言葉で十分である。自分の考えや意見を正しく，わかりやすく，相手に伝えられるようにすることが重要である。つまり，教師として，児童・生徒の模範となるような正しい日本語を使うことが大切であると言える。

　しかし，面接試験のときには緊張してしまい，つい普段の癖がでて

しまうものである。常日頃から，目上の人や先生と話すときに，正しい敬語が使えるようにしておくことが大切である。

■■■ 集団討論の流れ────────

①課題の把握と方針の決定(個人発表)

問題点の構造化を図り，解決すべき課題を整理して，2，3つに集約した課題を自分の意見として挙げる。

②構造の把握と分析

テーマの分野がどのような構造になっているのか，どの方向から考えていったらいいのかを討論する。皆の意見を整理し，同様の意見をまとめて構造的に分類する。

③課題の焦点化と討論の流れの確認

構造化された課題の中で，話し合いで焦点化していく課題を1つ選び，メンバーで確認しながら，選んだ課題についての分析と問題点の確認，以降の討論の流れを確認する。

④課題の深化

テーマの課題に対して意見を出し合い，課題の問題点や，状況を解明する。

⑤課題解決の対策

課題が解明できてきたら，時間を見ながら，対策や対処法についての具体策を出す方向へと進める。

⑥解決策のまとめ

一通り課題への解決策が出てきたら，皆の解決策をいくつかにまとめて集約していく。分類できるものは分類して構造的に整理する。

⑦次の課題への転換

時間が残っている場合には，次の課題へと話を転じる発言をする。課題の焦点化から同様の話し合いを行う。

⑧議題の収束へ

残り3〜5分程度になったら全体を収束させる方向に議論を進める。抽象的な話から具体的な解決策，個別指導から学校全体の取り

組みへと発展させていく。

■■ 実際の課題と討論のポイント————————

　個人面接や集団面接が比較的受験者自身のことを聞く内容が多いのに対して，集団討論における課題には，次の2点の特徴がある。そのことを踏まえて準備・対策を進めることが力を付ける「要」である。

①児童生徒に対する教育課題が設定されることが多いが，最近は保護者対応に関する内容も出されていること。
②設定されている課題は，個人面接や集団面接の質問，論作文の課題にも共通するものが非常に多いこと。したがって練習や対策，記録化などを効果的に行うとよいこと。

　次に最近実際に出題されたいくつかの課題と集団討論の実施方法を紹介し，集団討論のポイントを述べる。いずれの課題も，個人面接や集団面接，論作文の課題にもなるものである。

Q　次代を切り拓く子供に身に付けさせたい力を，大切だと思う順に3つ挙げて下さい。

　■ この県では2次試験で実施し，5人1組で課題に対する構想5分，各自の発表1分，討論20分，後で個人面接を10〜15分行うという多様な方法を採っている。

　■ このような実施方法を採っている県・市では積極性や判断力をはじめ，まとめる力，発表する力，教育課題認識力などを総合的な視点から評価しようとしていることに留意して臨むことが必要である。

　■ この課題は小学校受験者用であったが，中学・高校も類似した課題だったので，中学・高校受験の人も共通の問題として考えてること。

　　まず，子供(児童生徒)に身に付けさせたい力として，社会性や確かな学力，生きる力，学ぶ意欲などを挙げることができる。そして構想を立てる場合，当然次の討論のことを考えて，3つの力

の内容や順にした理由，力を付ける方策も含めて明確化しておく
必要がある。

■ 後の個人面接では，今の3つの力を付けるための具体策，今の討
論で大切にしたこと，一番困ったことなどが質問された。そのよう
な質問を予想して，自分の考えたことが明確に答えられるよう
にしておくことが必要である。

Q 保護者からの苦情について，①背景や原因，②信頼される教師像，
を含めて討論して下さい。

■ この県では1次試験で実施し，30分間の集団面接の一環として18
分が集団討論時間である。面接は別途行われ，集団討論の課題と
は直接関係のないことが聞かれる。

■ 討論時間の短い県・市に臨む場合，①話しすぎて時間を独占し
ないこと，②気後れして話す機会を決して逸しないこと，の2点
に特に気を付けることが極めて大切である。

■ このように難しくない課題と短時間の設定では端的に話すこと
が求められ，内容よりも進行への調整が非常に難しいと言える。
最近は他県・市においても討論自体の時間は少なくなる傾向が見
られることに十分に留意して，練習を行っておくことが重要であ
る。

Q 髪の毛を染めている児童生徒に頭髪指導をしたところ，保護者か
ら「他人に迷惑をかけない限り，自由ではないですか」と反論され
ました。あなたはそのときどのように対処しますか。

■ この県では2次試験で実施し，8人が50分の中の40分間討論をし，
残りの10分間で1人1分程度で意見をまとめる。

■ 課題は保護者への対処の方策である。一般的には家庭訪問をし
てじっくりと話し合い，理解のもとに協力を得ることが基本であ
る。

■ この県の討論時間は他の県・市に比べて長く，対処策だけであ
れば時間が余る可能性がある。方向性や答えが見通せる課題でし

かも討論の時間が多い場合は，狭義の討論に終始しないような判断力が必要である。

■ 保護者への対処に必要な前提として，頭髪を染めることの本人及び周囲への影響などを，教員間で十分に研究・協議することや学校としての方針に基づいた一致した指導などが必要であり，そのことに関した討論も必要である。

Q 生徒の規範意識を高めるには，どのように指導すればよいでしょうか。

■ この県では2次試験で討論のみを実施している。6人の受験者で討論時間は40分である。試験官は4人で採点する。

■ この県では司会を立てるよう指示するが，司会を立てさせる県・市の場合には，受験者が「譲り合い」をしないことが肝要である。そして当然司会を担う者には積極性，指導性が評価される。

■ 課題自体は難しくないので，時間が余る可能性がある。その時に司会者の指導性と判断力が必要である。また他の受験者が討論について提案をすることは判断力の面から評価されることになる。

■ したがって前に紹介したケースと同様，例えば規範意識とは何か，なぜ規範意識の低下が問題になるのか，学校としての一致した取組の方策，保護者との連携などを考えなければ実際の指導の効果は困難である。その面からの討論が必要である。

Q 子供たちに確かな学力を付けるために，どのような取組を行いますか。

■ この県では25分の中で討論の時間が20分，集団面接が5分実施される。司会は立てない。6人なので1人当たりの発言時間は3分少々しかないので，発言内容は端的であることが必要である。

■ 今日の教育に関するキーワードとなっている課題，例えば「確かな学力」やいじめ，不登校，生きる力，学ぶ意欲，キャリア教育，食育などについては，中央教育審議会の答申内容などを理解

して，それを基にした発言が効果的である。

■「確かな学力」は2003年の答申に基づいて当時の学習指導要領でその育成が提言された。「確かな学力」を付けるには，知識理解に加えて，自ら課題を見付け主体的に学ぶ意欲を育成するための学習指導の工夫について討論することが必要である。

Q　児童生徒を，地域，学校，家庭でともに育てていく必要があると言われています。そのため，多くの学校では，地域や家庭に学校の情報を提供したり，学校行事への参加や協力を要請することが多くなっています。それに伴って，学校に対して，様々な意見が寄せられることもこれまでより増えてきました。このような状況を踏まえ，あなたがクラスの担任をするなら，児童生徒や保護者，地域の方と，どのような姿勢で接してクラスを経営したいと考えるか話し合ってください。

■この県では2次試験で実施し，5人の受験者が課題に対する構想を2～3分で考え，約27分間討論を行う。司会を立てるか否かは自由である。討論の後，面接官の質問がなければ終了する。

■この県以上に説明文の長い県が他にもあるが，このような県・市の場合は，いかに早く課題を的確に捉えることができるかがポイントである。

■この課題は「クラス経営をしていく姿勢」である。具体的には，クラスの児童生徒を地域の子供として，地域，学校，家庭とともに育てていくという姿勢のもとに，家庭や地域に対して「開かれた学級」をつくっていくクラス経営が基本である。

Q　人間関係能力を高めるためにどのような取組をしますか。

■この県では2次試験で実施し，5～8人の受験者がそれぞれ1分以内の自己アピールを行う。

その後20分間の集団討論を行った後，集団面接が行われる。

■この県も受験者数に対して討論時間が短いため，的確・端的な発言をすることがポイントである。

　　討論のためには，まず「人間関係能力」についての理解が必要である。次に担任として，また授業について，日頃からの「取組」を的確・端的に話すことが必要である。

■ 論作文をはじめ集団討論などにおける課題の多くは，常に教師・担任としての指導策と学習指導の方策の二つの側面から考えると対応が可能である。

■■ 評価項目————————

貢献度　グループ・ディスカッションを進めるとき，課題に対する論点を示したり，議論の方向性を定めたりする働きが重要である。これは受験者の発言や発表が，討論を進める上で，どのように貢献できたかを評価するものである。発言の回数が多くても，課題からずれていたり，自己中心的で課題解決に役立たない場合には評価されない。当然，発言が少なければ評価は低い。

評価の観点
- 適切な論点を提供する
- 論点についての適切な意見を述べる
- 課題の解決に役立つ意見を提供する
- 混乱した討論を整理し，論題からはずれた意見を修正する
- 討論をまとめる方向へと意見を述べる

協調性　グループでの協同作業は，まわりとの協調性が必要である。他人の意見や反対の意見にも耳を傾け，発言態度が民主的であることが求められる。感情的に対立したり，攻撃的に意見を述べるといった態度では自由な意見交換が成立しなくなってしまう。まわりの意見に気を配り，他人の意見も積極的に認め，発展させようとする態度が望ましい。

評価の観点
- 自分の意見に固執しない
- 他人の意見を意欲的に聞こうとする

- 他人の意見を積極的に認めようとする
- 対立・攻撃を和らげるように努める
- グループの雰囲気を高めようと努める

主導性 グループ・ディスカッションでは，全員を納得させながら課題解決の方向へと導いていくことが望まれている。ただ単にリーダーシップをとるということではなく，民主的に互いの意見を尊重し合いながら解決へと進めていく主導性が求められている。

評価の観点

- 進んで口火を切る発言をする
- 討論を次の段階へと発展させる働きをする
- 意見が討論の進行に大きな影響を与えている
- 討論をまとめる方向へと導く
- 他者を促し，全員が討論に参加できるようにする

企画性 討論の進行に対して計画的に発言し，一定の時間の中で課題の論点を解決の方向へとまとめていく努力をしなくてはならない。受験者が討論の全体構想をもって発言しているか，論点を示しながら発展させ，まとめへと計画的に意見を述べているかといったことが評価される。また，現実的・具体的に課題を捉え，その解決の方策を考えることも重要なことである。

評価の観点

- 討論進行に対して計画的な発言を行う
- 一定の方向性を持った意見を述べる
- 制限時間を考えながら発言している
- 課題に対する全体構想をもっている
- 発言内容が現実的・具体的である

■■ 評価の観点────────

①貢献度

　課題解決に寄与した程度で，受験者が討論の機能をどの程度理解

し，目的達成のためにどの程度貢献したかを見るものである。発言の回数が多くても，自己中心的で課題解決に役立たない場合は高評価を得ることはできないし，発言回数が少なければ当然低く評価されることになる。

②協調性

　これは協同して事に当たる状態を作り上げることに寄与した程度で，発言態度が独善的でなく民主的であることや，他の人の意見，反対の立場の人の意見にも耳を傾ける態度が望まれる。

③主導性

　グループを課題解決の方向に動かした程度でただ単にリーダーシップをとるということではなく，全員を納得させながら問題解決の方向に導いていくことが求められている。

④判断力

　問題を十分理解し正しい判断が行われているかどうか，また討議の過程において自分のおかれている立場に対する状況判断が適切であるかどうか，などである。

⑤表現力

　自分の主張しようとするところが適切な言葉や有効なエピソードなどを使って表現されているかどうか。また，このグループディスカッションは討論とはいっても勝ち負けが問題とされるわけではなく面接試験なのであるから，あまり感情をむき出しにした言葉遣いや，他の人に対する冷たい言い方は避けなければならないのは当然である。

⑥企画性

　討論の進行に対して計画的な発言が行われているかどうか，また行おうと努力しているかどうかなどについて，特に，全体の状況に対する配慮などが評価される。

面接模範回答集

■■ **面接突破へのコツ**──────────

1 面接における応答で重要なことは，質問に対してぶっきらぼうにならない範囲でできるだけ短く答えるようにすることで，一呼吸で答えられる範囲が適当である。

2 面接の質問内容で特に準備しておくポイントの一つとして，学習指導要領の内容があげられる。それとなく聞かれることがあるので，改訂の内容について十分に理解しておく必要がある。

個人面接 ①

Q 貴方はこれまでにどのような社会活動やボランティア活動などを経験してきましたか。簡単に説明してください。

A 近くの小学校で学童保育の補助員を勤めてきました。

Q それはどのような活動ですか。

A 放課後に学校に残っている児童の面倒を見る仕事で，一緒に遊んだり走り回ったりしています。

Q その活動からどのようなことを学びましたか。

A 子供との関わり方や遊びの中での様々なトラブルの対処を学びました。

Q それを教師としてどのように役立てることができると思いますか。

A 教科指導や生活指導の場面で子供と関わってきた経験が生かせると思います。

■POINT■

　社会活動やボランティア活動の経験は教師として必要な要素と見ています。人に対する関心や面倒見の良さ，世話をすることなどは教師の資質として適しているからです。

個人面接 ②

Q あなたが所属しているクラブやサークルについて説明してください。

A ○○クラブに所属して4年間活動を続けてきました。

Q そこでは，どんな役割をしていましたか。

A 会計を担当していました。

Q どのような活動内容でしたか。何か学ぶことができましたか。

A 活動費の徴収や支出，出納簿の記入などを通して，計画性や書類作成の事務的能力が身に付いたと思います。

Q それを教師としてどのように役立てることができますか。

A 教科指導の計画や学級経営の実務に生かせると思います。

■POINT■

学生時代の活動でクラブ・サークル活動を通じて集団活動の基本を身に付け，社会性が高まっているか，といったことに面接官の関心があります。

個人面接 ③

Q 卒業研究はどのようなテーマで行いましたか。

A 教師のコンピテンシーについて研究しました。

Q 研究目的とポイントは何ですか。

A 教師に求められる実績評価とはなにかについて教員や生徒へのアンケート調査を通して，成果の出せる教師像を研究しました。

Q 研究の結果はどのようになりましたか。結果から学んだことはありますか。

A 生徒が満足し，学力や能力が伸びる教師の条件として人間性が重要であるとわかりました。

Q それを教師としてどのように役立てることができますか。

A 研究は十分に納得できる結果が得られ，これから目指す教師像の

指針として，教師としての人間性を高めていこうと思いました。

■POINT■

卒業研究の内容は，学生時代の専門的な関心事の方向性を示しています。その内容と教職との関連性を明確に示すことが重要です。

個人面接 ④

Q 教育実習で特に努力したことは何ですか。

A 生徒と積極的に関わることと教材研究や指導案づくりです。

Q 特に気を配ったことは何ですか。

A 朝から放課後，生徒が下校するまで積極的に自分から生徒に声を掛けました。

Q 実習を通して身に付いたことは何ですか。

A 実際の授業での経験を通して，実践的な授業力が少しですが身に付いたと思います。

Q 実習において特に学んだことは何ですか。

A 生徒一人一人と関わることの大切さを学びました。

■POINT■

教育実習の経験に関する質問は，教師としての適性を見るポイントとなります。努力したこと，困ったこと，嬉しかったことなどについて答えられるように整理しておく必要があります。

個人面接 ⑤

Q 教育実習の教科指導で特に気をつけたことは何ですか。

A 教材研究と指導案づくりです。

Q それはなぜですか。

A 教壇に立って授業を行う経験がないので準備を十分にしないと不安だったからです。

Q どのような努力をしましたか。

A 教育実習が始まる前から教材研究を行い，指導案も事前に何枚も書いて担当の先生にご指導頂きました。

Q 教科指導を通してどんなことを学びましたか。

A 授業を組み立てることの難しさです。

▌POINT▌

　教育実習で特に教科指導の取り組みについては，必ず聞かれると思っていいでしょう。生徒の実態，事前の教材研究，指導案作成，授業実践，授業の自己評価・反省から次時の授業修正などについてまとめておきましょう。

個人面接 ⑥

Q 貴方が教員として必要だと考える資質を1つ挙げてください。

A 指導力だと思います。

Q それはなぜですか。

A 指導力は子供に確かな学力を身に付けさせたり，規律ある生活を指導するために必要だと思います。

Q そのような指導力を，これまでに身に付けるような努力をしてきましたか。

A 母校の部活動指導や地域のクラブ指導などを通して指導力を高めてきました。

Q 教員になってからも，そのような指導力を高めるためには，どのような努力が必要だと思いますか。

A 教員としての研修が重要だと思います。先輩の先生方から積極的に指導を頂き，指導力を高めていきたいと思います。

▌POINT▌

　教師としての価値観・教育観や識見などを見る質問ですが，論理性や説明力・説得力なども判断される内容でもあります。教師として自らこだわる価値について論理立てて説得できるようにしておきます。

335

個人面接 ⑦

Q 貴方はどのようなところが教師に向いていると思いますか。

A 熱心に教えることだと思います。

Q 具体的に説明してください。

A 物事を人に教えるときにいつでも一所懸命に教えることができます。

Q それはどうして身に付いてきたのだと思いますか。

A 部活動の後輩指導などを通して身に付いてきたと思います。

Q それを教師としてどのように生かしていけると思いますか。

A 私は教えることが好きで，できるようになっていく姿を見ることに喜びを感じることから，教師の仕事に喜びがもてると思います。

■POINT■

　教職への適性や長所などの自己認識についての質問であり，1分間程度でといったように時間を指定され，自己PRを求められる場合もあります。自分の教職としての特徴については，手短に述べられるようにまとめておく必要があります。あれこれ言わずに端的に一つに絞っておくとよいでしょう。

場面指導 ①

Q いくら指導しても授業がわからない生徒がいたときにどのように対応しますか。

A 個別に根気強く指導していきます。

Q 具体的にどのような指導をしていきますか。

A わからないところを明確にして，個別に具体的な対策を立てて指導していこうと思います。

Q それでもダメだったらどうしますか。

A 放課後での個別指導の実施や教科や学年での協力した対応などを考えます。

Q みんながわかる，できる授業を展開するためには何が大切だと思いますか。

A 生徒がどの程度，授業内容を理解しているか，できるようになっているかなどの評価を実施し，生徒の実態に合わせた授業内容や指導方法を取り入れていこうと思います。

■**POINT**■

　教科指導では常にわからない生徒への指導に創意工夫が必要になってきます。授業の中でどのように対応していくか，簡潔に答えられるようにしておくことが重要です。

場面指導 ②

Q 授業に遅れてきた生徒がいたらどうしますか。

A 短い時間で注意してから授業に参加させます。

Q 授業に遅れた理由が「かったるいから」ということでした。その場でどう指導しますか。

A 「かったるい」といった言葉から反抗的な生徒だと思いますが，その場では反抗的な態度については注意しないで授業を受けるように指導してから，後で個別に呼んで話をします。

Q 授業が終わってからの指導はどうしますか。

A やる気がなくなっている理由について，時間をかけて話を聞いていきます。できるだけ本人の立場を考えて意欲が出てくるような助言をしていこうと思います。

Q このようなことが起こらないようにするためにはどうしたらよいでしょうか。

A 将来の夢をもって，前向きに進んでいくように指導していくことが大事だと思います。キャリア教育を進めていくことが生活の改善にも役立つのではないかと思います。

■**POINT**■

　授業への不適応を示す生徒はどこの学校でもいます。そのような生

徒への指導を具体的に考えておくことが重要です。

場面指導 ③

Q 授業の始めに出席をとりましたが，その後に途中でいなくなった
生徒への対応はどのようにしたらよいと思いますか。

A いなくなった生徒を探して指導します。

Q 具体的にどのように対処しますか。

A いなくなった原因や行き先を知っている生徒がいないか生徒を集
めて聞いてみます。わからない場合にはとりあえず近くのトイレ等
行きそうな場所を体育委員や保健委員に探させます。

Q それでもわからなかった場合，その後，どのような指導をしてい
きますか。

A それでもいなかった場合には，手の空いている教員に依頼して探
してもらい，管理職にも報告します。

Q このようなことが起こらないようにするためにはどうしたらよい
でしょうか。

A 先ずは，授業における生徒指導と生徒管理を徹底することだと思
います。

■POINT■

授業での管理上の問題で施設・設備の管理，安全上の管理とともに
生徒管理も重要な課題です。正答が特にあるわけではありませんが，
重要なポイントを踏まえるようにする必要があります。

場面指導 ④

Q 教室に入ったところ生徒が喧嘩をしていた。このようなときにど
のように指導しますか。

A 先ず，喧嘩をやめさせてから個別に指導します。

Q 喧嘩をすぐにやめなかったら具体的にどのように指導しますか。

A 他の教員にも協力を求めて，二人の間に入って喧嘩をやめさせます。

Q そのあとはどのように指導していきますか。

A 一人ずつ本人の言い分を聞き，喧嘩の原因を聞いて，解決しようと思います。

Q クラスの担任として喧嘩が起こらないように，どのように対策を立てますか。

A 学級活動や学校行事の時間を使って，生徒が協力し合うために，話し合って課題解決する場をつくっていき，生徒が互いに理解し合えるようにしたいと思います。

■POINT■

生徒指導の問題で緊急事態が生じることがあります。咄嗟にどのような行動を取るのか，また，その後にどう対応するのかなど実践的な問題処理能力が求められます。

場面指導 ⑤

Q 校内の掃除をしていたところ，生徒が廊下を土足で歩いていました。この場合どのような対応をしますか。

A その場で止めさせます。

Q 具体的にどのような指導をしていきますか。

A その場で制止させて注意します。生徒たちがみんなで取り組む校内美化の活動を踏みにじる行為は断じて許さないと指導します。

Q その後に，どのような指導をしていきますか。

A なぜそのような行為をしたのかについて個別に話を聞き，本人の言い分があるのであれば，それも聞こうと思います。

Q 生徒が土足で上がってこないためには，今後どのような指導が必要だと思いますか。

A 校内美化活動を推進し，生徒会活動などで検討させていきたいと思います。

■POINT■

日常の生徒指導の中でも問題行動への指導は，教師の生徒指導の力量が明確に表れ，実践的な指導力を評価することができます。問題行動に対して毅然とした態度で具体的な指導の仕方を示すことは教師の資質としても期待される要素です。

場面指導 ⑥

Q 子供がクラスでいじめられていると親が訴えてきた場合，あなたはどのように対応しますか。

A 保護者と直接会って，話を十分に詳しく聞き，対処しようと思います。

Q 具体的にどのような話をしていきますか。

A いじめの内容については，日時や具体的な内容を正確に聞いてメモをとり，学年主任や管理職に報告し相談をします。

Q その後に，どのような指導をしていきますか。

A クラスの生徒全員から事情を聞いて，事実を再度，正確に確認し，いじめている生徒に対する指導を行います。

Q このようなことが起こらないようにするためにはどのようなことが必要だと思いますか。

A いじめはいけないと言うことは徹底して日常的に指導していくことを学年会や職員会議で確認し，具体的に実践していくことが大切だと思います。

■POINT■

いじめの問題はどこの学校でも重要な教育課題となっています。意地の悪い一言から集団いじめに発展していく例も多く，問題の発覚から初期対応やその後の対応，発生予防の対策などについて考えておく必要があります。

場面指導 ⑦

Q 保護者から，茶色の髪がなぜダメかと聞かれた場合，あなたはどのように対応しますか。

A 先ずは，保護者の言い分を聞くようにします。

Q 具体的にどのような話をしていきますか。

A 学校で禁止されている理由を説明します。茶髪が許される場は社会でも限られているため，生徒の将来の進路が限定されてしまう恐れがあることを保護者に理解させようと思います。

Q その後に，どのような話をしていきますか。

A 社会のルールを守って生きていくことが社会人に求められていることを学校教育の中でしっかりと指導していくことが大切だと話していきます。

Q このようなことが起こらないようにするためには，どのようなことが必要だと思いますか。

A 保護者の考え方を理解しながらも，学校教育の方針についても十分な説明をして理解を得られるように家庭との連携を強化していくことが必要だと思います。

■POINT■

保護者への対応も教員として重要な職務であり，最近，多くなった地域や保護者などからのクレームに対する対応の仕方などもあらゆる場面を想定しながら対応策を考えておく必要があります。

●書籍内容の訂正等について

　弊社では教員採用試験対策シリーズ（参考書，過去問，全国まるごと過去問題集），公務員試験対策シリーズ，公立幼稚園・保育士試験対策シリーズ，会社別就職試験対策シリーズについて，正誤表をホームページ（https://www.kyodo-s.jp）に掲載いたします。内容に訂正等，疑問点がございましたら，まずホームページをご確認ください。もし，正誤表に掲載されていない訂正等，疑問点がございましたら，下記項目をご記入の上，以下の送付先までお送りいただくようお願いいたします。

① **書籍名，都道府県（学校）名，年度** 　（例：教員採用試験過去問シリーズ　小学校教諭 過去問　2025 年度版） ② **ページ数**（書籍に記載されているページ数をご記入ください。） ③ **訂正等，疑問点**（内容は具体的にご記入ください。） 　（例：問題文では"ア〜オの中から選べ"とあるが，選択肢はエまでしかない）

〔ご注意〕

○ 電話での質問や相談等につきましては，受付けておりません。ご注意ください。

○ 正誤表の更新は適宜行います。

○ いただいた疑問点につきましては，当社編集制作部で検討の上，正誤表への反映を決定させていただきます（個別回答は，原則行いませんのであしからずご了承ください）。

●情報提供のお願い

　協同教育研究会では，これから教員採用試験を受験される方々に，より正確な問題を，より多くご提供できるよう情報の収集を行っております。つきましては，教員採用試験に関する次の項目の情報を，以下の送付先までお送りいただけますと幸いでございます。お送りいただきました方には謝礼を差し上げます。

（情報量があまりに少ない場合は，謝礼をご用意できかねる場合があります）。

◆あなたの受験された面接試験，論作文試験の実施方法や質問内容

◆教員採用試験の受験体験記

| 送付先 | ○電子メール：edit@kyodo-s.jp
○FAX：03-3233-1233（協同出版株式会社　編集制作部 行）
○郵送：〒101-0054　東京都千代田区神田錦町2-5
　　　　　　協同出版株式会社　編集制作部 行
○HP：https://kyodo-s.jp/provision（右記のQRコードからもアクセスできます） | |

※謝礼をお送りする関係から，いずれの方法でお送りいただく際にも，「お名前」「ご住所」は，必ず明記いただきますよう，よろしくお願い申し上げます。

教員採用試験「過去問」シリーズ

山梨県の
論作文・面接 過去問

編　集　　Ⓒ 協同教育研究会
発　行　　令和6年2月25日
発行者　　小貫　輝雄
発行所　　協同出版株式会社
　　　　　〒101-0054　東京都千代田区神田錦町2‐5
　　　　　電話　03－3295－1341
　　　　　振替　東京00190－4－94061
印刷所　　協同出版・POD工場

落丁・乱丁はお取り替えいたします。